Andacht verstehen und gestalten

Wolfgang Ratzmann

Andacht verstehen und gestalten

EVANGELISCHE VERLAGSANSTALT
Leipzig

Wolfgang Ratzmann, Dr. theol., Jahrgang 1947, Kruzianer in Dresden, studierte Evangelische Theologie in Leipzig. Er war tätig als Pfarrer, Studienleiter am Predigerseminar Leipzig, Dozent für Praktische Theologie und als letzter Rektor am Theologischen Seminar Leipzig (1987–1992). Von 1992 bis 2010 hatte er eine Professur für Praktische Theologie an der Theologischen Fakultät der Universität Leipzig inne und war von 1994 bis 2010 zugleich Leiter des Liturgiewissenschaftlichen Instituts der VELKD.

Bibliographische Information der Deutschen Nationalbibliothek
Die Deutsche Nationalbibliothek verzeichnet diese Publikation in der Deutschen Nationalbibliographie; detaillierte bibliographische Daten sind im Internet über http://dnb.de abrufbar.

© 2022 by Evangelische Verlagsanstalt GmbH · Leipzig
Printed in Germany

Das Werk einschließlich aller seiner Teile ist urheberrechtlich geschützt. Jede Verwertung außerhalb der Grenzen des Urheberrechtsgesetzes ist ohne Zustimmung des Verlags unzulässig und strafbar. Das gilt insbesondere für Vervielfältigungen, Übersetzungen, Mikroverfilmungen und die Einspeicherung und Verarbeitung in elektronischen Systemen.

Das Buch wurde auf alterungsbeständigem Papier gedruckt.

Gesamtgestaltung: makena plangrafik, Leipzig
Druck und Binden: CPI books GmbH
ISBN 978-3-374-07073-2 // eISBN (PDF) 978-3-374-07074-9

www.eva-leipzig.de

Inhalt

Einführung — 9

1. Teil: Andacht verstehen — 15

1. Andachten: Erfahrungen mit einer Form christlicher Glaubenspraxis heute — 17

2. Zum Begriff und zur Bedeutung von »Andacht« — 23

3. Ein Blick in die Geschichte der Andacht — 28
   3.1 Der Schatz der Erfahrungen — 28
   3.2 Stationen der Andachtsgeschichte — 31
   Erste Station: Von den Anfängen bis zur Konstantinischen Wende — 31
   Zweite Station: Monastische Frömmigkeit — 36
   Dritte Station: Frühes Mittelalter — 38
   Vierte Station: Andacht im Hoch- und Spätmittelalter — 40
   Fünfte Station: Frömmigkeit und Andachtspraxis im Reformationszeitalter — 44
   Sechste Station: Der deutsche Protestantismus in der nachreformatorischen Epoche — 58
   Siebente Station: Andacht im nachreformatorischen Katholizismus — 70
   Achte Station: Andacht im Zeitalter von Reformorthodoxie, Pietismus und Aufklärung — 76
   Neunte Station: Andacht im neunzehnten und zwanzigsten Jahrhundert — 87
   3.3 Zusammenfassung und Konsequenzen — 103

4. Andacht im Kontext heutiger Lebenserfahrung — 109
   4.1 Die neue Offenheit für Spiritualität — 109
   4.2. Spiritualität und Säkularität — 118
   4.3 Konturen heutiger Lebenserfahrung — 121
   4.4 »Spiritualität« oder »Frömmigkeit«? — 130
   4.5 Evangelische Spiritualität — 135
   4.6 Andacht: Der kleine Gottesdienst im Alltag — 152
   4.7 Zur Perspektive der Andacht — 156

2. Teil: Andacht gestalten — 161

5. Die persönliche Andacht und die gemeinsame Andacht — 163

6. Die Rahmenbedingungen gemeinsamer Andacht — 167
   - *6.1 Der Anlass* — 167
   - *6.2 Die Zeit* — 169
   - *6.3 Die Gruppe* — 172
   - *6.4 Die Leiterin/der Leiter* — 173
   - *6.5 Der Raum* — 176

7. Einzelelemente und Gesamtgestaltung — 180
   - *7.1 Die klassischen liturgischen Elemente: Lied, Psalm, Lesung, Gebet und Segen* — 180
   - *7.2 Weitere Texte zur Eröffnung und zum Beschluss* — 184
   - *7.3 Der Verkündigungsteil* — 187
   - *7.4 Hinweise zur Gesamtgestaltung* — 189

8. Wege zur Idee — 191

9. Formen von Andachten in Gruppen — 198
   - *9.1 Textauslegung* — 199
   - *9.2 Thematische Andacht* — 208
   - *9.3 Textkombinationen* — 217
   - *9.4 Bildbetrachtung* — 222
   - *9.5 Symbolische Aktion* — 233
   - *9.6 Musikauslegung* — 237
   - *9.7 Tagzeitengebet und liturgischer Wechselgesang* — 241
   - *9.8 Andere Formen* — 245

10. Andacht aktuell — 247
    - *10.1 Andacht als Live-Chat mit Jugendlichen* — 247
    - *10.2 Klagezeit* — 252
    - *10.3 Ein Andachtsweg – zur Not allein* — 256

Schlussbemerkung — 261

Abkürzungen — **263**

Literaturverzeichnis — **265**
   1. Andachtsbücher und andere Quellen — **265**
   2. Historische Darstellungen — **268**
   3. Systematische und praktische Fragen — **274**

Einführung

Wer als kirchlicher Mitarbeiter bzw. als Mitarbeiterin[1] mit dem Dienst in einer Gemeinde beginnt, wird sehr bald gebeten werden, Andachten zu gestalten. In den regelmäßigen Zusammenkünften älterer Gemeindeglieder, beim abendlichen Treffen von Jugendgruppen oder auf bestimmten Krankenhaus-Stationen gehört es längst zur Tradition, dass Pfarrer und Prädikantinnen oder andere Zuständige solche Zeiten der geistlichen Besinnung anbieten. Auch wer als »Laie« kirchliche Verantwortung übernimmt, kann z. B. im Kirchenvorstand mit der Bitte überrascht werden, die nächste Sitzung mit einer Andacht zu eröffnen. Viele hauptamtlich oder ehrenamtlich in den Gemeinden Tätige haben im Laufe ihres Lebens zwar häufig an solchen Formen geistlicher Besinnung teilgenommen – mit guten und auch mit weniger guten Gefühlen. Aber nun, da sie vor die Ausarbeitung und Durchführung einer solchen Andacht gestellt sind, entdecken sie ihre zahlreichen Vorbehalte und Fragen, ihre ungenügende Einführung in diese Aufgabe. Auch hauptamtliche Mitarbeiterinnen und Mitarbeiter können zu Recht darauf verweisen, dass sie dafür völlig unzulänglich ausgebildet worden sind. Selbst im Theologiestudium ist von der Aufgabe der Andachtsgestaltung meist nicht die Rede. Veröffentlichungen, die diesem offenkundigen Mangel abhelfen könnten, gibt es nicht. Zwar erscheint Jahr um Jahr eine Fülle von Andachtsliteratur, die von den Leserinnen und Lesern in der Regel zur individuellen geistlichen Besinnung genutzt wird. Aber eine praktisch-theologische Einführung in diese häufige geistliche Form in den Gemeinden findet sich so gut wie gar nicht.

Das vorliegende Buch will sich dieser Aufgabe stellen. In einem *ersten Teil* soll zunächst grundsätzlich gefragt werden, was »Andacht« heißt. Dazu sollen, neben begrifflichen Fragen, historische Überlegungen dienen (3.). Wir können unser Profil

---

[1] Ich bemühe mich in der vorliegenden Veröffentlichung darum, die Bezeichnungen für Männer und Frauen zu unterscheiden. Ich werde allerdings solche geschlechtsspezifischen Begriffsverdoppelungen nicht konsequent durchhalten, wenn m. E. darunter der Sinn oder der flüssige Ausdruck leidet.

des gemeinsamen geistlichen Lebens wohl nur dann verantwortlich finden, wenn wir uns ein wenig in der Geschichte der Frömmigkeit mit ihren spirituellen Vollzügen auskennen. Wir sind ja nicht die ersten, die Andachten zu gestalten versuchen. Wir begeben uns vielmehr hinein in eine lange Kette spiritueller Intentionen und Strukturen. Wir sollten wissen, woran wir anknüpfen können, was wir aufnehmen und was wir ändern möchten. Aber es ist auch nötig, auf die Herausforderungen unserer Zeit zu reagieren. Deshalb möchte ich dann systematisch nach den heutigen Bedingungen für Frömmigkeit und Andachtspraxis fragen (4.). Dabei konzentriere ich mich auf den Raum der evangelischen Kirchen in Deutschland mit ihrer spezifischen Tradition geistlicher Praxis. Diese Eingrenzung ist nicht im Sinne konfessioneller antiökumenischer Abgrenzung zu verstehen. Wir können aus den Erfahrungen der spirituellen Praxis anderer Länder, denken wir z. B. an den anglikanischen Raum, und anderer Konfessionen, vor allem von der römisch-katholischen Kirche, für unsere Andachtspraxis viel lernen. Es sind praktische Gründe, die mich zur Konzentration zwingen: Ein weit überkonfessioneller Blick hätte mich als Autor überfordert, und er hätte den Rahmen dieser Studie gesprengt.

In einem *zweiten Teil* werden die wesentlichen praktischen Fragen angesprochen, die bei der Gestaltung von Andachtsformen zu bedenken sind. Unterschiedliche Modelle werden kritisch reflektiert und mit Hilfe von knappen Hinweisen für die eigene Praxis erschlossen. Am Ende stehen drei Andachtsformate, die in einer konkreten Situation, nämlich der Corona-Pandemie der Jahre 2020/21, entstanden sind. Sie sind Beispiele für die vielfältigen Versuche, in dieser Situation der kommunikativen Einschränkungen und angesichts der Leiden dieser schwierigen Zeit spirituelle Besinnungen zu gestalten.

Das vorliegende Buch wendet sich zunächst an Theologinnen und Theologen und andere ausgebildete Mitarbeiterinnen und Mitarbeiter im kirchlichen Verkündigungsdienst. Es will aber ebenso interessierten »Laien« helfen, die Frage nach dem Wesen der Andacht zu beantworten, und es will ihnen Hilfestellung zur sachgemäßen Gestaltung geben. Ich denke dabei nicht zuletzt an die Gemeindeglieder, die ehrenamtlich in den Gemeinden tätig sind. Ohne sie ist der künftige kirchliche Dienst kaum mehr denkbar. Gerade sie brauchen Anleitungen zum Handeln.

Die Zielrichtung des Buches ist letztlich eine praktische. Es kann und will eine gründliche wissenschaftliche Geschichtsschreibung zur Historie evangelischer Frömmigkeit zwar nicht ersetzen. Aber es will die Andachtsgestaltung nicht nur praktizistisch als eine rein methodische Frage betrachten, sondern will auch auf einige grundsätzliche Fragen eingehen, um zu verstehen, was »Andacht« bedeutet, wie sie historisch verstanden wurde und welches Profil sie heute im Kontext unserer Zeit haben sollte. Ein solch relativ umfangreicher grundlegender theoretischer Teil ist im Rahmen der praktisch angelegten Buchreihe »gemeinsam gottesdienst gestalten« eher ungewöhnlich. Aber das Buch ist in seiner Anlage ein Beispiel für eine »historisch informierte Praktische Theologie«,[2] die mir am Herzen liegt. Nicht jeder Leser, nicht jede Leserin wird sich die Zeit nehmen wollen oder können, den ersten Teil gründlich zu lesen. Manche werden schneller nach praktischen Anregungen suchen. Denen empfehle ich, den ersten Teil des Buches – vor allem Kapitel 3 – zunächst zu überschlagen und sich bald den Gestaltungshinweisen im zweiten Teil zuzuwenden. Manche werden über der eigenen Praxis auch irgendwann die grundsätzlichere Frage nach der Herkunft und nach dem Sinn der Andacht heute stellen und inhaltlich in die Tiefe gehen wollen. Dann könnte der erste Teil in seiner Weise mithelfen, die aufgebrochenen Fragen zu beantworten.

Vielleicht werden Einzelne dieses Buch mit Interesse zur Hand nehmen, die weit davon entfernt sind, eine kirchliche Veranstaltung vorzubereiten. Dabei denke ich zunächst an Mütter und Väter mit ihren Kindern, Großeltern mit ihren Enkeln oder einzelne Erwachsene, die wegen einer besonderen aktuellen Situation daran gehindert werden, Gottesdienste oder Andachtsformen in ihren Gemeinden aufzusuchen. Viele von uns haben das in der Corona-Pandemie 2020/21 erlebt, dass selbst am Heiligen Abend ein Besuch der Christvesper unmöglich wurde und

---

[2] Vgl. RATZMANN, Zwischen Nostalgie und wissenschaftlich-historischer Entsorgung.

nur durch eine weihnachtliche Andacht im eigenen Wohnzimmer ersetzt werden konnte. Manche werden sich noch an ihre Verlegenheit erinnern, mit der sie damals eine Familienandacht gestaltet haben und an das, was dabei gelungen oder vielleicht auch nicht gelungen war.

Und ich denke weiter an Personen, die für sich persönlich auf der Suche sind nach der Dimension des Lebens, die heute gern mit dem Begriff »Spiritualität« bezeichnet wird. Auch wenn diese Studie keine Handreichung zur persönlichen Meditation sein will, informiert sie doch über Konturen und Intentionen spirituellen Lebens in der Vergangenheit und im Kontext des heutigen Lebens. Vielleicht kann sie so dazu helfen, bei solcher Suche den Reichtum christlicher Frömmigkeit evangelischer Prägung besser zur Kenntnis zu nehmen und von dem angestrengten Zwang freizukommen, überzeugende Spiritualität nur im konfessionell Fremden oder im kulturell ganz anderen zu vermuten. Auch wenn wir im geschichtlichen Abstand die Grenzen der eigenen Überlieferung deutlich sehen, verfügen wir dennoch über ein reicheres spirituelles Erbe, als es uns oft bewusst ist.

Dieses Buch verfolgt letztlich ein praktisches Ziel: Kompetenzen zu vermitteln, um Andachten besser gestalten zu können. Ich glaube: Solche Literatur ist nötig, um das zu nennen, was dazu zu bedenken ist und was sich dafür lernen lässt. Aber letzten Endes geht es um ein Vermögen, das wir als Menschen nur begrenzt in der Hand haben. Deshalb gehört zu jeder Andachtsvorbereitung die Bitte, dass Gott selbst unser Bemühen segnen möge. Karl Barth, der große Theologe des 20. Jahrhunderts, kommt deshalb nicht zufällig in der Schlussbemerkung dieses Buches zu Wort, nachdem so viel Nützliches und Bedenkenswertes zu lesen war.

Beim Verfassen dieses Buches habe ich Teile einer Arbeit einbezogen, die unter dem Titel »Der kleine Gottesdienst im Alltag« 1999 in der Reihe »Beiträge zu Liturgie und Spiritualität« bei der Evangelischen Verlagsanstalt Leipzig in einer kleinen Auflage erschienen war und die längst vergriffen ist. Meinem früheren Promovenden, Herrn Pfarrer Dr. Benjamin Roßner, Oederan/Erzgebirge, danke ich für seine Anregungen im Blick auf den Praxisteil des Buches. Meinem früheren Kollegen und

Freund Prof. Dr. Peter Zimmerling, Leipzig, danke ich sehr für die intensive kritische Durchsicht des Manuskripts und für die gemeinsamen Überlegungen zur Sache. Herrn Prof. Dr. Jochen Arnold, Hildesheim, danke ich für weitere wichtige Sachhinweise und die Aufnahme des Buches in die Reihe »gemeinsam gottesdienst gestalten«. Schließlich danke ich auch der Evangelischen Verlagsanstalt für die kompetente Herstellung der Studie als Buch.

Leipzig, im November 2021
Wolfgang Ratzmann

1. Teil:
Andacht verstehen

1. Andachten: Erfahrungen mit einer Form christlicher Glaubenspraxis heute

»**Andacht bei einer Theologentagung:** Zu Beginn ein Volkslied aus dem 16. Jahrhundert, ›Wer jetzig Zeiten leben will‹. Dann ein russisches Märchen mit der Überschrift ›Das Zwiebelchen‹. Mit vorbereiteten Papierfiguren gestalten die Teilnehmer die entscheidende Szene nach. Dabei soll ein Pfeil so angelegt werden, daß er auf die vermeintlich schwächste Stelle des mißglückten göttlichen Rettungswerkes weist, von dem das Märchen erzählt. Probierendes Anordnen, Nachdenken, Gespräch. Drei Leute berichten, wie sie sich entschieden haben und warum gerade so. Es folgt eine theologische Interpretation des Märchens von Dorothee Sölle. Am Ende singt man Wolf Biermanns ›Du, laß' dich nicht verhärten‹. Zuvor war jedem freigestellt worden, den Text auf seine Weise aufzufassen und gegebenenfalls für sich umzuformulieren – als gegenseitige Ermutigung, als persönliche Überlegung oder auch als Gebet.«[1]

Andacht bei einer Kirchenvorstandssitzung. Fast alle Kirchenvorsteherinnen und -vorsteher sind im Gemeinderaum um den großen Tisch herum versammelt. An der Stirnseite sitzt der Pfarrer, der zugleich Vorsitzender des Kirchenvorstandes ist. Er bittet, die Gesangbücher zu nehmen und das Wochenlied zu singen. Als die zweite Strophe beginnt, geht die Tür auf und ein Nachzügler tritt etwas verlegen herein. Man wartet einen Moment, bis er Platz genommen hat. Dann schlägt der Pfarrer die Herrnhuter »Losungen« auf. Er liest den alttestamentlichen Losungsvers und den darauf bezogenen neutestamentlichen »Lehrtext« vor. Er erklärt zunächst den Sinn der kurzen Sätze im damaligen biblischen Lebens- und Glaubenshorizont. Dann spricht er ein Problem aus der eigenen Gemeinde an und rückt es in das Licht der beiden Bibelverse. Er schließt seine Ansprache mit »Amen«, bevor er den für diesen Tag ausgewählten kurzen Gebetsvers aus dem Losungsbuch liest, an den er ein kurzes freies Gebet anschließt. Mit einer Schlussstrophe geht die Andacht zu Ende. Ohne Verzug beginnt nun die übliche Sitzung: Feststellen der Tagesordnung, Richtigsprechen des Protokolls der letzten Sitzung, erster Tagesordnungspunkt …

---

[1] HENKYS, Andacht, 426.

Andacht in einer Christenlehregruppe auf dem Lande. Sieben Kinder aus dem dritten und vierten Schuljahr sind mit der Gemeindepädagogin um einen großen Küchentisch herum versammelt. Sie treffen sich jede Woche am Donnerstag in der Wohnung einer christlichen Familie im Dorf X. Kirche und Pfarrhaus befinden sich im Nachbardorf, hier gibt es keine Gemeinderäume. Die Leiterin beginnt nicht sofort mit dem Unterricht. Zunächst zündet ein Mädchen die Kerze an, die in der Mitte des Tisches auf einer kleinen Decke steht. Die Kinder singen ein Lied. Dann liest ein anderes Mädchen einen Gebetstext. Die Gemeindepädagogin hat aus einem längeren biblischen Psalm einige Verse ausgewählt und auf ein Blatt geschrieben. Dieser Psalm wird mehrere Wochen hindurch immer wieder als Gebet gesprochen. Die meisten Kinder falten dabei die Hände. Jedes Mal ist ein anderes Kind an der Reihe, die biblischen Sätze zu lesen. Ein eingespieltes Ritual? Ja. Aber es ist offenkundig, dass die Kinder diesen Brauch schätzen, so schlicht es auch zugehen mag.

Morgenandacht im Rundfunk. Frau Kunze hat sich eben den Kaffee eingegossen. Sie schaut auf die Uhr. Noch zwei bis drei Minuten hat sie Zeit, dann muss sie zur Straßenbahn. Der Rundfunk-Sprecher kündigt das »Wort zum Tage« an. Er nennt den Namen des Pfarrers, der jetzt spricht. Frau Kunze schreibt schnell noch einen kleinen Zettel mit einer Mitteilung an ihre Tochter, die sie erst gegen Abend wiedersehen wird. Die ersten Sätze der Ansprache überhört sie deshalb. Aber dann nimmt sie wahr, was gesagt wird. Es geht um Barmherzigkeit, um die Kälte in unserer Gesellschaft und die Notwendigkeit, dass da Menschen ein Herz haben und Barmherzigkeit üben. Schnell räumt sie das Geschirr beiseite. Schuhe anziehen, Mantel. Wo ist die Tasche? Sie muss sich beeilen, wenn sie die Bahn noch erreichen will ...

Abendandacht bei einem alten Ehepaar. Der alt gewordene Mann, dessen geistliche Heimat neben der Kirchgemeinde die Landeskirchliche Gemeinschaft war, lässt sich nach dem Abendessen von seiner fünfzehn Jahre jüngeren Frau die Bibel bringen. Dann liest er ihr einen langen Abschnitt vor. Durch ihn veranlasst, kommt er auf mancherlei Probleme ihres gegenwärtigen Lebens zu sprechen. Den Bibeltext benutzt er als Autorität, um von ihm her Defizite bei seiner Frau, bei seinen Kindern und Enkelkindern zu beklagen. Er duldet keinen Widerspruch. Auch das freie Gebet, das er anschließt, ist durchsetzt von Vorwürfen an die, die ihn so wenig verstehen. Seine Frau durchleidet diese allabendlichen »Andachten« in einer Mischung aus

Geduld und Verzweiflung. Sie kann es verstehen, dass sich ihre Kinder von dieser Art praktizierter Frömmigkeit abgewandt haben ...

Morgenandacht in einem Predigerseminar. Die jungen Vikarinnen und Vikare, die sich hier auf ihren ersten Dienst als Pfarrerinnen und Pfarrer vorbereiten, beginnen den Tag mit einer Andacht. Das entspricht der Tradition des Hauses. Das wollen auch die Leiter. Aber die Form wird freigestellt. Die Gruppe entscheidet sich nach langen Debatten, reichlich Musik zum Zuge kommen zu lassen. Viele wollen nicht, dass da einer bzw. eine von ihnen eine freie Auslegung zu einem Text vorträgt. Sie fürchten den Leistungsdruck vor den Kolleginnen und Kollegen, die mit gespitzten kritischen Ohren zuhören. Die eingespielte oder selbst gesungene Musik scheint aus solchen Zwängen herauszuhelfen. Deshalb reduziert sich die Andacht nun oft auf das Anhören eines Satzes aus einer Sinfonie, aus einem Oratorium, auf das gemeinsame Singen eines modernen Liedes. Nur wenige kommentierende Worte werden gesprochen. Meistens entfällt das Gebet. An die Stelle des Segens tritt oft ein Wunsch für den Tag ...

Hausandacht. Zwei alte Damen bilden seit Jahren eine Lebensgemeinschaft. Sie wohnen in unmittelbarer Nachbarschaft und verbringen den Tag weithin zusammen. Jeden Morgen treffen sie sich. Sie lesen zunächst am Frühstückstisch den biblischen Abschnitt für den Tag und dazu eine Auslegung vom Neukirchner Abreißkalender. Am Ende steht ein kleines Gebet. Meist fügen sie noch einen persönlichen Dank und Bitten für die Menschen an, mit denen sie verbunden sind und um die sie sich Sorgen machen. Dann werden die Bücher beiseitegelegt. Das Frühstück beginnt ...

Andacht am Beginn einer Arbeitswoche im Landtag. Ein gutes Viertel aller Abgeordneten trifft sich vor Beginn der parlamentarischen Arbeit. Einer der Parlamentarier hat die Leitung übernommen. Er stützt sich bei seinen Worten auf den biblischen Spruch der Woche. Freunde aus seiner Partei hören ihm ebenso zu wie Mitglieder der Opposition. In dieser Woche sollen die Haushaltsberatungen abgeschlossen werden. Der neue Haushalt muss verabschiedet werden. Es wird schmerzhafte Eingriffe geben müssen: ein Sparhaushalt. Es wird zu vielen Auseinandersetzungen kommen zwischen den Parteien. Persönliche Verletzungen werden nicht ausbleiben. Aber an diesem Morgen ist man in einer anderen Weise zusammen. Die Parteigrenzen treten zurück. Eine Gemeinschaft unter dem biblischen Wort, unter

Gesang und Gebet konstituiert sich. Der Redner weiß, wie kostbar diese Begegnung unter dem Zeichen des Kreuzes ist. Er versucht, bewusst zwischen einer parlamentarischen Rede und einer Andachtsrede zu unterscheiden ...

Was heißt »Andacht«? Viele Zeitgenossen haben heute wohl nur noch eine blasse Vorstellung von dem, was damit gemeint ist. Auch wenn sie zur Kirche gehören, kennen sie weder eine Hausandacht noch nehmen sie an Andachten in der Kirchgemeinde teil. Sie kommen nur selten in die Kirche, allenfalls zu besonderen Festen im Kirchenjahr oder bei familiären Anlässen. Dann wird dort keine Andacht gehalten, sondern ein Festgottesdienst, ein Konzert, eine größere Feier. Bei dem Wort »Andacht« denken sie eher an Menschen mit einer tiefen, mitunter auch etwas sonderbaren und extremen Frömmigkeit. Von ihren Erfahrungen her wäre zu fragen: Sind Andachten nicht eine historisch überholte Form kirchlicher Glaubenspraxis? Kann man nicht Christ sein, ohne an Andachten teilzunehmen? Ist das nicht eine Veranstaltung für (Über-)Fromme?

Was heißt »Andacht«? Für Herrn X. steht völlig fest, was eine Andacht ist und wie sie zu gestalten ist: Es geht vor allem um die Betrachtung eines kürzeren oder längeren biblischen Textes, eingebettet in Gebet und Gesang. Sein eigenes berufliches Leben in kirchlichen Einrichtungen ist über viele Jahre hin durch diese feste Form und durch diese regelmäßige Ordnung geprägt worden. Er braucht das biblische Wort für den Tag, gerade weil dann die vielen konkreten Handgriffe und alltäglichen Entscheidungen auf ihn warten. Ihm ist es wichtig, mit dem Segen Gottes in den Tag zu gehen. Von seinen Erfahrungen her wäre zu fragen, ob manches von dem, was gelegentlich als »Andacht« bezeichnet wird, dem entspricht, was es sein will. Wo sind die Grenzen zwischen einer Andacht und einer methodisch einfallsreichen thematischen Gruppenarbeit, zwischen der Besinnung auf Gott und sein Wort und einer kulturell-ästhetischen Entspannung? Von ihm her wäre aber auch zu fragen, was das für ein christlicher Glaube sein soll, der sich damit begnügt, bloße innere Überzeugung zu sein? Wie lebensrelevant, wie alltagsbezogen ist solch ein Glaube, der sich allenfalls an seltenen Festtagen auf seinen Grund besinnt?

Was ist und wo geschieht »Andacht«? Die einen kommen in der Kirchgemeinde zusammen und halten eine geistliche Besinnung. Andere treffen sich in der Schule, im Krankenhaus, im Parlament – an Orten der alltäglichen Arbeit. Wieder andere nutzen ihre Wohnung, das Wohnzimmer, den Frühstückstisch. Mitunter begegnet man einer Gruppe, die im Freien – auf einem Berggipfel oder am Strand, inmitten der blühenden sommerlichen Natur – zu einer Andacht zusammengekommen ist. Nichts scheint festzustehen:

- Ganz unterschiedliche Orte und Räume werden gewählt. Welche Bedeutung hat der jeweilige Raum für die Andacht?
- Man trifft sich zu ganz unterschiedlichen Zeiten. Welche Gründe gibt es dafür? Welche inhaltliche Bedeutung hat die jeweilige Zeit für die Andacht?
- Es gibt keine festen liturgischen Rollen, oft allerdings eine feste Erwartung, der Pfarrer bzw. die Pfarrerin, der kirchliche Mitarbeiter bzw. die Mitarbeiterin möge die Andacht »halten«. Ist das von vornherein deren Part? Kann man guten Gewissens vom Pfarrer bzw. von der Pfarrerin erwarten, dass sie nicht nur die sonntägliche Predigt und die laufenden Kasualansprachen vorbereiten, sondern dass sie auch sonst Tag für Tag kurze, griffige, originelle Gedanken in den kirchlichen Gruppenzusammenkünften anzubieten vermögen?
- Es gibt offenbar keinen von vornherein feststehenden Inhalt und keine feste liturgische Form. Wie geht man mit dieser Offenheit sinnvoll um? Was sind deren Chancen, wo liegen die Grenzen?

Andacht, das ist offenbar auch eine Form von Kommunikation: mit der Tradition, mit alten Texten und Liedern einerseits, aber auch mit anderen Menschen, mit Familienangehörigen, mit Freunden und Bekannten andererseits. Kommunikation kann gelingen oder misslingen. Es gibt nicht nur eine positive Geschichte der Andacht, sondern Andachtserlebnisse, die den Glauben verstellen und die Menschen immunisieren gegen eine solche religiöse Praxis. Brauchen Menschen manchmal so etwas wie eine Erholung von frommen Formen, ein Andachts-Moratorium? Oder kommt es nur darauf an, genügend flexibel und anpassungsbereit zu sein, um die Form zu finden, die der Situation, die den Bedürfnissen der Menschen entspricht? Manchmal hängen fromme Praxis und Machtausübung eng zusammen. Wie können wir sensibel bleiben für solche Zusammenhänge? Wie vermeiden wir solchen Machtmissbrauch unter Berufung auf Gottes Wort?

Wenn wir von unseren vielfältigen Erfahrungen mit Andachten ausgehen und diese reflektieren, ergeben sich viele Fragen zum Problemfeld der privaten christlichen oder gemeinsamen kirchlichen Andacht und zur Frömmigkeitspraxis überhaupt, für die man oft auch die lateinische Bezeichnung »praxis pietatis« wählt. Dass sich die Praktische Theologie den Fragen der Andacht bisher nur sehr sparsam zugewandt hat,[2] mag auch daran liegen, dass sich die Andachten erst in den letzten Jahrzehnten mehr und mehr von einer privaten Sitte zu einem allgemeinen christlichen Anliegen im Bereich der Gemeindearbeit oder auch in der Öffentlichkeit (z. B. in den Medien) entwickelt haben. Was früher Aufgabe des »Hausvaters« war, ist unter der Hand weithin zu einer Verpflichtung für den kirchlichen Mitarbeiter, die kirchliche Mitarbeiterin geworden. Es ist schon deshalb nötig, einige dieser grundsätzlichen Fragen zu bedenken.

---

[2] In den Lehrbüchern der Praktischen Theologie finden sich nur wenige Hinweise: Isolde KARLE, Praktische Theologie, erwähnt nicht einmal den Begriff. Wolfgang STECK, Praktische Theologie Bd. I, ordnet sie historisch und religionssoziologisch als »paradigmatische Grundform einer individualisierten Religionskultur« ein. In RÖSSLER, Grundriß der Praktischen Theologie, wird die Andacht als eigene Form kirchlichen Handelns nicht erwähnt. WINTER geht im Ost-Berliner Handbuch der Praktischen Theologie im Rahmen seiner Homiletik auch kurz auf die »Andachtsrede« ein (284f.). Walter NEIDHART behandelt »Gebet und Andacht« unter den »Formen persönlicher Frömmigkeit« im Gütersloher Handbuch der Praktischen Theologie, Bd. II: Praxisfeld: Der einzelne/Die Gruppe, Gütersloh 1981. Auch die älteren Lehrbücher berühren Fragen der Andacht ebenfalls nur sehr knapp, wie z. B. Friedrich NIEBERGALL in seiner Praktischen Theologie, Bd. II, unter dem Thema »Nebengottesdienste« (236f.). Ausführlicher werden homiletische und vor allem auch liturgische Fragen angesprochen von Günter KEHNSCHERPER, Situationen und Medien der Verkündigung; Friedemann MERKEL, Die Andacht und verwandte »kleine Formen« des Gottesdienstes. Artikel oder knappe Aufsätze zum Thema liegen vor von Peter CORNEHL, Die Andacht – zur Homiletik der kleinen Form; Jürgen HENKYS, Andacht; Klaus BÜRGER, Die Andacht, und Friedemann MERKEL, Andacht, eine vernachlässigte »kleine Form«. Unter den Lehrbüchern der Homiletik fällt aber auf, dass sich Rolf ZERFASS in seinem Grundkurs Predigt 1 speziell mit der Spruchpredigt beschäftigt – u.a. auch im Blick auf Andachten.

2. Zum Begriff und zur Bedeutung von »Andacht«

Schon im alltäglichen Sprachgebrauch fallen mindestens zwei verschiedene Bedeutungen des Wortes »Andacht« auf. Wir sprechen einmal davon, dass einer sich andächtig verhalte, dass er seine Andacht finde usw. Dabei ist deutlich: Hier geht es um eine innere Haltung, eine innere Befindlichkeit eines Menschen. Zum anderen wird z. B. zu einer »Wochenschluss-Andacht« eingeladen, also zu einer Veranstaltung. Das Grimmsche Wörterbuch,[1] in dem Begriffe terminologisch-historisch erläutert werden, unterscheidet nicht nur zwei, sondern sogar vier verschiedene Wortbedeutungen von »Andacht«:

1. Es geht einmal um die »Sammlung der Gedanken auf einen Gegenstand«, um ein »inniges Andenken«. Diese Bedeutung ist nicht eingeengt religiös zu verstehen. Gemeint ist eine allgemeine Haltung der Konzentration einem Objekt, u. U. auch einer Person gegenüber, die mit einer gewissen Ehrfurcht verbunden sein kann. Der Begriff entspricht hier dem lateinischen Wort »attentio«, der die »Anspannung des Geistes auf ein bestimmtes Ziel hin« beschreibt.[2] Andacht ist in dieser Interpretation eine bestimmte Art des Denkens. Dieses zielgerichtete Denken kann in ganz unterschiedlichen Lebenssituationen vorkommen: »Er sahe mir (dem Essenden) mit großer Andacht zu« (Simplizissimus 1,446). Oder: »Wir nahmen dessen erste Schrift mit Andacht in die Hände« (Goethe).[3]

Diese allgemeine nichtreligiöse Wortbedeutung von »Andacht« ist m. E. in der Gegenwart so gut wie ganz weggefallen. Der Begriff wird allenfalls in ironischer Rede auch in diesem Sinne gebraucht. Wir sprechen in unserer heutigen Umgangssprache wohl eher davon, dass uns bestimme Vorgänge oder Handlungen »faszinieren« oder dass wir von einem Geschehen

---

[1] GRIMM, Deutsches Wörterbuch 1, 302f.
[2] MERKEL, Die Andacht und verwandte »kleine Formen« des Gottesdienstes, 899.
[3] GRIMM, Deutsches Wörterbuch 1, 303. Die konsequente Kleinschreibung des Grimm'schen Wörterbuches habe ich verändert.

»ergriffen« sind. Fachleute, z. B. für Seelsorge und Kommunikation, reden von »Fokussierung«, wenn sie die Aufmerksamkeit auf einen Ausschnitt aus einem komplexen Vorgang konzentrieren wollen. In den gegenwärtigen ökologischen und psychologisch-therapeutischen Debatten wird vor allem mit dem Begriff der »Achtsamkeit« die hingabeorientierte Haltung der Konzentration ausgedrückt. Es sind also weithin andere Begriffe an die Stelle des Andachtsbegriffs in seiner ersten Bedeutung getreten.

2. Andacht kann auch im Sinne von »Dünkel, Eigendünkel« verstanden werden. Dabei verweist das Grimmsche Wörterbuch auf zwei unterschiedliche Wortstämme, die sich im Begriff Andacht verbergen. Während die erste Bedeutung vom mittelhochdeutschen »andaht« abgeleitet ist, resultiert die zweite aus dem alten »anduht«. Luther hat diesen eher negativen Wortsinn manchmal aufgegriffen: »das wir nichts anfahen von uns selbs, aus eigen Gutdünken und Andacht«[4]. Er kannte offensichtlich diese alte negative Bedeutung des Begriffes, und er gebrauchte ihn gelegentlich so. Auch dieser Wortgebrauch ist heute vergangen.

3. Die allgemein-anthropologische Bedeutung des Begriffs im Sinne der Sammlung der Gedanken, der Konzentration (s. 1.) ist schon seit dem Mittelalter zunehmend auf den religiösen Bereich eingeengt worden. Bei Andacht handelt es sich dann nicht mehr um irgendwelche, sondern um fromme Gedanken, die sich auf Gott und auf Heiliges richten. Was hier gemeint ist, entspricht dem lateinischen »devotio«: der Treue, der Ergebenheit, der inneren gedanklichen oder gefühlsmäßigen Hingabe Gott gegenüber. Andacht wird hier gleichbedeutend mit Frömmigkeit, mit frommer innerer Gesinnung.

Im Laufe der Geschichte werden bei diesem Verständnis von Andacht unterschiedliche Akzente gesetzt: Die Mystiker des Mittelalters (Meister Eckhart, Heinrich Seuse) verwenden Begriffe aus der Sprache der Liebespoesie (»gelust«. »minne«, »innicheit«), um die Innerlichkeit und Intensität solcher frommen Versenkung zu charakterisieren. Sie gehen davon aus, dass der

---

[4] Zitiert a. a. O., 303.

Gläubige bei solcher frommen Konzentration Gott begegnen und sogar mit Gott eins werden könne. Vor allem die Klöster sind Orte solcher permanenten Andacht in der Imitatio-Frömmigkeit des ausgehenden Mittelalters. Spätestens mit Ignatius von Loyolas Exercitia Spiritualia gewinnt der Gedanke Raum, solche Andacht ließe sich zielgerichtet fördern, wenn nicht sogar methodisch erreichen. Luther warnt dagegen vor den menschlichen Versuchen, Gott durch fromme Übungen und Techniken erreichen und seine Gnade durch bestimmte spirituelle Leistungen erwerben zu wollen: »Gottes Wort und Verheißung macht dein Gebet gut, nicht deine Andacht. Denn dieser Glaube, auf seine Worte gegründet, ist auch die rechte Andacht, ohne welche alle andere Andacht lauter Betrügerei und Irrtum ist«[5]. Auffällig ist, dass der Reformator in seiner Bibelübersetzung den Begriff Andacht nur einmal, und dabei im abwertenden Sinn, verwendet. Er beschreibt die verderbliche, selbstsüchtige Leidenschaft des Volkes Israel, wenn er im Propheten Hosea übersetzt: »Ihr Herz ist in heißer Andacht wie ein Backofen, wenn sie opfern und die Leute betrügen« (Hos 7,6f.). Seine Warnung vor einer zu starken Verselbstständigung des frommen menschlichen »Werks« und seine Unterscheidung von wahrer und falscher Andacht haben nicht verhindert, dass im Laufe der folgenden Jahrhunderte dennoch die Begriffe »Andacht« bzw. »andächtig« aus der Perspektive menschlichen Tuns und Empfindens gefüllt und vor allem positiv verstanden wurden. Protestantische Mystik, der Pietismus und die Romantik haben gleichermaßen die Gefühls- und Gemütsseite der Andacht angesprochen. Andacht ist etwas, das der fromme Mensch im Herzen fühlt, das er als Ergriffenheit des Gemüts, als innere Erhebung der Seele spürt. Immanuel Kant definiert in diesem Sinne: »die Stimmung des Gemüths zur Empfänglichkeit gottergebener Gesinnungen, Andacht genannt«.[6] Es gibt freilich immer auch Stimmen, die im Unterschied zum gefühlsbezogenen Verständnis von Andacht nüchterner nur von der Bereitschaft sprechen, die göttlichen Wahrheiten »bedachtsam« zu betrachten und die »Regel des Verstandes in den Sachen

---

[5] Deutsche Auslegung des Vaterunsers, zit. bei MERKEL, Andacht, 899.
[6] Zitiert von GRIMM, Wörterbuch, 303.

des Glaubens und der Gottseligkeit« behutsam anwenden zu wollen.[7]

Diese dritte Bedeutung des Wortes ist uns gegenwärtig noch geläufig. Wenn einer mit ganzer Andacht, »andächtig«, dabei ist, dann meinen wir: Er ist innerlich offen, er ist gesammelt für Gott. Er ist bereit, Gott zu sich reden zu lassen. Wer in diesem Sinne den Begriff Andacht gebraucht, muss sich dennoch auf Widerspruch gefasst machen. Die Begriffsgeschichte erweist sich auch als Problem. Es ist vor allem die starke Verbindung von religiöser Gefühligkeit und Andacht, es sind vor allem die Traditionen von Pietismus und Romantik, die es nüchternen Zeitgenossen bisweilen schwermachen, sich dieser Worte zu bedienen. Sie reden lieber von »Spiritualität« als von Andacht oder Frömmigkeit. Es ist freilich zu fragen, ob das alte deutsche Wort »Andacht« in diesem dritten Sinne so leicht preisgegeben werden sollte. Der christliche Glaube wird hier sprachlich mit einer bestimmten Art des Denkens, mit »An-Denken«, mit Bedenken vor Gott und auf Gott hin, zusammengebracht. In einer Zeit der Infragestellung des Glaubens ist es gut, schon durch die Begrifflichkeit zum Ausdruck zu bringen, dass christlicher Glaube und Denken durchaus miteinander zu tun haben. Er wird in einer bestimmten Art des »An-Denkens« erneuert und weiterentwickelt.

4. Obwohl Luther selbst den Begriff »Andacht« oft eher kritisch und mit großer Zurückhaltung gebraucht hat, hat sich dennoch aus der Reformation eine häuslich-christliche Sitte entwickelt, die unter der Bezeichnung »Hausandacht« bekannt geworden ist. Das Morgen- und Abendgebet, eine feste Institution evangelischer Frömmigkeitspraxis, zog bald den Begriff Andacht so an sich, dass darüber die dritte Bedeutung – die fromme innere Haltung – in den Hintergrund trat. Die Andacht wurde zur Bezeichnung einer häuslichen, später auch einer gemeindlichen Veranstaltung, in der bibelbezogene Verkündigung, Gebet, Gesang und Segen die Grundelemente bildeten. Im Unterschied zum liturgisch geordneten Gottesdienst, einer Feier für die ganze Gemeinde oder große Gemeindegruppen, ging es dabei immer um eine

---

[7] Johann Lorenz VON MOSHEIM, zit. bei MERKEL, Andacht, 990.

kleine Form für eine überschaubare Gruppe. Der Verlauf war weniger festgelegt. Es war möglich, in der Gestaltung stärker subjektive Akzente zu setzen. Andacht war die Bezeichnung für eine Form christlicher Glaubenspraxis von Einzelnen oder von Gruppen, in der man »andächtig« werden oder seine innere »Andacht« leben konnte.

Diese vierte terminologische Bezeichnung ist – mindestens im Bereich evangelischer Kirchlichkeit – auch heute gebräuchlich. Dabei geht es aber gegenwärtig meist weniger um die fromme häusliche Praxis, sondern vor allem um kirchliche bzw. von Christen getragene Veranstaltungen für eine bestimmte Zielgruppe.

Die Bezeichnung »Andacht« steht also sowohl für eine bestimmte menschliche Haltung wie für konkrete Veranstaltungen, die Menschen planen und durchführen. Diese terminologische Gegebenheit lässt eine tiefe Einsicht in wichtige Zusammenhänge erkennen: Man kann eine spirituelle Form nicht verstehen ohne die in ihr zum Ausdruck kommende Frömmigkeit. Und man kann wohl keine Andachtsgeschichte schreiben, die sich auf die historischen Veranstaltungsformen beschränkt. Um zu verstehen, was damalige Praxis war, braucht es einen Einblick in die jeweilige geistliche Haltung. Andachtsgeschichte ist Frömmigkeitsgeschichte. Einfacher ist das historische spirituelle Erbe nicht zu verstehen. Das macht die historische Aufgabe anspruchsvoll und reizvoll zugleich.

Die Assoziationen, die der Begriff bei den Zeitgenossen weckt, sind sicher unterschiedlich. Es ist sehr stark von den Erfahrungen der Einzelnen abhängig, ob die Bezeichnung »Andacht« bei ihnen für eine langweilige kirchliche Pflichtübung steht oder für eine lebendige Erfahrung des Angerührt- und Angeredetwerdens durch Gott und sein Wort, für einen fremden Vorgang, den man interessiert oder distanziert zur Kenntnis nimmt oder für ein Geschehen, dem man sich selbst immer wieder mit innerem Gewinn unterzieht.

3. Ein Blick in die Geschichte der Andacht

3.1 Der Schatz der Erfahrungen

Wenn wir danach fragen, was Andacht heute bedeutet und wie sie gestaltet werden kann, dann kann uns ein Blick in deren Geschichte helfen. Denn wir sind nicht die ersten, die als Christen ihren Glauben auch in bestimmten gemeinsamen Formen ausdrücken, feiern und erneuern wollen. Dieser Blick in die Geschichte kann uns mindestens zweierlei lehren:

a) Einmal kann uns deutlich werden, dass wir viel stärker aus der Überlieferung leben, als es uns oft bewusst ist. Der christliche Glaube selbst ist uns begegnet, weil er immer und immer wieder überliefert wurde, bis er eines Tages auch zu uns kam. Ebenso sind Formen der Besinnung auf diesen Glauben tradiert worden. Wir sind nicht die ersten christlichen Liturginnen und Liturgen, sondern wir können auf den Schatz der Erfahrungen der Generationen vor uns zurückgreifen. In einer Zeit, in der viele Menschen sich auf den Weg machen zu sich selbst, wo sie sich als Subjekte entdecken wollen, wo ihnen »Authentizität« ein wichtiges Anliegen ist, mag es für manchen oder manche eine unangenehme Wahrheit sein, sich als Glied in einer Kette, als Teil einer Überlieferungsgemeinschaft, zu sehen. Aber es ist so: »Wir sind ja keine absoluten Subjekte, monadisch abgeschlossene Individuen. Wir haben Väter und Mütter, wir gehören zu einer Gruppe, wir gehören einer Zeit und einem Land an, wir haben Traditionen. Horizontal gesehen: wir haben Brüder und Schwestern. Vertikal gesehen: wir haben Väter und Mütter, wir haben Tote. Das erscheint uns zunächst als eine Demütigung des Subjektes: nicht allein es selbst zu sein, sondern abhängig zu sein vom Kollektiv, das Ich des anderen in sich zu tragen. In Wirklichkeit ist es ein Reichtum, die Geschichte der anderen mit sich zu tragen und von ihr zu leben. Es ist ein Reichtum, nicht alle Träume selbst träumen zu müssen und an den Siegen der anderen teilhaben zu können.«[1] Sicher: Es braucht manche Anstrengung, um herauszufinden, ob ein alter Text uns heute noch erreicht. Manchmal wird er uns vorkommen wie ein fremdes Gewand, das uns nicht so recht zu passen scheint. Aber es kann sein, dass die alte Sprache oder die alte Form etwas auszudrücken vermögen, wofür wir zunächst keine eigene Sprache haben. Es ist wichtig, in die Geschichte zu blicken und auf diese Weise den Schatz spiritueller Erfahrungen zur Kenntnis zu nehmen, aus dem wir schöpfen könnten, aus einer Überlieferung, die uns immer wieder Sprache, Melodien, Inhalte und bestimmte Riten zur Verfügung stellen kann.

b) Ein Blick in die Geschichte der Frömmigkeit konfrontiert uns aber nicht nur mit Texten, spirituellen Formen und geistlichen Überzeugungen, sondern auch mit Entwicklungslinien, Aufbrüchen, Sackgassen, Irrtümern, neuen Ansätzen usw. Wir betrachten die Geschichte aus der Distanz. Wir sind nicht nur in ihr, sondern stehen ihr auch von unserer Zeit her gegenüber. Wir machen uns unser Bild von ihr, so zutreffend oder fragwürdig es auch immer sein mag. Wir kommen nicht umhin, uns in der Begegnung mit denen vor uns ein »Bild« zu machen, so wenig wie wir in der Kommunikation mit Personen von heute darauf verzichten können. Recht verstanden, will uns dieses aus der Distanz gewonnene Geschichtsbild helfen, die Einzeläußerungen sachgemäß zu erfassen. Es will einen kritischen Rahmen bereitstellen, um das einzelne Ereignis, den einzelnen Text interpretieren und sich zu eigen oder nicht zu eigen machen zu können. Wenn wir uns den historischen Blick zurück in die Andachtsgeschichte leisten, dann soll das nicht bedeuten, es würde nun die Frömmigkeitsgeschichte heiliggesprochen. Wir sollten zwar die Schätze der Vergangenheit sichten und heben. Aber es geht nicht um einen Traditionalismus, der alles gut findet, was alt ist. Liturgische und homiletische Kreativität bleiben wichtig, um die heutigen Erfahrungen Gestalt werden zu lassen und um aus dem überlieferten Erbe das auszuwählen, was uns heute

---

[1] STEFFENSKY, Feier des Lebens, 16f.

anspricht. Das können durchaus fremde, anfänglich zunächst störende Zeichen, Texte oder Riten sein. Aber sie müssen eine Botschaft transportieren, die uns heute zu erreichen vermag.

Bei solcher »Schatzsuche« in Sachen Andacht stehen wir nicht nur vor dem hermeneutischen Problem der Autorität von Überlieferung für den Glauben, sondern zugleich auch vor methodischen Schwierigkeiten. Andachtsgeschichte ist – wenn wir von der dritten Bedeutung des Begriffs Andacht ausgehen – Frömmigkeitsgeschichte. Diese ist aber von der klassischen Kirchenhistoriographie lange Zeit vernachlässigt worden. Sie hat Kirchengeschichte weithin als Theologiegeschichte, als Geschichte theologischer Lehre verstanden, wie sie in Konzilstexten, Schriften der theologischen Autoritäten und kirchlichen Dokumenten zum Ausdruck gekommen ist. Erst seit den 1980er Jahren hat sie begonnen, sich stärker dem gelebten Christentum der kleinen Leute zuzuwenden.[2] So liegen inzwischen viele Einzelstudien, aber auch wichtige Sammelwerke vor, die jeweils historische Überblicke zur Geschichte der christlichen Frömmigkeit in bestimmten Epochen geben. Ein konzentrierter historischer Abriss zur gestalteten Form der Andacht in Haus und Gemeinde fehlt aber noch immer.[3] Deshalb möchte ich hier exemplarisch einige wichtige Stationen dieser praxis pietatis notieren. Dabei liegt mein Hauptaugenmerk auf der Frömmigkeitsgeschichte der evangelischen deutschsprachigen Christenheit und weniger auf der Entwicklung in anderen Konfessionen. Bei diesem kleinen historischen Überblick leitet mich primär ein praktisch-theologisches Interesse. Deshalb sind mir – soweit sie erkennbar werden – die Erfahrungen wichtig, aus denen heraus die jeweiligen historischen Mentalitäten und Gestaltungsformen der Mütter und Väter im Glauben verstanden werden können. Außerdem möchte ich besonders aufmerksam deren

---

[2] Vgl. dazu JASPERT, Frömmigkeit und Kirchengeschichte, bes. 25ff.
[3] Vgl. aber: Geschichte der christlichen Spiritualität, Bd. 1–3. Die ganze Vielfalt der Historie evangelischer Spiritualität wird im Handbuch Evangelische Spiritualität, Bd. 1: Geschichte, dargestellt; vgl. außerdem HÖLSCHER, Geschichte der protestantischen Frömmigkeit in Deutschland.

»Instrumente« der Frömmigkeit zur Kenntnis nehmen und fragen, ob und wie sie auch für unsere heutige Andacht zu gebrauchen sein könnten.

3.2 Stationen der Andachtsgeschichte

Erste Station: Von den Anfängen bis zur konstantinischen Wende
Am Anfang der christlichen Spiritualität steht das Osterereignis. Es hat immer wieder Versuche gegeben, das, was zu Ostern geschehen ist, historisch aufzuhellen.[4] Doch wie kann man ein Geschehen mit den Mitteln menschlicher Geschichtsforschung analysieren und interpretieren, wenn es Raum und Zeit, wenn es alle sonstige menschliche Erfahrung sprengt? Die ersten Osterzeugen waren zunächst entsetzt von dem, was sie erfuhren (vgl. Mk 16,1–8). Aber dann begriffen sie: Der, dem sie nachgefolgt sind, ist nicht im Tod geblieben. Der von den eigenen Führern und den Römern als religiöser Extremist und politischer Querulant hingerichtete Jesus lebt. Das, was er getan und gesagt hat, wofür er eingetreten ist und was er gefordert hat – das ist keine abgeschlossene Vergangenheit. Er, Jesus, lebt bei Gott. Seine Worte und Taten hat Gott bestätigt. Sie gelten jetzt erst recht. Dieser Jesus hat schon Anteil an dem ewigen Leben in Gottes Reich. Ihm auch jetzt nachzufolgen, ihm jetzt zu vertrauen – das ist der Weg zum wahren Leben. Auch wenn die Trennung der jungen Kirche von der Synagoge noch Jahrzehnte dauerte, bildet das Ostereignis den Ausgangspunkt für die sich zunehmend eigenständig entwickelnde christliche Frömmigkeit.

Christlicher Glaube, christliche Frömmigkeit – das war die Praxis derjenigen, die sich diesem gekreuzigten und auferstandenen Herrn anvertrauten. Äußerlich geschah zunächst noch vieles in den überlieferten Formen jüdischer Frömmigkeit: Man kam zum Gottesdienst in der Synagoge bzw. im Tempel zusammen. Man feierte den Sabbat und die Feiertage nie nur im gottesdienstlichen Raum, sondern immer auch mit bestimmten

---

[4] Vgl. FISCHER, Das Ostergeschehen; WILCKENS, Auferstehung; HOFFMANN, Zur neutestamentlichen Überlieferung von der Auferstehung Jesu.

Gebeten, Mahlzeiten und anderen Riten zu Hause. Inhaltlich aber war die Ostererfahrung schon unüberhörbar und unübersehbar: Man sammelte Berichte über Jesus und gab seine Worte weiter. Diejenigen, die ihn selbst kennengelernt hatten oder die dem Auferstandenen begegnet waren, bekamen als Apostel bzw. Gemeindeleiter eine große Autorität in der Gemeinde. Die Schriftstellen aus der hebräischen Bibel, später Altes Testament genannt, las man vor allem unter der Frage, was sie über die Heilsbedeutung des Lebens und Sterbens dieses Gerechten aussagten. Die Predigten der Apostel Petrus und Paulus in der lukanischen Apostelgeschichte sind dafür ein beredtes Zeugnis. Die sich herausbildende christliche Frömmigkeit war also – in der Nachfolge der jüdischen – stark wort- und schriftbezogen. Neben die als Gottes Wort geltenden hebräischen Schriften traten mehr und mehr eigene christliche Schriften, die auch in den Gottesdiensten verlesen wurden und die nach und nach kanonische Autorität als »Neues Testament«, als neues Wort Gottes, erlangten.

Für die christliche Gemeinde waren von Anfang an nicht nur die verbale Erinnerung und Vergegenwärtigung Jesu wichtig, sondern ebenso Formen eines rituellen Nachvollzugs, einer sakramentalen Anteilhabe: Der Glaube der Christen wurde durch die Taufe besiegelt, durch die sie an Tod und Auferstehung Jesu Anteil erhielten (Röm 6,3f.). Dabei bot der frühe christliche Taufritus, der sich bald herausbildete, mit seiner intensiven Vorbereitung auf die Taufe, mit dem Akt des Untertauchens und neu Bekleidetwerdens, mit der Aufnahme in den Kreis der feiernden Gemeinde die Möglichkeit, dieses Geschehen auch subjektiv mitzuerleben. Durch die Teilnahme am »Mahl des Herrn« konstituierte sich immer wieder die Gemeinschaft mit dem Auferstandenen, den man dort wirklich und wahrhaftig als gegenwärtig glaubte und erfuhr. Christliche Frömmigkeit war ohne dieses sakramental-liturgische Geschehen der Vergegenwärtigung des Auferstandenen nicht denkbar.

Ebenso gehörte es von Anfang an zur christlichen praxis pietatis, dass sie auch in der Liebe zum Nächsten ihren Ausdruck fand. Deshalb sind schon die ältesten neutestamentlichen Schriften, die Briefe des Apostels Paulus, nicht nur von Interpretationen des Heilswerkes Jesu Christi, sondern auch von Mahnungen zu einem Leben in der Liebe erfüllt. Christliche Frömmigkeit ließ sich nicht auf fromme Innerlichkeit oder separate religiöse Betätigung reduzieren. Ihre zentralen religiösen Rituale feierten Gott in Christus und verwiesen zugleich auf die Gemeinschaft mit den anderen, mit Sympathischen oder Unsympathischen, Armen und Reichen, Fernen und Nahen. Sie wollte Gestalt finden in einem »vernünftigen Gottesdienst« (Röm 12,1) des täglichen Lebens. Dabei wusste man: Sie kann auch um Jesu willen ins Leid führen. Es dauerte nur kurze Zeit, bis einzelne unter den ersten Christen ihr Glaubenszeugnis mit Verfolgung und Martyrium zu besiegeln hatten (vgl. Apg 7,54–60).

Schließlich sei als wichtiges Element ältester christlicher Frömmigkeit das Gebet genannt. Die ersten Gemeinden haben hier in ganz besonderer Weise von der Gebetspraxis des Volkes Israel gelernt. Der Tag wurde durch regelmäßig wiederholte Gebetsstunden geheiligt. Es scheint üblich gewesen zu sein, dass man – wo es möglich war – zur dritten, sechsten und neunten Stunde[5] sein Gebet verrichtete und dass man auf jeden Fall am Morgen und am Abend betete. Dabei konnte es sich sowohl um Gebetsversammlungen mehrerer Personen handeln, die in einem christlichen Hause[6] zusammenkamen, wie auch um das persönliche Gebet eines Einzelnen.

Am deutlichsten wurde in der Traditio Apostolica, einer früher dem Bischof Hippolyt von Rom (gestorben 235) zugeschriebenen liturgiehistorischen Quelle, diese strukturierte Gebetspraxis beschrieben, theologisch begründet und für normativ erklärt: »Gebete verrichten sollt ihr morgens und zur dritten Stunde und zur sechsten und neunten und abends und zum Hahnenruf. Morgens zur Danksagung, dass der Herr euch erleuchtet hat,

---

[5] D. h. um 9.00, 12.00 und 15.00 Uhr.
[6] Schon das jüdische »Haus« war keine im modernen Sinne säkulare Wohnstätte, sondern auch Ort von Gottesdienst, insofern der Synagogengottesdienst hier in der häuslichen Feier fortgesetzt wurde. In der patriarchalischen Struktur dieser Zeit oblag dem Hausherrn auch die Verantwortung für die Durchführung religiöser Zeremonien. Dieses Verständnis von »Haus« und »Hausvater« setzte sich in den christlichen Gemeinden fort, vgl. BIERITZ/KÄHLER, Art. Haus, bes. 477f.

nachdem er die Nacht verscheucht und den Tag heraufführte. Zur dritten Stunde, weil der Herr in ihr von Pilatus das Urteil annahm. Zur sechsten Stunde, weil er in ihr gekreuzigt ward. Zur neunten, weil das All erbebte, als der Herr gekreuzigt ward ... Am Abend sollt ihr Dank sagen, dass Gott auch die Nacht gibt zur Ruhe von des Tages Mühe. Und beim Hahnenruf, weil jene Stunde die Ankunft des Tages verkündet, um die Werke des Lichts zu tun ... Wenn weder in einem Hause noch in der Kirche Versammlung gehalten werden kann, so psalliere, lese und bete jeder für sich. Oder auch zwei oder drei miteinander.«[7]

Es ist klar, dass es sich bei solchen Gebeten nicht nur um freie, persönlich formulierte Worte gehandelt hat, wenngleich für sie und auch für Gebetsäußerungen in ekstatisch-charismatischer Weise in der privaten Frömmigkeitspraxis durchaus Raum war (vgl. 1Kor 14,18). In der Regel wurden alttestamentliche oder frühchristliche Texte gelesen und geprägte überlieferte Gebete gesprochen. Besonders wichtig waren dabei von Anfang an die Psalmen. Sie dienten als eine Art Lehrbuch des Gebets sowohl in Israel wie auch in der Christenheit.

In den ersten Jahrzehnten und Jahrhunderten wurde der christliche Glaube keineswegs nur als eine innere Haltung aufgenommen und gepflegt. Vielmehr ist für die Christen jener Zeit typisch, dass sie sich – wenn es irgend ging – oft versammelten, auch im Laufe der Woche, auch an Wochentagen. In der Gemeinschaft mit den Brüdern und Schwestern der Gemeinde, in der Verbundenheit mit der eigenen Familie in der eigenen Wohnung oder auch allein vollzog man die Schriftlesung und das Gebet, die Fürbitte und den Lobpreis. Der »große Gottesdienst«, gefeiert am Sonntag und verbunden mit dem eucharistischen Mahl, wurde vielfältig von »kleinen Gottesdiensten« der privaten und in kleineren Gruppen gehaltenen »Andacht« flankiert.

Die frühe christliche Frömmigkeit hatte sich von Anfang an mit zwei widersprüchlich erscheinenden Tendenzen der christlichen Lehre auseinanderzusetzen: Auf der einen Seite feierte man die gegenwärtige Begegnung mit dem auferstandenen Herrn, vor allem in der Mahlgemeinschaft mit ihm. Auf der

---

[7] Zit. nach GOLTZEN, Der tägliche Gottesdienst, 131.

anderen Seite erwartete man seine künftige Wiederkehr, seine Parusie, durch die allem Vorläufigen und Antichristlichen ein Ende gesetzt werden sollte. Die christlichen Gruppen und die sich herausbildenden Frömmigkeitsrichtungen tendierten dabei entweder eher zu dem schon jetzt zu erlebenden Heil in der Gegenwart Christi. Oder sie lebten in einer starken apokalyptischen Glut der baldigen Erwartung des Endes dieses Äons, aus der sie ihre Leidensbereitschaft und ihre unerschütterliche Hoffnung bezogen. Ein wichtiges Thema urchristlicher Frömmigkeit ist es, angesichts der Verzögerung der Parusie Jesu die nötige Geduld zu bewahren, aus der heraus auch die Dinge des täglichen Lebens ernst zu nehmen und verantwortlich zu gestalten sind, und zugleich die Wachsamkeit zu behalten und so der »Welt« gegenüber kritisch und unabhängig zu bleiben – aus einer letzten Hoffnung allein auf Christus heraus.

In vielen Gegenden des damaligen römischen Reiches nahm die Zahl der Christen bald stark zu. Was zunächst den Außenstehenden wie eine jüdische Sekte vorgekommen war, was sich in den Häusern einzelner Christen ereignet hatte, das wurde zunehmend zu einem Faktor des allgemeinen religiösen und öffentlichen Lebens. Auch wenn politisch Mächtige auf diese neue Bewegung mit Verfolgungen reagierten, konnten sie das Anwachsen der Kirche nicht verhindern. Diese quantitativen Veränderungen stellten die Kirche vor eine Fülle von Aufgaben und Problemen.

So mussten beispielsweise die Formen der Diakonie neu geordnet werden. Professionelle Arbeitsgruppen übernahmen den Dienst der Liebe im Auftrag der Gemeinden.[8] Für die christliche Frömmigkeit des 2. und 3. Jahrhunderts entwickelte sich ein Thema zum Dauerproblem: Wie sehr sollten sich Christen von dem abgrenzen, was gesellschaftlich üblich war? »Wir führen das gleiche Leben wie ihr ... Ohne uns vom Forum und dem Marktplatz zurückzuziehen, ohne die Bäder, die Geschäfte, die Läden und die Gasthäuser und all die anderen Handelsplätze aufzugeben, leben wir in dieser Welt mit euch«, erklärte Tertullian seinen nichtchristlichen Zeitgenossen.[9] Aber er

---

[8] FONTAINE, Praxis des christlichen Lebens, 451f.
[9] Zit. bei FONTAINE, Praxis des christlichen Lebens, 451.

stellte dennoch eine Fülle von Vorschriften auf, mit denen sich Christen von den Nichtchristen abzugrenzen hätten. Diese reichten vom Schminkverbot für Frauen bis zur Anweisung, sich aller Formen von Götzendienst zu enthalten. Trotz solcher wiederholten Versuche, strenge Normen aufzustellen und deren Übertretungen durch eine straffe Kirchenzucht zu ahnden, siegten viele Tendenzen der Anpassung an das vorgegebene gesellschaftliche und bürgerliche Leben spätestens dann, als das Christentum öffentlich anerkannte und geförderte Reichsreligion wurde. Deutliches Zeichen solcher Einpassung in vorgegebene Lebensverhältnisse und Strukturen war die sich verändernde Stellung des Klerus, der seit Kaiser Konstantin immer mehr Privilegien erhielt und zunehmend den kaiserlichen Beamten gleichgestellt wurde.

Zweite Station: Monastische Frömmigkeit

In der mehr und mehr gesellschaftlich erwünschten und bald vom Staat geförderten Kirche verblassten viele Konturen christlicher Frömmigkeit. Ethische Kompromisse waren ebenso an der Tagesordnung wie faktische Vermischungen heidnisch-religiöser Traditionen mit dem christlichen Glauben. Die Gottesdienste in den Städten, nun gefeiert in größeren Kirchen und prächtigen Kathedralen, boten zwar ein beeindruckendes Schauspiel. Sie wurden aber zunehmend von den beamteten Klerikern bestimmt, während die Laien-Gemeinde immer stärker zum Zuschauer und passiven Teilnehmer wurde. In dieser Zeit eines Verfalls der allgemeinen Frömmigkeit fällt der spirituelle Aufbruch einzelner Asketen und Eremiten, später auch ganzer monastischer Gemeinschaften auf.

Antonius, der ägyptische Eremit (gest. 356), gilt als Symbol dieser geschichtlich bedeutsamen Entwicklung.[10] Er war der Sohn eines wohlhabenden Bauern, der gemäß der Lehre Jesu seinem irdischen Besitz entsagte und die Einsamkeit in der Wüste und die Askese wählte. Er durchlebte immer wieder Versuchungen, von diesem radikalen Weg der Nachfolge Jesu zu lassen. Wegen der Macht seines Gebets und seiner Kraft, Wunder zu tun, wurde er hoch verehrt.

---

[10] Vgl. GRIBOMONT, Mönchtum und Aszese, 118f.; außerdem SCHULZ/ZIEMER, Mit Wüstenvätern und Wüstenmüttern im Gespräch.

Im 5. Jahrhundert gab es in Rom vier Klöster, im 6. schon ein Dutzend.[11] Das Leben der Mönche und Nonnen wurde durch feste Regeln bestimmt, die den Tagesablauf und die jeweilige praxis pietatis präzise ordneten. Die Gebetsübungen bei den Tagzeitengebeten, die im Anschluss an die schon im Judentum geübten festen Gebetszeiten entstanden waren, und die gemeinsamen Gebete und Gesänge zu den weiteren Gottesdiensten, Segnungen und Zeremonien waren darauf angelegt, alle Gedanken des Mönches bzw. der Nonne und jede Beschäftigung des Tages auf die Gegenwart Gottes zu lenken. Dabei spielt die Überzeugung eine Rolle, dass die Christen, nicht zuletzt Mönche und Nonnen, vom Bösen umgeben sind, dem man nur durch Wachsamkeit und durch die Zuflucht zu Christus entgehen kann. Die Lebensordnung im Kloster war von dem Verzicht auf eigenen Besitz und auf den eigenen Willen bestimmt. Unterwerfung unter den Willen seiner Oberen, ein Gleichgewicht zwischen Gebet und Arbeit, Disziplin, Schweigen-Können, sich Einordnen-Können sind typische Merkmale solchen frommen Lebens, das nicht negativ als entsagungsvolle Existenz, sondern positiv als Weg zur inneren Freiheit, zum inneren Frieden mit Gott, zur Glückseligkeit im Glauben verstanden wurde.

Die Klöster hatten eine doppelte Funktion: Einmal entwickelten sie sich zum Ort des immerwährenden stellvertretenden Gebets für die Christenheit. Weil die Christen, verstrickt in ihre Alltagsgeschäfte und eingebunden in die vielen Kompromisse des gesellschaftlichen Lebens, nicht so intensiv im Gebet bleiben und nicht so entschieden ihren Glauben leben konnten, übernahmen dies die Klöster. Zugleich bildeten sie Zentren der Andacht, in denen immer wieder Kleriker und Laienchristen auf Zeit mitlebten. Sie konnten sich auf diese Weise zu »Trainingszentren« in Sachen Frömmigkeit entwickeln und mit ihrer praxis pietatis und mit ihrem Lebensstil auch auf andere Menschen außerhalb der Klöster ausstrahlen.

---

[11] LECLERCQ, Mönchtum und Aszese, 141.

Dritte Station: Frühes Mittelalter
Die dramatischen Ereignisse im 5. und 6. Jahrhundert, das Zerbrechen der römischen bürgerlichen Gesellschaft und ihrer christlichen Elite und die endgültige Eroberung des römischen Reiches durch die »Barbaren« führten massive wirtschaftliche und religiös-kulturelle Krisen herauf. Wo das Christentum neu eingeführt wurde, in den fränkischen und anderen germanischen Regionen, entwickelte sich oft kein wirkliches inneres Verständnis des christlichen Glaubens, sondern man übernahm das neue Bekenntnis eher äußerlich, da man politisch dazu gezwungen war.

»In einer solchen Situation wurde das Christentum von der Mehrheit der Laien wie eine Religion von übernatürlicher Kraft angestaunt, die jenen zur Verfügung stünde, die zu Christus gehörten. Die Christen, die Gott weniger wegen seiner Barmherzigkeit liebten als wegen seiner Unfaßbarkeit und Gerechtigkeit fürchteten, vertrauten sich mit Inbrunst der Fürsprache der Heiligen an; diese waren durch ihre Gräber und Reliquien gegenwärtig ... Berührungsriten mit magisch-religiösen Zügen wurden gepflegt und institutionalisiert. Die verunsicherten Gläubigen, die sich nach materiellem und spirituellem Heil sehnten, stützten sich auf solche Riten und Gegenstände, um Heilung von Krankheit und Schwäche; Befreiung von diabolischer Besessenheit und Sicherheit für dieses und das kommende Leben zu erlangen.«[12]

Durch Volkspredigten,[13] volksmissionarische Bildungskonzepte und eigene Reformen versuchten die kirchlich Verantwortlichen der spirituellen Krise gegenzusteuern. Entscheidende Impulse gingen von den Reformen Karls des Großen aus, die sich auch auf die die religiöse Bildung der Laien und die Festigung ihres religiösen Lebens bezogen.

Der Kaiser selbst bildete ein Beispiel für überzeugend gelebte Frömmigkeit und ein hohes Maß an theologisch-liturgischer Sachkenntnis. So heißt es in einem mittelalterlichen Bericht über ihn: »Er unterließ niemals, morgens

---

[12] FONTAINE, Praxis des christlichen Lebens, 468.
[13] Z. B. Caresarius von Arles, vgl. FONTAINE, Praxis des christlichen Lebens, 470f.

und abends diese Kirche (die berühmte Palast-Kapelle in Aachen) zu besuchen; dort nahm er am nächtlichen Offizium teil... Er pflegte auch den konkreten Vortrag der liturgischen Lesungen und des Psalmengesanges zu korrigieren, da er selbst in beidem sehr kundig war«[14].

Als Mindestforderung an die religiöse Praxis der christlichen Laien galten, das Vaterunser und das Credo zu lernen und vortragen zu können, beide Gebete morgens und abends zu beten bzw. wenigstens als Ersatz zu sprechen: »Herr, du hast mich gebildet und geschaffen, erbarme dich meiner; Gott hab Mitleid mit mir, einem Sünder«. Der Sonntag sollte als Ruhetag gepflegt werden. Am Samstag sollte man die Vesper und sonntags wenigstens die Matutin vor der Hauptmesse besuchen.[15]

Auch wenn man nicht unterstellen darf, dass alle »Mindestforderungen« überall zu erfüllen waren, gingen dennoch entscheidende Impulse für eine durchgreifende Verbesserung des christlichen Wissens und der Pflege christlicher Frömmigkeit von den Klöstern und von einzelnen Mönchen aus. Den Ordensgemeinschaften wurden in hohem Maße auch Bildungsaufgaben übertragen. Sie gründeten Schulen, und sie entwickelten sich häufig zu Stätten der Wissenschaft mit Laboratorien, Mustergärten, Bibliotheken usw. Seit der Mission der iroschottischen Mönche auf dem Festland setzte sich die Ohrenbeichte[16] auch außerhalb des Mönchtums durch, an der jeder Christ wenigstens einmal im Jahr teilzunehmen hatte. Durch die seelsorgerlich-katechetischen Einzelgespräche bei der Beichte und durch die dem Gläubigen auferlegten Bußleistungen – dazu gehörten auch verschiedene Elementartexte des christlichen Glaubens, die zu sprechen waren – wurde die Kenntnis des christlichen Glaubens vertieft und wurden persönliche Frömmigkeitsübungen ausdrücklich zur Pflicht gemacht. Die Gefahren lagen auf der Hand, fromme Praxis nun als Leistung zu verstehen, die man absolviert, um einer Pflicht zu genügen oder um Gott zu gefallen.

---

[14] EINHARD, Leben Karls des Großen, zit. bei FONTAINE, Praxis des christlichen Lebens, 472.
[15] Zit. bei FONTAINE, Praxis des christlichen Lebens, 472.
[16] Vgl. POSCHMANN, Kirchenbuße im frühen Mittelalter; MESSNER, Feiern der Umkehr und Versöhnung.

Vierte Station: Andacht im Hoch- und Spätmittelalter

Wenn Andacht der bewusste Versuch ist, institutionell eine Verbindung zwischen Religion und Alltag herzustellen, dann stellt sich die Frage, ob das Spätmittelalter nicht als *das* Andachtszeitalter schlechthin zu bezeichnen wäre: »Der getaufte Christ wurde von morgens bis abends, von der Wiege bis zur Bahre begleitet von einfachen oder feierlichen Zeremonien, von Stoßgebeten und endlosen Litaneien. Auf Schritt und Tritt stieß er auf religiöse Zeichen: eine Kirche, eine Kapelle oder eine künstlerisch anspruchslose Statuette in der Astgabel eines alten Baumes. Er konnte die Gesten mechanisch ausführen und die Formeln gedankenlos nachbeten, er konnte sich aber auch der Tradition entziehen, sie verspotten, ja verfälschen. In jedem Fall aber regelte sie sein Verhalten. Ob Kritiker, Heuchler, Frömmler oder aufrichtig frommer Mensch – niemand konnte sich der Herrschaft der Religion entziehen.«[17]

Alle *zeitlichen Abläufe* und Strukturen waren von der mittelalterlichen christlichen Religion durchzogen:

Frühmorgens und abends rief das Angelus-Läuten die Gläubigen zum Gebet, seit der Mitte des 15. Jahrhunderts kam noch das Mittagsgeläut hinzu. Man überhörte es nicht, sondern schlug dazu in der Regel ein Kreuzzeichen. Manche sprachen ein Gebet. Wer dazu in der Lage war, besuchte wochentags schon die Frühmesse in der Kirche. Tischgebete zu den Mahlzeiten und Segensbitten am Ende des Tages gehörten selbstverständlich zum normalen christlichen Tagesablauf. Viele Gebildete und Wohlhabende verfügten über ein kostbares »Stundenbuch«, und sie versuchten, so gut es ging, den Rhythmus des klösterlichen Tagesablaufs, strukturiert durch die Tagzeiten- bzw. Stundengebete, mit zu vollziehen. Jeder Tag der Woche hatte sein besonderes geistliches Thema.[18] Mindestens der Freitag war allen Christen als der Todestag Jesu besonders präsent. Buße und Fasten hatten hier ihren

---

[17] RAPP, Das religiöse Leben, 257.
[18] Johannes GERSON hatte dazu ein bestimmtes Schema entwickelt: Montag unter dem Zeichen des Todes, Dienstag als Tag der Erinnerung an Gottes Gnade, Mittwoch als Tag unter dem Zeichen des Jüngsten Gerichts usw. Auf diese unterschiedlichen Themen pro Wochentag hat sich auch die nachreformatorische Andachtsliteratur teilweise eingestellt, siehe RAPP, Das religiöse Leben, 258, und DU MOULIN, Buß-ermunternde und Glaub-ergetzende Andachtswoche.

Platz. Der Samstag gehörte der Marienverehrung (Abendandacht mit dem »Salve Regina«). Der Sonntag war von vielen Gottesdiensten geprägt: Stille Messe am Morgen für die Dienstleute, Hochamt, Nachmittagspredigt bildeten das vielfältige Angebot. Profane Aktivitäten wie Feld- oder Handwerksarbeit waren am Sonntag verboten. Am liturgischen Jahr entlang konnte der Christ die Heilsgeschichte innerlich mitvollziehen. Höhepunkt des Jahres war die Karwoche, in der die strenge Fastenzeit vor Ostern zu ihrem Abschluss kam, in der symbolisch die Fußwaschung, die Kreuzigung Jesu und die Grablegung des Herrn erinnert wurde. Mysterienspiele, Bußprozessionen, die Ablegung der Ohrenbeichte, die Teilnahme an der Kommunion, der Mitvollzug des festlich-prächtigen Ostergottesdienstes waren herausragende Ereignisse, die den Einzelnen in das biblische Heilsgeschehen hineinverwickelten. Hinzu kam eine Fülle von besonderen Fest- und Gedenktagen: Fronleichnam, mit dem die Eucharistiefrömmigkeit, die Verehrung der gewandelten Hostie, ihren besonderen Ausdruck fand, ein dicht besetzter Heiligenkalender, darunter mehrere Marienfeste. Auch der persönliche Lebenslauf wurde von kirchlichen Riten bestimmt: Geburt, Taufe, Kommunion der Wöchnerin einerseits, ein intensives System der Begleitung bei Sterben und Tod andererseits, an dem die gesamte Gemeinde teilhatte, sorgten für eine unmittelbare Verbindung von Individuum und Kirche, Mensch und Glaube. Dem Sterben und dem Tod des Menschen galt eine hohe Aufmerksamkeit: Die wahre Frömmigkeit bewährte sich in einem gottergebenen Sterben. Auf die »Kunst des Sterbens« (ars moriendi) sollten die Gläubigen durch spezielle Schriften vorbereitet werden.

Nicht nur die Zeit, auch *der Raum* präsentierte überall die gebauten Zeugnisse der spätmittelalterlichen Religion: Die großen Dome mit ihren mächtigen Türmen und hohen Gewölben sorgten neben den vielen Kapellen, Klöstern und Hospizen, neben Kreuzen, Bethäusern und Kapellen für die Omnipräsenz des Christlichen.

In der Tat: Andacht musste hier nicht als Veranstaltung besonders organisiert werden. Der tägliche Lebensvollzug war vielmehr durchsetzt von einer Fülle heiliger Zeichen, die bei den Frommen eine andachtsvolle Haltung und oft auch Vollzüge der persönlichen praxis pietatis auslösten. Unter den zahlreichen, unübersehbaren Zeichen einer institutionalisierten Religion entwickelten sich dennoch erstaunlich individuelle Züge einer

persönlichen Spiritualität in den gebildeten und wohlhabenderen Kreisen. Die hoch- und spätmittelalterliche Frömmigkeit war von vier Themen bestimmt:
- von der Passion Christi her, wie an den erschreckend realistischen künstlerischen Darstellungen des »Schmerzensmannes«, an den Kruzifixdarstellungen oder der Pietà (der trauernden, klagenden Maria, die den Gekreuzigten auf ihrem Schoß hält) deutlich zu erkennen ist,
- von einer reichen Marienfrömmigkeit, in der sich die Mutter Jesu zur Universalheiligen, zur gekrönten und in den Himmel aufgefahrenen Gottesmutter entwickelte,
- von einem lebhaften Heiligenkult, der eine Fülle von Wallfahrtsstätten, eine darauf bezogene Reliquienverehrung und die Fortschreibung der Heiligenlegenden als eigene Literaturgattung veranlasste,
- und von einer besonderen eucharistischen Frömmigkeit, die von der Faszination der geweihten Hostie bestimmt war. Die heilige Schau der in der Messe hochgehobenen, der durch Monstranz oder Fronleichnamsprozession exponierten heiligen Oblate, die »Augenkommunion«, ersetzte weithin die wirkliche Teilnahme an der Altarkommunion.

Diese mittelalterliche Frömmigkeit war vermischt mit vielen magischen Bräuchen und Erwartungen. Sie setzte eine starke Leidenschaft des Gefühls frei und gab ihr Nahrung. Sie wurde mit einer geradezu »fieberhaften Intensität«[19] gelebt und erlebt. Andacht halten, das hieß immer: sich mit den heiligen Gestalten identifizieren, mit dem heiligen Geschehen von damals gleichzeitig werden. Diese Frömmigkeit benutzte ganz unterschiedliche Mittel: die gottesdienstliche Liturgie, das derbe Volksschauspiel, die bildende Kunst, die sich zunehmend stärker verbreitende »Erbauungsliteratur« (z.B. »Die Nachfolge Christi« von Thomas a Kempis).

Von einer späteren nachreformatorischen Perspektive her fällt besonders auf: »Frömmigkeit manifestierte sich in erster Linie ... in dem, was man tat. Fromme Christen sprachen ihre Gebete,

---

[19] KIECKHEFER, Hauptströmungen der spätmittelalterlichen Frömmigkeit, 105.

nahmen an Wallfahrten teil, fasteten, zogen in Prozessionen[20] mit, beteiligten sich an Aktivitäten von Bruderschaften,[21] trugen härene Gewänder, gaben Almosen, hörten Predigten und vollzogen andere fromme Handlungen«.[22] Der spätmittelalterliche Mensch war erfüllt von dem Glauben, dass die frommen Handlungen geeignet seien, um sich des Heils Gottes zu vergewissern, vielleicht auch: um es sich zu erwerben. Der äußere Vollzug war nicht wegzudenken vom inneren Gehalt. Was innerlich wichtig war, musste auch äußerlich vollzogen werden.

Welche Erfahrungen, welche Empfindungen, welche Sehnsüchte stecken hinter dieser intensiven handlungsorientierten und zuweilen mit magischem Denken durchsetzten Frömmigkeit jener Zeit? Sie ist wohl nicht zuletzt ein Versuch, mit den ungeheuren Ängsten jener Epoche umzugehen: mit der Angst vor Krieg und Unheil, vor Seuchen und Katastrophen. Dabei geht es aber nicht nur um die Hoffnung, hier auf dieser Erde von solchem Übel verschont zu werden, sondern es geht zugleich und sogar vor allem um die Furcht vor dem dahinter lauernden ewigen Unheil, vor dem endgültigen Gericht Gottes und der Perspektive der ewigen Verlorenheit. Der »Devotionalismus« des späten Mittelalters versuchte auf diese Angst vor dem zeitlichen Übel, aber auch vor dem ewigen Tod und der Verdammnis, mit einer Fülle von Gegenzeichen und Schutz-Handlungen zu antworten und diese dem einzelnen Gläubigen als relative Sicherheiten anzubieten.

---

[20] »Das ganze Abendland war mit einem Netz von Straßen überzogen, auf denen Millionen von Pilgern mit wandernden Scholaren, Kaufleuten und anderen Reisenden die Strapazen und Gefahren der Wege teilten; sie trotzten Hunger und Durst, Kälte und Hitze, bösartigen Fährleuten, betrügerischen Wirten und Wegelagerern ...« (OHLER, Pilgerleben im Mittelalter, 9).

[21] Es gab nicht nur die geschlossenen Orden der Nonnen bzw. Mönche, sondern auch offenere und zugleich verbindliche Bruderschaften von Laienchristen und Klerikern, die oft im Einflussbereich eines Klosters wirkten und die sich einem bestimmten christlichen Anliegen widmeten; vgl. dazu: STOLZ u.a., Art. Bruderschaften.

[22] KIECKHEFER, Hauptströmungen, 97.

*Fünfte Station: Frömmigkeit und Andachtspraxis
im Reformationszeitalter*[23]

Das Mittelalter geht mit dem 16. Jahrhundert nicht einfach zu Ende. In den Gegenden, die von der Reformation nicht erfasst wurden, erhielten sich viele fromme Sitten unangefochten, mit denen das alltägliche Leben geheiligt wurde. Die Menschen waren hier weiter in einen durch kirchliche Ordnungen und privates frommes Brauchtum sakralisierten Lebensvollzug einbezogen. Sie erlebten weiter die Sicherheiten, aber auch Zwänge unter der Herrschaft der überkommenen christlichen Religion in der Zeit und im Raum. Aber auch in den Städten und Ländern, in denen die Reformation Einzug hielt, änderte sich die religiöse Praxis vieler nicht sofort und nicht radikal. Viele Bräuche blieben zunächst erhalten.

Martin Luther war in vielem noch kein Mensch der Neuzeit, der das Mittelalter einfach hinter sich gelassen hätte. Er teilte vielmehr mit dem spätmittelalterlichen Menschen die Angst vor der ewigen Verlorenheit, vor dem ewigen Strafgericht Gottes. Dem entspricht seine berühmte Frage »Wie finde ich einen gnädigen Gott?« Sie war eher das Problem eines mittelalterlichen Menschen, eines Mönchs, der immer wieder an seiner Sündhaftigkeit verzweifelt, eines Theologen, der noch ganz von den Auseinandersetzungen innerhalb der mittelalterlichen scholastischen Theologie geprägt ist. Sie ist nicht die Lebensfrage eines typisch »neuzeitlichen« Denkers. Aber seine Antwort, die er in der Bibel, vor allem bei Paulus, fand, erschloss ein solches Potential an Veränderung christlicher Spiritualität, dass es dennoch richtig ist, die Reformation als Beginn eines neuen Zeitalters anzusehen.

Luthers Entdeckung hieß: Wir können uns Gottes Gnade nicht durch ein moralisch oder spirituell vorbildliches Leben verdienen. Wir brauchen dies aber auch nicht, weil Gott uns um Jesu willen seine Gnade schenkt. Der Reformator hat gegen Ende seines Lebens, 1545, seine reformatorische Entdeckung so dargestellt:

---

[23] Vgl. KOHNLE, Vom Spätmittelalter zur Reformationszeit; LEPPIN, Martin Luthers Spiritualität.

»Da fing ich an, die Gerechtigkeit Gottes als eine solche zu verstehen, durch welche der Gerechte als durch Gottes Gabe lebt, nämlich aus dem Glauben. Ich fing an zu begreifen, dass dies der Sinn sei: durch das Evangelium wird die Gerechtigkeit Gottes offenbart, nämlich die passive, durch welche uns der barmherzige Gott durch den Glauben rechtfertigt, wie geschrieben steht: ›Der Gerechte lebt aus dem Glauben‹. Da fühlte ich mich wie ganz und gar neu geboren und durch offene Tore trat ich in das Paradies selbst ein«.[24]

Diese reformatorische Entdeckung von dem Gott, der »allein aus Gnaden« die Menschen rechtfertigt, hatte unmittelbar mit der Andachtspraxis in den Klöstern, in den Gemeinden und in den Häusern zu tun. Alle Bemühungen, durch eine zielgerichtete Bibellektüre oder private Gebetsordnung, durch einen entbehrungsreichen Lebensstil oder reichlichen Gottesdienstbesuch Gott zu gefallen, waren nun als untaugliche, ja sogar als geistlich höchst gefährliche Versuche enttarnt, einen Weg zu Gott finden zu wollen. Führte Luthers Reformation damit nicht das Ende der geordneten christlichen Frömmigkeitspraxis überhaupt herbei?

Dem Reformator ging es nicht darum, pauschal alle Andacht zu verwerfen, obwohl ihm die Ambivalenz der menschlichen praxis pietatis klar vor Augen stand. Sein Anliegen war, jedes fromme Tun und Denken zu vermeiden, mit dem Leistungen erbracht werden, die ihrerseits Gott beeindrucken und die ihn günstig stimmen sollten. Außerdem dachte er konsequent vom bleibenden Sündersein des Menschen aus. Christliches Leben konnte nicht durch geistliche Übungen zu einem von der Sünde mehr und mehr gereinigten Status führen. Auch der Christ bleibt auf die Vergebung Gottes fundamental angewiesen. Oder anders – positiv – formuliert: Nach Luther besteht der zentrale Sinn aller Theologie, aller Predigt, aller Schrifterkenntnis, aller rechten Andacht darin, sich seiner eigenen Sündhaftigkeit vor Gott bewusst zu werden und von Gott die Versöhnung zu erfahren: »Der eigentliche Gegenstand der Theologie ist der wegen seiner Sünde angeklagte und verlorene Mensch und Gott, der den Sünder

---

[24] WA 54, 186, 5–9, zit. bei LIENHARD, Luther und die Anfänge der Reformation, 278.

rechtfertigt und erlöst. Alles, was in der Theologie außer diesem Thema geforscht oder diskutiert wird, ist Irrtum und Gift«.[25]

Von diesem geistlichen Zentrum her lassen sich fünf Strukturelemente ausmachen, die – von Luther eindrucksvoll herausgestellt – in den sich bildenden lutherischen Kirchen die Frömmigkeit der Menschen geprägt haben:

a) Die Schrift

Die lutherische Reformation ist von dem eindrucksvollen Versuch bestimmt, die Gläubigen direkt mit der Heiligen Schrift bekannt zu machen. Deshalb hat der Reformator die Bibel in meisterhafter Weise übersetzt. Die neueste Drucktechnik ermöglichte es, in einer ungewohnten Schnelligkeit und Auflagenhöhe die Heilige Schrift und andere, die Bibel auslegende Schriften zu publizieren. Die Predigt, im Mittelalter nicht unbedingt als Schriftauslegung verstanden, rückte in das Zentrum der zahlreichen Gottesdienste.[26] Sie galt ausschließlich[27] der Auslegung eines biblischen Textes. Auch wenn diese Predigten durchaus lehrhafte Absichten verfolgten – der Glaube war nach Luther kein dumpfer, sondern ein wissender Glaube –, waren sie dennoch nicht als distanzierte Lehre über Glaubensangelegenheiten gemeint, sondern als ein Geschehen, mit dem Gott selbst mittels des Wortes des Predigers zu den Menschen sprach. Unter der Predigt handelte Gott »real-präsent« an den Hörern, indem er selbst die Sünden aufdeckte und vergab. Nicht nur der ausdrückliche Bußakt innerhalb oder außerhalb des Gottesdienstes hatte diese Beicht- und Vergebungsfunktion, sondern auch die die Bibel auslegende Predigt.

---

[25] Martin Luther, WA 40/II, 328, 17–20, zit. bei LIENHARD, Luther und die Anfänge der Reformation, 283.
[26] Sonntags konnten die Gläubigen drei verschiedene Predigten hören: die Frühpredigt (5 oder 6 Uhr) häufig über die Epistel des Tages, die Predigt während der Messe um 8 oder 9 Uhr über das Evangelium des Tages, am Nachmittag zur Vesper über das Alte Testament. Evtl. fand mittags noch ein Gottesdienst für die Dienstboten und Kinder mit einer Predigt zu Katechismusstücken statt.
[27] Während bestimmter Wochengottesdienste wurden auch Stücke des Katechismus zugrunde gelegt. Diese sind als verdichteter Bibeltext verstanden worden, zumal die Kernstücke des Katechismus selbst auch der Bibel entnommen sind (Gebote, Vaterunser …).

Die zentrale Bedeutung der Bibel prägte auch Luthers persönliche spirituelle Praxis. In ihr nahm die Schriftmeditation einen breiten Raum ein, wie es der mittelalterlichen klösterlichen Tradition entsprach. Dabei hatte sich ein Stufenschema herausgebildet, mit dem man die biblischen Texte zu betrachten pflegte: 1. lectio (Lesung), 2. meditatio (Meditation), 3. oratio (Gebet), 4. contemplatio (Betrachtung, Versenkung). In der 4. Stufe wurde in mittelalterlicher Frömmigkeit der Höhepunkt, eine Erleuchtung, eine Begegnung mit Gott erhofft. Luther stellte dagegen eine neue Stufenfolge auf: oratio, meditatio und tentatio (Anfechtung, Versuchung). Interessant ist vor allem, dass bei ihm an die Stelle der contemplatio die tentatio tritt. Was bedeutet diese Veränderung? Sie ist wohl ein wichtiger Hinweis darauf, dass für Luther – wie es seiner Kreuzestheologie entspricht – die tiefste Gotteserfahrung in der Anfechtung gemacht werden kann. Und dies hängt mit der Sündhaftigkeit des Menschen zusammen: Gott will mit der Anfechtung und mit seinem Wort »einerseits die Sicherheit des Menschen brechen. Erst wo dies geschieht – eben nicht nur als Erkenntnis durch das Wort, sondern als Erfahrung durch die Anfechtung –, dort kommen Gott und Mensch in das rechte Gegenüber. Erst in der schmerzvollen Erfahrung des Menschen, dass er Sünder ist und aus eigenen Kräften nichts vermag, begegnet ihm dann andererseits Gott tröstlich als derjenige, der gerade den Sünder sucht und rechtfertigt.«[28]

Die zentrale Rolle der Heiligen Schrift musste natürlich auch in der Andachtspraxis zur Geltung kommen: Wie im öffentlichen Gottesdienst der Pfarrer die Heilige Schrift in den Mittelpunkt stellte und diese auslegte, so sollte es jeder Hausvater in seinem Zuständigkeitsbereich tun. Auch er sollte die Seinen um sich sammeln und vor ihnen und für sie die Schrift auslegen. Oder er konnte als Auslegungshilfe gedruckte »Postillen« (Bände mit gedruckten Predigten) oder andere Erbauungsliteratur verwenden. Ein zentrales Thema war dabei die Gnadenerfahrung Gottes angesichts der eigenen Schuld und Verlorenheit. Die Grenzen zwischen der gläubigen Schriftbetrachtung und dem Gebet waren fließend: Das Gebet konnte Folge der Schriftbetrachtung sein, oder es konnte auf sie wieder neu hinführen.

---

[28] NICOL, Meditation bei Luther, 94f.

b) Die Sakramente

Luther hat zwar die Zahl der Sakramente auf die ausdrücklich von Christus eingesetzten Feiern der Taufe und des Abendmahles reduziert[29] und ihre liturgischen Formen verändert. Er hat aber an der zentralen Funktion der Sakramente festgehalten. Ihm waren diese äußeren Zeichen göttlichen Handelns nicht zuletzt aus seelsorgerlichen Gründen – in der Situation der Anfechtung – außerordentlich wichtig. Das Abendmahl behielt seinen zentralen Platz und wurde in Wittenberg an jedem Sonntag gefeiert. Luther strich in seinen Gottesdienstordnungen nur die Teile der eucharistischen Liturgie, die das Altarsakrament zu sehr in die Nähe eines menschlichen »Werks« zu rücken schienen, mit dem sich die Gläubigen vor Gott ein Verdienst erwerben könnten. Er hielt an der Vorstellung fest, dass Christus real bei der Feier des Heiligen Abendmahles präsent sei, ohne die mittelalterlichen Erklärungsmuster zu übernehmen. Schriftgemäß wurde der Kelch allen Kommunikanten gereicht. Luther entschied sich ebenfalls klar für die Säuglingstaufe und wies die Forderungen der Täuferbewegung zurück, die Taufe nur auf den persönlich bekannten Glauben eines Erwachsenen hin zu erteilen. Die Kindertaufe war ihm gerade deshalb wichtig, weil sie deutlich Gottes unverdiente Gnade zum Ausdruck brachte. Dabei verband Luther die einmalige Taufe sehr stark mit der Forderung der täglichen Buße, mit dem täglichen »Ersäufen« des »alten Adam«.

Die Sakramente, eng verbunden mit der reformatorischen zentralen Botschaft von Sündenaufdeckung und Vergebung, haben in den folgenden Jahrzehnten bei aller Hochschätzung durch Luther und die Reformatoren nicht nur eine positive Entwicklung genommen. Vor allem das Abendmahl wurde noch vom Reformator selbst mit einem vorher zu absolvierenden Glaubensunterricht und mit einem Bußakt verkoppelt, so dass sich daraus die als typisch protestantisch geltende Abendmahlsfrömmigkeit entwickelte: Man ging ein-, höchstens zweimal im Jahr zum Abendmahl. Am Sonnabend vorher absolvierte man die Beichtvesper. Über der ganzen Handlung lag ein feierlicher Ernst. Oft war die Atmosphäre vor und während der Kommunion

---

[29] Gelegentlich wird auch die Buße als drittes Sakrament verstanden, wie z. B. auf dem Altarbild der Stadtkirche zu Wittenberg von Lukas Cranach festgehalten ist.

mehr vom Gedanken der Sünde und vom Einschärfen der Gebote bestimmt als von der Freude über die erlangte und hier bekräftigte Versöhnung. Die Vorbereitung auf das Abendmahl ist ein wichtiges Motiv lutherischer Andachtspraxis geworden, wie auch an vielen Erbauungsschriften der nachreformatorischen Zeit zu sehen ist.

c) Sündenbekenntnis und Vergebung

Für Luther bildete die Sünden- und Gnadenerfahrung die Mitte des Glaubens. Daraus erwuchsen allerdings für das überlieferte Sakrament der Buße unerwartete Probleme.[30] Wenn die Begnadigung Gottes auch durch die Predigt, auch durch das persönliche Sprechen der fünften Vaterunser-Bitte, auch durch die Teilnahme am Abendmahl erfolgte, wozu war dann noch eine Einzelbeichte nötig? Luther äußerte sich erstmalig 1521 zu diesen Problemen.[31] Er forderte, dass die Einzelbeichte freiwillig, nicht auf Anordnung hin geschehen solle. Aber es sei nötig, sich vorher zu prüfen, ob man wirklich von Herzen nach Gottes Gnade frage. Er warb mit seelsorgerlichen Argumenten für die Ohrenbeichte, wies jedoch die römische Praxis, alle einzelnen Sünden aufzählen zu sollen ebenso zurück wie den Anspruch des Klerus, nur allein die Vollmacht zur Sündenvergebung zu haben.

Aber bereits 1523[32] verband Luther die Beichte, die er eigentlich der freien Entscheidung der Glaubenden überlassen wollte, mit der Zulassung zum Abendmahl. Hinter seiner Entscheidung stand die Sorge, wie die Kommunikanten mit einem qualifizierten Glaubenswissen zum Tisch des Herrn kommen könnten. Daraus entwickelte sich eine Mischung von Katechismus-Unterricht und -examen und persönlichem Beichtgespräch, in der Regel abgeschlossen mit einem Beichtgebet und Absolution. Dieses für jeden lutherischen Christen mindestens einmal jährlich stattfindende »Abendmahlsverhör«, mit dem Luther auch an vorreformatorischen Gepflogenheiten anknüpfte, hat die Frömmigkeit und das Verhältnis zur Kirche stark geprägt. Erst gegen Ende des 18. Jahrhunderts, unter dem Einfluss von

---

[30] Vgl. hier und im Folgenden ZIMMERLING, Beichte, 69–82.
[31] LUTHER, Von der Beicht, ob der Papst Macht habe die zu gebieten, WA 8, 164ff.
[32] Formula missae et communionis, WA 12, 215ff.

Pietismus und Aufklärung, sind diese Formen der Einzelbeichte weggefallen und durch eine gemeinsame Beichte ersetzt worden.

d) Katechismus und Kirchenlieder

Durch Visitationserfahrungen veranlasst, verfasste Luther seine beiden Katechismen. Den Kleinen Katechismus[33] schrieb er vor allem für die christlichen Laien, den Großen Katechismus[34] vor allem für die Pfarrer und Prediger. Mit ihm war eine Grundlage für das elementare Lernen in Sachen des Glaubens in Schule, Haus und Gottesdienst gegeben. Dabei dachte Luther nicht nur an Kinder und Jugendliche. Auch die Erwachsenen sollten die Stücke des Katechismus lernen und so über das nötige Glaubenswissen verfügen. Dabei wollte der Reformator den Katechismus nicht nur als Schulbuch benutzt wissen, sondern zugleich als Meditationsgrundlage. Er forderte einen betenden Umgang mit den einzelnen Katechismustexten, wie er ihn auch selbst gepflegt hat.[35]

In seiner sehr persönlich gehaltenen Schrift »Eine einfältige Weise zu beten, für einen guten Freund« (1535) schilderte er anschaulich, wie er die einzelnen Worte betend bedenkt. Dabei stützte er sich auf eine Methode, die er auch bei der geistlichen Betrachtung von Bibeltexten gern anwendete: auf das »vierfach gedrehte Kränzlein«. Das bedeutet – bezogen auf die Meditation der Zehn Gebote: »Ich nehme jedes Gebot zum ersten als eine Lehre an, wie es denn an sich ist, und denke, was unser Herr Gott darin so ernstlich von mir fordert. Zum zweiten mache ich eine Danksagung daraus, zum dritten eine Beichte, zum vierten ein Gebet«, d. h. ein persönliches Bittgebet.[36]

---

[33] Die Bekenntnisschriften der Ev.-Luth. Kirche (BSLK), Berlin 1960, 499–527.
[34] A. a. O., 543–733.
[35] »Das sage ich aber für mich. Ich bin auch ein Doktor und Prediger, ja so gelehrt und erfahren, als die alle sein mögen, die solche Vermessenheit und Sicherheit haben (und den Katechismus geringschätzen, Erg. W. R.). Noch tue ich wie ein Kind, das man den Katechismon lehret, und lese und spreche auch von Wort zu Wort des Morgens, und wenn ich Zeit habe, das Vaterunser, zehen Gepot, Glaube, Psalmen etc. und muß noch täglich dazu lesen und studieren und kann dennoch nicht bestehen, wie ich gerne wollte, und muß ein Kind und Schüler des Katechismus bleiben und bleib's auch gerne«, BSLK, 547f.
[36] LUTHER, Eine einfältige Weise zu beten, für einen guten Freund. in: LUTHER, Ausgewählte Schriften, 277; vgl. auch KÖPF/ZIMMERLING, Martin Luther.

Stücke aus dem kleinen Katechismus wurden im Hauptgottesdienst am Sonntagvormittag, angehängt an die Predigt, zitiert und in den gottesdienstlichen Zusammenkünften am Sonntagnachmittag, bestimmt für die Kinder und die Dienstboten, als Predigttext verwendet. Katechismusstücke hatten ihren Ort bald auch in der häuslichen Andacht, die die »Hausväter« einrichten sollten. Sie dienten aber genauso als Schulstoff für die Heranwachsenden.

Eine ähnliche prägende Wirkung wie von den Katechismen ging von den Liedern aus, die Luther selbst oder die seine Freunde und Schüler geschaffen haben. Luther war nicht nur ein Mann mit genialer Sprachbegabung. Er hatte ebenfalls erstaunliche Fähigkeiten als Musikant und Komponist. Er schrieb selbst neue Lieder und forderte seine Freunde zum Dichten und Komponieren auf, damit sich die Gemeinde in deutscher Sprache singend an der Liturgie beteiligen konnte. So entstanden teils Neuschöpfungen, teils Umformungen alter lateinischer Gesänge zu deutschen Reimliedern oder Nachdichtungen einzelner Strophen. Durch die Zusammenfügung dieser neuen Lieder mit bewährten alten, später auch oft von Gebeten und Katechismustexten ergänzt, entwickelten sich die evangelischen Gesangbücher, die sowohl als Bücher für die gottesdienstlichen Gesänge wie auch als Andachtsbücher für die private und häusliche praxis pietatis eine wichtige Rolle übernahmen.

e) Das Gebet

Martin Luther hat einerseits die Gebetspraxis der Klöster stark kritisiert. Denn er selbst hatte unter der Überfülle des klösterlichen Gebetspensums oft gelitten:

»Als ich noch im Kloster ein Mönch war, hatte ich soviel zu schaffen mit Lesen, Schreiben, Predigen und Singen in der Kirche, daß ich dafür meine horas canonica (sc. Stundengebete) nicht beten konnte. Darum wenn ich sie die sechs Tage über in der Woche nicht beten konnte, so nahm ich den Sonnabend für mich und blieb ungegessen den Mittag und auf den Abend und betete den ganzen Tag über. Also waren wir armen geplagte Leute mit den Decretis und Satzungen des Papstes ... Es war eine sehr große Marter und Stockmeisterei, davon wir durch's Evangelium erlöst sind«.[37]

Dabei richtete sich die Hauptkritik Luthers nicht gegen die zeitliche Ausdehnung und die Häufigkeit der Gebete, sondern gegen ihre äußerliche Verflachung[38] und gegen ihre Bedeutung als fromme Leistung vor Gott. Zugleich hat Luther selbst das Gebet in einer unglaublichen Intensität praktiziert.

Veit Dietrich berichtete beispielsweise in einem Brief an Melanchthon, dass der Reformator auf der Feste Coburg mindestens drei der besten Stunden des Tages dem Gebet gewidmet habe.[39] Martin Nicols These ist wohl zuzustimmen, dass Luthers Gebetspraxis – trotz seiner Kritik an der klösterlichen Praxis – dennoch sehr stark in der Tradition mittelalterlicher geistlicher Übung steht.[40] Dies betrifft einmal die Zeit: Luther hat zwar nicht mehr alle Stundengebete gehalten. Aber er hat eine neue geistliche Tagesordnung an die Stelle der alten gesetzt und diese auch anderen, vor allem den Pfarrern, zu halten empfohlen.[41] Abend und Morgen sind für ihn die wichtigsten Zeiten des Gebets, oft wird auch die Mittagszeit zusätzlich genannt.[42] Das Gebet wird dabei in der Regel mit der Schriftmeditation oder der geistlichen Betrachtung von Katechismus-Stücken verbunden, wie es ebenfalls bester mittelalterlicher monastischer Tradition entsprach. Die relative Abhängigkeit von seiner klösterlichen Erfahrung betrifft aber auch den Ort des

---

[37] WA Tischreden Nr. 5094, zit. bei GOLTZEN, Der tägliche Gottesdienst, 187.
[38] »Darum ist es die Hauptsache, daß sich das Herz zum Gebet frei und geneigt mache, wie auch Sir.18,23 sagt: ›Bereite dein Herz vor dem Gebet, auf daß du nicht Gott versuchst.‹ Was ist's anders als Gott versuchen, wenn das Maul plappert und das Herz anderswo zerstreut ist? Wie jener Pfaff, der auf diese Weise betet: Gott, laß mir Hilfe zukommen – Knecht, hast du angespannt? – Herr, eile mir zu helfen – Magd, geh und melke die Kuh! – Ehre sei dem Vater und dem Sohn und dem heiligen Geist – Lauf Bube, daß dich das Fieber schüttle! Solche Gebete habe ich im Papsttum viel gehört und erfahren, und es sind fast alle ihre Gebete dieser Art«, LUTHER, Eine einfältige Weise zu beten, 275f.
[39] Zit. bei NICOL, Meditation bei Luther, 69.
[40] NICOL, Meditation bei Luther, 71 u. ö.
[41] »Und daß sie doch soviel täten, weil sie des unnützen, schweren Geschwätzes der sieben Gezeiten (sc. die sieben kanonischen Horen) nu los sind, an derselbigen Statt morgens, mittags und abends etwa ein Blatt oder zwei aus dem Katechismo oder sonst aus der Biblia lesen und ein Vaterunser fur sich und ihre Pfarrkinder beten ...«, Vorrede zum Großen Katechismus, BSLK 546.
[42] NICOL, Meditation bei Luther, 68–72.

Gebets: So wie für den Mönch die Klosterzelle auch der Ort seines einsamen Gebets war, so wusste Luther auch später die Einsamkeit eines Ortes für Gebet und Schriftbetrachtung sehr zu schätzen. Meister Peter, für den er sein Gebetshinweise[43] aufgeschrieben hatte, teilte er mit, dass er »in die Kammer« gehe, um Andacht zu halten,[44] bzw. dass er in die Kirche gehe, um mit den anderen gemeinsam zu beten. Schließlich dürfte Luther auch darin der Tradition gefolgt sein, dass er das Gebet ganzheitlich verstand und dazu hilfreiche Regeln einhielt, ohne diese zu unumstößlichen Gesetzen zu machen: Er nahm auch bewusst körperlich am Gebet teil, indem er dazu stand oder kniete. Das Erheben und Ausbreiten der Hände, das Erheben der Augen zum Himmel und das Kreuzeszeichen waren ihm wichtige Gebärden. Viele Texte hat Luther wohl auch »in der Kammer« laut gelesen, manche Gebete auch stimmhaft gesprochen: Das laute Sprechen half zur Konzentration und brachte wohl auch deutlicher, sicherer und objektiver Gottes Zuspruch zum Ausdruck.[45]

Entsprechend der seelsorgerlich-individuellen Empfehlung, Gebetszeiten am Tag freizuhalten, schlug Luther vor, an die Stelle der alten monastischen Gebetszeiten eine Abfolge wöchentlicher Morgen-, Mittags- und Abendgottesdienste der Gemeinde zu setzen. Er rechnete nüchtern damit, dass sich wohl nur ein »kleyner hauffen« versammeln und Mette und Vesper halten könne. Dennoch war ihm diese gereinigte Form des immerwährenden Gebets wichtig, weil die Gemeinde in ihrer wiederentdeckten priesterlichen Kompetenz diesen Dienst des Gebets übernehmen sollte. Nicht zuletzt die Jugend sollte in den Wochengottesdiensten mit dem Geschenk des Evangeliums hörend und betend vertraut gemacht werden. Inhaltlich war es sein Anliegen, die Schriftlesung mit kurzer Auslegung in den Mittelpunkt zu stellen, die »Wucherungen des Heiligenjahres« zu tilgen und das Pensum der zu betenden Psalmen zu verringern. Aus diesen Anstößen heraus entwickelte sich der Kanon der frühprotestantischen Wochengottesdienste als Versuch einer Fortsetzung der Stundengebete in anderer Form, auch wenn

---

[43] Vgl. Anm. 36.
[44] LUTHER, Ein einfältige Weise zu beten, 269.
[45] NICOL, Meditation bei Luther, 76–81.

sich sehr bald herausstellen sollte, dass damit an Pfarrer und Gemeinden wohl kaum erfüllbare Maßstäbe gestellt worden waren. Vor allem auf dem Lande sind, mit regionalen Unterschieden, die Wochengottesdienste auf die Vesper am Sonnabend reduziert worden.[46]

Häufig waren die Schulkinder die wichtigsten Träger der Wochengottesdienste. Dies geht u. a. aus den reformatorischen Schulordnungen hervor. Oft nahmen sie täglich an der Mette und an der Vesper in der Kirche teil, und dort führten sie das Psalmengebet durch ihren Gesang an. Der schulische Musikunterricht war stark auf dieses Musizieren zu Gottesdiensten und Andachten ausgerichtet. Zusätzlich fanden mehrmals täglich Gebetszeiten in der Schule statt, so z. B. bei Tisch und am Anfang und am Ende des Unterrichts.[47]

Der lutherische Typ der Reformation ist bekanntlich nicht die einzige Form der kirchlichen Erneuerungsbewegung im 16. Jahrhundert. Einige wenige Hinweise auf die Schweizer Entwicklung und auf die »Radikal-Reformation«, soweit sie die Entwicklung von Frömmigkeit und Andachtsformen betreffen, sollen genügen: Alle reformatorischen Bewegungen beziehen sich zentral auf die Bibel und mittels der Bibel auf Christus. Die Schweizer Linie der Reformation, geprägt durch die Zürcher Ulrich Zwingli und Heinrich Bullinger, später durch den Genfer Reformator Johannes Calvin, unterscheidet sich dennoch in einigen grundlegenden theologischen Ansichten von den Wittenberger Maßstäben. Vor allem im Verständnis des Abendmahles, das nicht als Sakrament des real-präsenten Christus, sondern als Gedächtnis- und Freudenmahl, vor allem aber als Zeichen der Gemeinschaft der Gläubigen verstanden wurde, zeigten sich gravierende Divergenzen.

---

[46] Luthers Äußerungen hierzu finden sich in: Von Ordnung Gottesdiensts in der Gemeinde 1523, Formula Missae et communionis 1523 und Die Deutsche Messe 1526; vgl. die detaillierte Nachzeichnung bei GOLTZEN, Der tägliche Gottesdienst, 190–198.
[47] Vgl. NIPKOW/SCHWEITZER, Religionspädagogik, 94–99.

Außerdem verstanden die Schweizer Reformatoren ihr Anliegen nicht nur als ein innerkirchlich-spirituelles Geschehen. Die Reform hatte vielmehr neben der Erneuerung der Kirche auch die der Gesellschaft zum Inhalt. Es galt, Gottes Willen genauso in der Welt zu verwirklichen. Demzufolge sollte das Gemeinwesen als res publica christiana ausgebaut werden. Dieser Versuch einer Verchristlichung der Gesellschaft unter bürgerlichen Verhältnissen hat sich auf die weitere Entwicklung der modernen demokratischen und sozialen Staatsidee in Europa und Amerika stark ausgewirkt, auch wenn die Probleme der Vermischung von kirchlichen und gesellschaftlichen Interessen in den späteren reformierten Ländern und Städten nicht ausblieben. Zur besonderen konfessionellen Farbe der reformierten Frömmigkeit gehörte, dass sie die Tätigkeit in der Gesellschaft als gelebtes Christsein besonders herausstellte: »Keine Lebensweise verdient mehr Lob vor Gott als die, die der Gesellschaft nützlich ist«, formulierte J. Calvin.[48] Verbunden mit der Lehre von der Prädestination, der doppelten Vorherbestimmung zum Heil bzw. zum Unheil, wurde auf diese Weise eine Mentalität begünstigt, in der die Aktivität des Menschen, seine Arbeitsleistung, als wichtiges Merkmal christlicher Existenz gesehen und beruflicher Erfolg als Zeichen des Erwähltseins durch Gott betrachtet wurde. Diese Hochschätzung der Arbeit hat geschichtlich positive, aber auch verhängnisvolle Auswirkungen gehabt. Bekanntlich hat der Religionssoziologe Max Weber die wirkungsgeschichtlichen Zusammenhänge von protestantischer Religiosität reformierter Prägung und der Entwicklung des Kapitalismus kritisch herausgestellt.[49]

Bei einer frömmigkeitsgeschichtlichen Betrachtung der Reformationsepoche darf neben den beiden Hauptströmungen der Reformation, der lutherischen und der von Zwingli und Calvin geprägten, keinesfalls die »Radikal-Reformation«[50] der Wiedertäufer,

---

[48] Kommentar zu Mt 25,24; zit. bei BOUWSMA, Die Spiritualität Johannes Calvins, 337.
[49] WEBER, protestantische Ethik.
[50] Unter den Kirchenhistorikern wird diskutiert, unter welcher Bezeichnung die »reformatorische Linke« sachgerecht zusammengefasst werden kann. Die Gemeinsamkeit der unterschiedlichen täuferischen, sprituálistischen u. a. Gruppen liegt in ihrer Radikalität der Anschauungen. Deshalb erscheint mir diese Bezeichnung sachgerecht, vgl. GEORGE, Die Spiritualität der Radikal-Reformation, 341–380.

der Spiritualisten und der evangelikalen Rationalisten[51] übersehen werden. Bei allen beträchtlichen Unterschieden in ihrer Einstellung und in ihren Zielen – so lassen sich bei den Täufern z. B. eine eher evangelikale (Schweizer Brüder, Mennoniten und Hutterer), eine revolutionäre (Münsteraner) und eine kontemplative Richtung (Hans Denck) unterscheiden[52] – sind sie darin einig, dass sie die überkommenen Machtstrukturen in Kirche und Gesellschaft in Frage stellen; dass sie mehr oder weniger von einer unmittelbaren Erleuchtung durch den Heiligen Geist ausgehen, die sie unabhängig von Autoritäten macht und die ihnen eine tiefe Gewissheit vermittelt; dass sie die objektive Heilsvermittlung durch die Sakramente verneinen; dass sie sich als Träger eines neuen Zeitalters, des nahegekommenen Reiches Gottes, verstehen. Ihr Zentralbegriff ist weniger der des Glaubens, sondern mehr der der Nachfolge.[53] Für sie war der Leidensweg Christi kein damaliger, sondern ein höchst gegenwärtiger Vorgang, und sie fühlten sich aufgerufen, daran teilzunehmen. Manche, die zu Märtyrern ihres Glaubens geworden sind, haben erschütternde Zeugnisse ihrer Leidensbereitschaft um Christi willen hinterlassen.[54]

Die Gottesdienste der Radikalen waren durch eine schlichte Liturgie, vom bruderschaftlichen Geist und gelegentlich auch von charismatisch-spontanen Elementen geprägt. Über die sonntäglichen Gemeindeversammlungen hinaus pflegte man ein intensives spirituelles Leben: »Für viele Radikal-Reformatoren war das christliche Leben eine Art Mönchtum ohne Kloster, das den täglichen Lebenswandel in heiligem Gehorsam, Gebet und Gotteslob voraussetzte«.[55] So wird z. B. über eine Gruppe von Wiedertäufern in

---

[51] Diese drei Gruppen unterscheidet GEORGE, Die Spiritualität der Radikal-Reformation, 342. Mit »evangelikal« ist hier nicht die so bezeichnete moderne Frömmigkeit gemeint, sondern die damalige Tendenz zu radikal-biblizistischem Glauben.
[52] Nach George H. WILLIAMS, zitiert bei GEORGE, Die Spiritualität der Radikal-Reformation, 342.
[53] Harold S. BENDER, zitiert bei GEORGE, Die Spiritualität der Radikal-Reformation, 345.
[54] Vgl. den Gefängnisbrief von Janneken MUNSTDORP an ihre kleine Tochter, zitiert bei GEORGE, Die Spiritualität der Radikal-Reformation, 353.
[55] GEORGE, Die Spiritualität der Radikal-Reformation, 357.

Halberstadt berichtet, dass sie viermal am Tag beteten und sangen, nämlich vor und nach den Mahlzeiten, und dass sie nachts zweimal aufstanden, um das Lob Gottes fortzusetzen.[56] Auch wenn einige Wiedertäufer gedruckte Gebetssammlungen veröffentlichten,[57] darf man vermuten, dass hier – im Unterschied zu den beiden reformatorischen Hauptströmungen – in Gottesdiensten und häuslichen Versammlungen oft das freie Gebet geübt wurde. Die Frömmigkeit der Radikal-Reformation vereinigt in sich sowohl Elemente mittelalterlicher Mystik wie auch apokalyptisch-sektiererische Züge, eine radikal auf die Gleichheit der Menschen und auf die Gerechtigkeit orientierte Haltung, Fähigkeiten einer beeindruckenden Gelassenheit, Hingabe und des Verzichts wie auch eines imponierenden heiligen und gleichzeitig abschreckenden unheiligen Eifers.

Eine ihrer wesentlichen Stärken reformatorischer Frömmigkeit liegt zweifellos darin, dass Luther und die anderen Reformatoren die praxis pietatis von ihrem schwer erträglichen Leistungsgedanken des frommen Verdienstes vor Gott befreit haben. An die Stelle äußerer Zwänge, ein bestimmtes Pensum von christlichen Texten und Gebeten erfüllen zu müssen, die oft zur geistlichen Verflachung, zur mechanischen Rezitation führte, trat die Freiheit und die Frage nach der innerlichen Teilnahme an diesem Geschehen. Die reformatorische Frömmigkeit bekennt sich sehr bewusst zum Leben in dieser Welt, die sie dabei sehr realistisch als Schöpfung Gottes und zugleich als unerlöste Welt ernstnimmt. Der auf das Wort Gottes bezogene Glaube steht im Zentrum dieser Spiritualität. Dieser Glaube ist ein Geschenk Gottes, er muss sich aber in einem tätigen Leben und in den vielfältigen Anfechtungen dieser Welt bewähren. So sehr mit der Reformation Spiritualität und Freiheit miteinander verbunden worden sind, so schnell traten dennoch neue Zwänge dadurch auf, dass diese Frömmigkeit nun durch erzieherische Maßnahmen gefördert werden sollte und dass deren Ausübung zugleich einen hohen Stellenwert im System der damaligen ständischen Gesellschaft erhielt, in der Religion und Politik durch den

---

[56] A.a.O., 357f.
[57] Zitiert bei GEORGE, Die Spiritualität der Radikal-Reformation, 359f.

Landesherrn und durch die gesellschaftlichen Normen stark miteinander verknüpft waren.

Sechste Station: Der deutsche Protestantismus in der nachreformatorischen Epoche
Es ist historisch sehr wahrscheinlich, dass das Jahrhundert der Reformation gegen Ende in eine Frömmigkeitskrise mündete, die mit einer allgemeinen geistigen Krise Hand in Hand ging. Es ist die Krise der dritten nachreformatorischen Generation.

»Ihr sind die tiefen religiösen Erlebnisse und theologischen Erkenntnisse der Reformatoren nicht mehr selbst errungene und selbst gedachte Wahrheit gewesen. Ihr ist die Reformation mit ihrer Verkündigung vielmehr eine im Grunde fertige und damit selbstverständlich gewordene Größe. Im allgemeinen zweifelt man keineswegs grundsätzlich an der protestantischen Position. Aber man ist unsicher, ob und wie einem die kirchlich verkündigte Wahrheit zu eigen werden könne.«[58]

Es boten sich drei unterschiedliche Wege, mit dem reformatorischen Erbe umzugehen: Man konnte traditionalistisch die überkommene Lehre der Reformatoren zu verstehen suchen, sie nach ihren Einzelaussagen gliedern und unverändert weitergeben. Das war das theologische Programm der lutherischen Orthodoxie, die am Ende des 16. und im 17. Jahrhundert die Katheder vieler Hörsäle und die Kanzeln vieler Kirchen beherrschte. Man konnte das Erbe der Reformation auch stärker unter dem Gesichtspunkt verstehen, dass hierbei der Mensch als durch Christus befreites und frohes Geschöpf Gottes verstanden worden ist. Ein solches optimistisches Lebensgefühl bestimmte die Frömmigkeit vieler Gebildeter in den Städten und an den Fürstenhöfen, die man als protestantische Späthumanisten bezeichnen könnte. Oder man konnte angesichts des »Objektivismus« der lutherischen Reformation und erst recht der lutherischen Orthodoxie großen Wert auf die persönliche Aneignung des Heils, auf ein intensives persönliches Gebetsleben, auf emotionales Beteiligtsein und Innerlichkeit legen. Dieses zuletzt genannte Bedürfnis, das offenbar

---

[58] ZELLER, Protestantische Frömmigkeit im 17. Jahrhundert, 87.

viele Zeitgenossen geteilt haben, erklärt in seiner Weise den unglaublichen Siegeszug der protestantischen Erbauungsliteratur am Ende des 16. und im 17. Jahrhundert.

Ein Fülle von Namen wäre hier zu nennen, die entweder als Verfasser von Andachtsbüchern, als Liederdichter oder als Meister beider Gattungen Geltung erlangten und deren Namen auch uns heute noch geläufig sind, wie z. B. Philipp Nicolai (1556–1608; »Wie schön leuchtet der Morgenstern«, EG 70, und: »Wachet auf, ruft uns die Stimme«, EG 147), Johann Heermann (1585–1647; »O Gott, du frommer Gott«, EG 495), Johann Matthäus Meyfart (1590–1642; »Jerusalem, du hochgebaute Stadt, EG 150), Georg Neumark (1621–1681; »Wer nur den lieben Gott läßt walten«, EG 369), Paul Gerhardt (1607–1676; der bedeutendste Kirchenlieder-Dichter nach Luther, im EG mit 26 Liedern vertreten) und Benjamin Schmolck (1672–1737; u. a. »Schmückt das Fest mit Maien«, EG 135).

Stellvertretend für die vielen Verfasser geistlicher Lieder und Betrachtungen sei eine Person genannt, die mit ihren Schriften einen nachhaltigen Eindruck schon auf ihre Zeitgenossen hinterlassen hat: Johann Arndt (1555–1621). Arndts Bedeutung für den Protestantismus kann man schwer überschätzen. Seine Schriften,[59] vor allem die »Vier Bücher vom wahren Christentum« und das »Paradiesgärtlein«, sind immer wieder und an unterschiedlichsten Orten aufgelegt und von den Gläubigen fleißig gelesen worden.[60]

Er ist 1555 in der Nähe von Köthen als Pfarrerssohn geboren worden und hat selbst in Badeborn, Quedlinburg und in Eisleben Pfarrstellen innegehabt,

---

[59] Sie sind in unterschiedlichen Ausgaben und zu unterschiedlichen Zeiten verlegt worden. Die wichtigsten Texte sind in der Quellensammlung von ZELLER, Der Protestantismus des 17. Jahrhunderts, 51ff., enthalten.

[60] Johannes WALLMANN verweist auf eine Predigt des lutherisch-orthodoxen Theologen Dannhauer, der davor warnt, Arndts Werke der Bibellektüre vorzuziehen, und auf ein Zitat des Gießener Theologen Johann Heinrich MAY in der Vorrede zu einem Erbauungsbuch, in der es heißt: »Denn / wem sind nicht zur Genüge bekant die herrliche Bücher vom wahren Christenthum des teuren Joh. Arndts / die unzehlich viel / und nur allein hier in Giessen zum dritten mahl gedruckt worden / und fast in allen Händen und Häusern anzutreffen sind?«, zit. bei WALLMANN, Johann Arndt, 54.

bis er 1611 als Generalsuperintendent nach Celle berufen wurde. Nennenswerte biographische Angaben liegen nicht vor. Über seinen religiösen Entwicklungsgang wissen wir nur, dass er sich Tendenzen seines Landesherrn zur Calvinisierung der Taufliturgie (Abschaffung des Exorzismus) widersetzte und daraufhin zwischenzeitlich sein Amt verlor.

Das Fehlen eigener biographischer Angaben darf wohl in seiner Weise zum Verständnis des Lebenswerkes dieses geistlichen Schriftstellers dienen: »Hier redet kein Mystiker aus eigenem Erleben, sondern hier gräbt nach langen Jahren ermüdender und zur Resignation treibender seelsorgerlicher Wirksamkeit ein lutherischer Pfarrer in der literarischen Tradition nach Quellwasser, um einem von der Lebendigkeit der reformatorischen Anfänge in der dritten und vierten Generation weit entfernten, erstarrten und vertrockneten Kirchenchristentum neue Lebenskräfte zuzuführen ... Was man herkömmlich die Arndtsche Mystik nennt, ist kein Eigengewächs, kein Ausdruck individuellen Erlebens. Es sind Anleihen aus der Tradition der christlichen Mystik. Arndts Schriften sind also kein Quell einer besonderen, nämlich protestantischen Mystik (wie das bei Valentin Weigel und Jakob Böhme der Fall ist), sondern eher Brunnenrohre, durch die das Wasser des seit der Reformation abgedrängten Stroms mittelalterlicher Mystik wieder in das Luthertum zurückgelenkt wird«.[61]

Arndt hat die Schriften der alten spirituellen Meister Tauler, Thomas von Kempen und Bernhard von Clairvaux neu übersetzt und ediert, wobei er diejenigen Aussagen überarbeitet oder getilgt hat, die für lutherisches Denken anstößig wirken mussten. Der Kirchenhistoriker J. Wallmann urteilt: »Arndts Tauler ist ... ein lutherisch kastrierter Tauler.«[62] Beschneidungen nahm er vor allem dort vor, wo ihm die lutherische Rechtfertigungslehre in Frage gestellt schien. Außerdem übertrug er die für das fromme Leben im Kloster gedachten Passagen auf den christlichen Laien seiner Zeit. Sein Anliegen war es, die Krise eines Christentums zu überwinden, dem es nicht an Lehre fehlte – über diese wurde zwischen den unterschiedlichen theologischen Schulen in großer Härte gestritten –, sondern an echter Frömmigkeit. Er suchte die Aufspaltung in Lehre einerseits und Leben andererseits zu überwinden, indem er nicht allein die Gnade Gottes als Geschenk herausstellte, sondern bei ihrem rechten Gebrauch »zu einem heiligen Leben« behilflich sein wollte. Dabei unterschied

---

[61] WALLMANN, Johann Arndt, 71f.
[62] WALLMANN, Johann Arndt, 72.

er zwei Wege der Gotteserkenntnis: den ersten Weg des wissenschaftlichen Lesens und Disputierens und den zweiten Weg von Gebet und Liebe. Nur auf dem zweiten Weg, so Arndt, kann man den inwendigen Schatz finden. Dabei bezog er auch bestimmte Naturerkenntnisse mit ein, wie er überhaupt überzeugt war, dass Gott nicht nur aus der Heiligen Schrift, sondern auch aus dem Buch der Natur zu erkennen ist. Statt eng konfessionalistisch zu argumentieren, wie es in seiner Zeit üblich war, vertrat er vorsichtig eine eher heilsuniversalistische Linie der Offenheit zu anderen Konfessionen und Religionen.[63]

Die Wirkung von Arndts Schriften – ähnlich gilt das auch von vielen anderen bekannten Erbauungsschriften seiner Zeit – lässt sich bis zu einem gewissen Maße damit erklären, dass er in einer Zeit äußerer Not und innerer Anfechtungen und Enttäuschungen durch eine schwer verständliche, lebensfern wirkende Theologie Töne anschlug, die der spirituellen Suchbewegung vieler entsprach. Darüber hinaus ist aber auch an seine meisterhafte Sprachfähigkeit und an die seiner Freunde zu erinnern.

Arndt und die anderen bekannten Erbauungsschriftsteller konnten sprachlich aus der ihnen zuteil gewordenen späthumanistischen Gelehrtenkultur schöpfen, die mit einer intensiven rhetorischen Schulung verbunden war. Sie benutzten eine Fülle sprachlicher Figuren, wie sie seit der klassischen Rhetorik bekannt waren, um ihr Anliegen eindrucksvoll in Herz und Seele der Menschen zu schreiben (z.B. gleich lange Satzglieder, Fragen, Thesen und Antithesen, Wiederholungen usw.).[64] Der »insistierend-wiederholende, eindringlich darlegende und einprägende Charakter der verwendeten Figuren«[65] zielte nicht nur auf das intellektuelle Verstehen, sondern zugleich sehr stark auf die »Affekte« der Leser. Ein knappes Zitat aus Arndts »Paradiesgärtlein« kann vielleicht etwas von dieser sprachlichen Meisterschaft der »Überredungskunst« verdeutlichen: »Was hillft uns nu der Pracht / Reichthum und Hochmuth? Ist es doch alles dahin geflogen wie ein Schatten, wie ein Geschrey / das fürüber fähret. Ach mein Herr Jesu Christe / laß

---

[63] Vgl. MOHR, Art. Erbauungsliteratur III. Reformations- und Neuzeit. Zu Arndts Theologie vgl. GEYER, Verborgene Weisheit.
[64] KRUMMACHER, Überlegungen zur literarischen Eigenart, 97–113.
[65] A.a.O., 109.

mich meine Lust an dir haben/ so wird meine Freude ewig seyn / laß mich meine Ehre an dir haben / so wird meine Ehre ewig seyn. Laß mich meinen Reichthum an dir haben / so ist mein Reichthum ewig / laß mich meine Herrlichkeit an dir haben / so ist meine Herrlichkeit ewig. Ach mein Herr Jesu Christe / in dir hab ich tausendmal mehr Güter denn ich in der Welt lassen muß / in dir habe ich viel grössere Ehre / ob ich gleich von allen Menschen verachtet werde / in dir habe ich viel grössere Liebe / ob mich gleich die gantze Welt hasset / an dir habe ich den allerliebsten und besten Freund und die höchste Freundschafft / ob ich gleich keinen Freund in dieser Welt habe / in dir habe ich viel mehr Segen / ob mich gleich die ganze Welt verflucht / in dir habe ich viel größere Freude / ob mich gleich die gantze Welt betrübet: Summa in dir hab ich alles / und du bist mir alles / und wenn es müglich wäre / daß mein Leib tausendmal erwürget würde / so bleibest du doch Herr Christe mein Leben, ja mein ewiges Leben / und mein ewiges Heil«.[66] Die von diesen Erbauungsschriftstellern benutzten stilistischen Mittel sind denen ähnlich, die später in der Literatur des Barock verwendet wurden, so dass es naheliegt, von einer auch sprachlich prägenden Kraft solcher Erbauungsliteratur auszugehen.

Für welche Personen, für welchen Ort sind diese Erbauungsschriften gedacht? In welcher gemeindlichen und familiären Situation müssen wir uns den Menschen in der nachreformatorischen Epoche vorstellen? An erster Stelle ist hier der in seinen Folgen entsetzliche Dreißigjährige Krieg zu nennen, der nicht nur die Bevölkerung dezimierte, sondern der auch für eine Verarmung der Menschen und Zerrüttung der Verhältnisse auf allen Ebenen, auch auf der kirchlich-institutionellen sorgte, bis sich vom Ende des 17. Jahrhunderts an wieder ein langsamer wirtschaftlicher Aufstieg abzeichnete. In dieser Zeit wurden die gesellschaftlichen und kirchlichen Autoritätsstrukturen noch kaum in Frage gestellt. Die Pfarrer waren nicht nur geistliche Autoritäten, sie gehörten durch ihr Studium zu den führenden Köpfen der Gesellschaft – nicht zuletzt vor Ort, auf dem Lande – und sie stellten immer ein Stück Obrigkeit vor Ort dar. Die christliche Gemeinde war noch identisch mit der ständisch organisierten Bürgergemeinde. Ablehnung der Kirche wurde als Ablehnung der

---

[66] Zit. bei KRUMMACHER, Überlegungen zur literarischen Eigenart, 101f.

Bürgergemeinschaft aufgefasst und entsprechend geahndet. Der Impuls Luthers, sich auf das allgemeine Priestertum zu besinnen, war kirchlich kaum aufgenommen und umgesetzt worden, sieht man einmal von den deutschen Liedern ab, mit denen sich die Gemeinde aktiv in den Gottesdienst einbrachte. Die protestantischen Kirchen waren obrigkeitlich organisierte Pastorenkirchen geworden, denen zudem spirituell weithin eine bestimmte Art von Strenge und Gesetzlichkeit innewohnte. Die Erinnerung an die Sündhaftigkeit des Menschen und die Einschärfung der Gebote standen oft stärker im Vordergrund der Verkündigung als die Botschaft von der Gnade Gottes.[67] Auch wenn z. B. die Lieder eines Paul Gerhardt in ihrer Weise verdeutlichen, welche spirituelle Kraft in dieser innerlich und äußerlich hart angefochtenen Kirche dennoch lebendig war, auch wenn die Kirchenmusik ein erstaunliches Niveau erreicht hatte und manche Pfarrer theologisch scharfsinnig und rhetorisch glänzend predigten, war die Gefahr einer Veräußerlichung des religiösen Lebens nicht zu übersehen, die die Reformatoren einst im Blick auf die damalige römische kirchliche Wirklichkeit scharf kritisiert hatten.

Den schon von Luther propagierten Hausandachten galt in dieser Zeit das besondere Augenmerk der verantwortlichen Theologen. Einerseits konnten sie als eine geeignete geistliche Gegenstrategie gegen eine befürchtete spirituelle Veräußerlichung und Verflachung begriffen werden. Dabei setzten sie auf die bis dahin noch unangefochtene Rolle des »Hauses« als ganzheitliches Sozialgebilde, ausgerichtet auf die autoritative Person des »Hausherrn«, wie sie sich seit dem Mittelalter herausgebildet hatte.[68] Andererseits dürfte die Notwendigkeit der Hausandachten auch deshalb stärker empfunden worden sein, weil die sog.»Nebengottesdienste« immer mehr wegfielen. Pfarrermangel auf der einen Seite und die berufliche Inanspruchnahme auf der anderen Seite verhinderten, dass sich das reiche gottesdienstliche Leben, so wie es mindestens in den Städten zur Reformationszeit üblich war, durchhalten ließ.

---

[67] Vgl. CORNEHL, Art. Gottesdienst VIII: Evangelischer Gottesdienst von der Reformation bis zur Gegenwart, 54–85.
[68] Vgl. BIERITZ/KÄHLER, Art. Haus, 481–483.

Dass die Praxis der Hausandacht nicht selbstverständlich war, kann man allerdings aus verschiedenen Andeutungen erschließen. So empfahl Sigismund Evenius, Schulrat in Weimar, in seiner Schrift »Bescheidentliche Erörterung der jetzigen Zeit so nötigen und wichtigen Frage: Wie und durch wem der christlichen ... Kirche gründlich zu raten und helfen ...«, Nürnberg 1637, dringend den Eltern, die Jugend im Wort Gottes zu unterweisen. Überall seien »Hauskirchen« einzurichten. Die Pfarrer sollten dies durch Hausbesuche kontrollieren. Ähnlich gingen die Oldenburger Visitationsartikel davon aus, dass die Visitatoren nachfragen sollten, ob Hausandachten gehalten werden und ob Gebetbücher vorhanden waren.[69] Auch in den Vorreden verschiedener Andachtsbücher spürt man ein wenig von der Sorge um die Existenz und die Qualität der Hausandachten. So gibt Justus Gesenius in seiner »Kleinen Catechismus Schule« an: »Es ist diß Büchlein fürnemlich dahin gerichtet / daß ein jeder Haußvatter ein Catechismus-Prediger in seinem Hause seyn / und darinnen eine Catechismus Schule alle Wochen mit seinen Haußgenossen / ohne grosse Mühe und Beschwerung anstellen und halten könne ...«[70] Der Titel ist auch deswegen interessant, dass er von einer wöchentlich stattfindenden Hausandacht ausgeht, in der bestimmte Katechismus-Texte erläutert und betend nahegebracht wurden. Dabei waren nicht nur die Angehörigen der engeren Familie anwesend, sondern das ganze bäuerliche, bürgerliche bzw. fürstliche »Haus« unter Einschluss aller Familienangehörigen und der Knechte und Mägde. Das schließt sicher nicht aus, dass an anderen Tagen auch knappere oder private geistliche Besinnungen gehalten wurden. Interessant ist, dass Gesenius außerdem noch die besondere Bedeutung des Sonntags herausstellt, wenn er schreibt, »wir sollen auff unsere Devotion und Andacht / auffs Gebet und Lobgesang / auff das lesen und betrachten der H.Schrifft noch einmahl so viel Zeit wenden als wir täglich thun: denn umb des Gottesdienstes willen feyren wir ja den Tag / dazu ist er eigentlich gewidmet«.[71] Die persönliche oder häusliche Tagesandacht wird seiner Meinung nach nicht durch den Besuch des Gottesdienstes überflüssig gemacht. Vielmehr setzt er geistliche Vorbereitung voraus, und er soll auch beim Mittags- und Abendgebet »mit gebührender inbrünstiger Andacht« in Erinnerung gehalten werden: »Wer ein Hausvater oder eine Hausmutter ist / sol billich mit den seinigen von der Predigt reden / und was darinnen zu ihrer

---

[69] Zit. bei GRAFF, Geschichte der Auflösung, Bd. 1, 241f.
[70] GESENIUS, Kleine Catechismus Schule (Vorwort, ohne Seitenzahl).
[71] A.a.O., 13.

Erbawung vorgefallen / sie erinnern: Das ist ein Stück des geistlichen erbawlichen Gesprächs / das wir Christen untereinander treiben / und dadurch einer den anderen erbawen soll. Man sol auch zu Hause singen die geistlichen Lieder; Auch aus dem Catechismo gern nachfragen; Zuförderst aus Gottes Wort etwas lesen oder lesen lassen«. Außerdem soll man »auch sein privat Gebet nicht versäumen / ... und da es müglich auch ein oder etliche Werck Christlicher Liebe seinem Nechsten zum besten verrichten ...«[72]

Die Hausandachten jener Zeit hatten eine relativ feste Struktur. Zu ihren unentbehrlichen Elementen zählten:[73]
- der Gesang von geistlichen Liedern (Lieder aus dem gottesdienstlichen Repertoire, die gemeinsam gesungen wurden; weitere gemeinsam gesungene oder solistisch vorgetragene geistliche Lieder für den Hausgebrauch, die in dieser Zeit reichlich entstanden);
- die Lesung eines Abschnittes aus der Heiligen Schrift (in der Regel mit Erläuterung; diese konnte auch durch das Lesen einer gedruckten Auslegung ersetzt bzw. mit einem Gespräch verbunden werden);
- das Gebet (frei formuliert und auf das Schriftwort bezogen bzw. aus einem Gebetbuch entnommen, evtl. auch Liedtexte mit Gebetscharakter, das Vaterunser).

Gelegentlich wurde die Schriftlesung durch die Lesung eines Katechismusstückes ersetzt oder ergänzt. Dabei ging die andächtige Betrachtung wohl häufig in eine pädagogische Belehrung und das gemeinsame Memorieren solcher Stücke über.

Die weit verbreiteten Erbauungsbücher,[74] als Verfasser seien neben Johann Arndt auch beispielhaft Philipp Nicolai (1556–1608), Johann Gerhard (1582–1637), Joachim Lütkemann (1608–1655) und Heinrich Müller (1631–1675) genannt, waren einerseits

---

[72] A.a.O., 53 und 55.
[73] »Die Abendbetstunde der herzoglichen Familie ... bestand aus einem Lied de tempore zum Eingang, einer geistlichen Lesung aus der Hl. Schrift, einer Predigtsammlung oder Postille sowie nachfolgendem geistlichen Gespräch, Gebet und Schlußlied. Damit haben wir den klassischen Ausbau einer Hausandacht vor uns, wie er, mit geringfügigen Wandlungen, immer wieder auftritt. Die Belehrung der Kinder und deren Befragung gehört ebenso zur Hausandacht wie die Erbauung der Erwachsenen« (SCHEITLER, Geistliches Lied und persönliche Erbauung, 141).
[74] Vgl. zum Ganzen MOHR, Art. Erbauungsliteratur, 43–80.

zur privaten erbaulichen Lektüre bestimmt. Sie sollten nicht nur zu festen Tageszeiten gelesen werden, sondern auch bei anderen Gelegenheiten stiller Einkehr, wie z. B. auf Reisen.[75] In der Regel waren diese Bücher bewusst so klein und leicht gehalten, dass man sie gut bei sich tragen konnte. Andererseits bot es sich an, dass Auszüge aus diesen Werken auch bei Hausandachten vorgetragen wurden.[76] Aus diesem Grunde waren ihnen oft Register beigegeben, mit denen man die für das jeweilige Sonntagsevangelium passenden Betrachtungen und Gebete auswählen konnte.[77] Außerdem standen für die häuslichen Feiern spezielle Gesangbücher, Gebet-, Katechismus- bzw. Kommunionbücher[78] zur Verfügung. Während die für den gottesdienstlichen Gesang bestimmten Bücher Ende des 16. und Anfang des 17. Jahrhunderts nur wenige Lieder enthielten und das gottesdienstliche Liedrepertoire eher schmal war[79] – die meisten Gottesdienstbesucher konnten nicht lesen und sangen auswendig –, waren zunächst separate Haus-Gesangbücher entstanden, die vermutlich für die Hand des lesekundigen Hausherrn bestimmt waren, der solche Lieder zunächst vorsang,[80] bis auch die anderen Mitglieder des Hauses einstimmen konnten. Solche Haus-Gesangbücher besaßen allerdings nur die Wohlhabenderen und Gebildeten.[81]

---

[75] VEIT, Das Gesangbuch in der Praxis Pietatis der Lutheraner, 435–459, bes. 447.
[76] BECK, Die Erbauungsliteratur der evangelischen Kirche Deutschlands, 5: »So lange wir mit den gegebenen Verhältnissen zu rechnen haben, wird die Pflege häuslichen Gottesdienstes in Morgen- und Abendandacht ohne den Gebrauch eines Erbauungsbuches kaum gedacht werden können.«
[77] So z. B. in einer Ausgabe von Arndts »Wahrem Christentum« und »Paradiesgärtlein«, Sondershausen 1712, in der für jedes Sonntags-Evangelium Kapitel aus dem »Wahren Christentum« und aus dem »Paradiesgärtlein« vorgeschlagen werden. Das Evangelium galt hier offensichtlich als »Rector« der Woche.
[78] Vgl. SCHULZ, Art. Gebetbücher, 109–119.
[79] In den Gottesdiensten sang man nur die aus dem 16. Jahrhundert überlieferten Gesänge, wie sie im Stammteil des Babstschen Gesangbuchs von 1545 enthalten waren. 1624 wurde z. B. durch sächsisches Synodaldekret untersagt, andere als die 32 Lieder des Lutherschen Gesangbuchs zu benutzen! Vgl. dazu SCHEITLER, Geistliches Lied, 135.
[80] Vgl. VEIT, Das Gesangbuch, 444f.
[81] Vgl. SCHEITLER, Geistliches Lied, 150–155.

Wie stark der Liedgesang die Andacht jener Zeit insgesamt bestimmen konnte, geht aus der ausführlichen Gesangbuch-Vorrede[82] des Rostocker reformorthodoxen Professors und Superintendenten Heinrich Müller hervor, in der er »Andacht« und »Liedersingen« geradezu zu identifizieren scheint. Er stellt hier eine Stufenfolge solcher Liederandacht vor, die ihre Nähe zu den klassischen mittelalterlichen mystischen Stufen auf dem Weg einer »unio mystica« nicht ganz verleugnet. Die erste Stufe ist die der Vorbereitung, des Bewusstwerdens der eigenen Sünde. In der zweiten Stufe »soll der innere Mensch durch Ausschaltung seiner Welthörigkeit und die Empfindung Gottes zubereitet werden«. Die dritte Stufe ist die der Einkehr, »damit der Mensch Gott empfinden kann«. Die vierte Stufe und damit das Ziel solcher Liederandacht besteht darin, dass das enthusiastische Freudenlied über die Erfahrung der Liebe Gottes in Jesus Christus gesungen wird und damit etwas von der »Süßigkeit« Gottes »geschmeckt« werden kann.[83] Müller denkt dabei weniger an die objektiven Lieder der Reformatoren, in denen die Heilstatsachen aufgeführt und nacherzählt werden und bei deren Singen sich der Singende der Autorität dieser Aussagen unterstellt. Er bevorzugt in seiner Liederandacht eher das subjektive Lied, in dem der Gläubige sich selbst mit seiner Schuld, mit seiner Sehnsucht nach Gott und mit seiner Freude über seine Liebe aussprechen kann, Lieder, wie sie in jener Zeit reichlich entstanden, formal oft an der Grenze zwischen Kirchenlied und kleiner Arie.[84] Solche »geistlichen Singestunden« konnten, so Müller, durchaus auch vom Einzelnen im »stillen Kämmerlein« abgehalten werden: »Hierzu erwehlen wir billich einen einsahmen abgelegenen Orth. Die Einsambkeit ist des Geistes Schule. Je stiller Orth / je stiller Hertz / je ruhiger Gedanken / je lediger Sinnen / je feuriger Andacht«.[85] Das subjektive, stark gefühlsbetonte Lied fand hier seine theologische Rechtfertigung im Rahmen einer neu akzentuierten, stärker erfahrungsbezogenen lutherischen Frömmigkeit.[86]

---

[82] Geistliche Seelenmusik, 1659, vgl. insgesamt dazu: BUNNERS, Kirchenmusik und Seelenmusik.
[83] A.a.O., 117–127.
[84] A.a.O., 129.
[85] Zit. bei BUNNERS, Kirchenmusik und Seelenmusik, 138.
[86] H. MÜLLER: »Wenn ich hie vom Erkäntnuß Gottes rede / so verstehe ich nicht eine blosse / todte Wissenschafft / da ich etwan weiß / das Gott gütig / freundlich / und barmhertzig ist; sondern eine lebendige Erfahrung / dadurch ich Gott in seiner Güte und Treue schmekke / so daß mir Gott dasselbe wird lebendiger / empfindlicher Weise im Glauben / was er sonst ist in seinem Wesen:

Haus-Gesangbücher oder Gebetbücher waren oft mit zusätzlichen Bildern,[87] sog. »Emblemen«, d. h. stark symbolischen Sinnbildern ausgestattet, die vermutlich eher auf das gebildete Publikum setzten: »nur dieses konnte durch literarische Erfahrung und durch ›Nachsinnen‹ die Embleme verstehen und goutieren ... Dabei werden die Lieder bewusst im Kontext der Bilder gesehen, so dass im Zusammenwirken von Musik, Text und Bild ein Gesamtkunstwerk entsteht, dessen Ziel es ist, den ganzen Menschen anzusprechen.«[88] Auch wenn die evangelische Andacht stark auf das Wort bezogen war, so bezeugen dennoch diese emblematischen Bilder, die auch noch im 18. und 19. Jahrhundert beliebt waren, ebenso wie die Fülle der lehrhaft akzentuierten oder biblisch-illustrierenden Gemälde in evangelischen Kirchen, der »protestantischen Heiligenbilder« (die Reformatoren, bestimmte prägende Pfarrergestalten) und der diversen frommen Volksbilder, dass auch das Bild seine feste Funktion in protestantischer Frömmigkeit erhalten hat.[89]

Denn alles wahrhafte Erkäntnus / auch in der Natur / gehet aus der Erfahrung ... / ... Sol Gott erkandt werden / so muß Er empfunden seyn«, zit. bei BUNNERS, Kirchenmusik und Seelenmusik, 126.

[87] Vgl. dazu SCHARFE, Evangelische Andachtsbilder; VOLP, Art. Andachtsbild, 668–672.

[88] SCHEITLER, Geistliches Lied, 155. Die emblematische Methode wurde nicht nur von protestantischen Theologen gepflegt, sondern – theologisch naheliegender – auch von katholischen Erbauungsschriftstellern, z. B. bei Friedrich Spee. Vgl. dazu: Martina EICHELDINGER, Friedrich SPEE – Seelsorger und poeta doctus, die den theologisch-philosophischen Hintergrund dieses Vorgehens so erläutert: »Den irdischen Dingen ist von der göttlichen Weisheit eine spirituelle Bedeutung eingeschrieben. Sie konstituieren einen ›kosmos von Signaturen‹ und eröffnen dem geübten Betrachter, der ihre Zeichensprache zu entziffern versteht, den Weg zur Gotteserkenntnis. Mittelalterliches Analogiedenken lebt in der Vorstellung fort, daß im Schöpfungsplan geheime Entsprechungen zwischen der sichtbaren und der unsichtbaren Wirklichkeit angelegt sind ...« (38).

[89] Martin SCHARFE (Bildzeugnisse evangelischer Frömmigkeit, 43–49) nennt neben den frühen protestantischen Bildern mit deutlichem Lehrcharakter, wie z. B. die aus der Werkstatt von Cranach, die Bilderzyklen an den Emporen, Kanzeln und Decken der Kirchen. Außerdem führt er die vielen Bilder aus dem christlichen Haus auf: gußeiserner Bildschmuck am Ofen mit verschiedenen biblischen Motiven, einzelne Karten und Druckbilder mit dem Thema »memento mori« oder dem christlichen Lebenswandel (darunter das berühmteste Andachtsbild, das Pietismus und Erweckungsbewegung gern aufgegriffen und immer wieder neu publiziert haben: Der schmale und der breite Weg).

Gegen Ende des Jahrhunderts – unter dem Einfluss der Reformorthodoxie und des Pietismus und im Zuge einer immer breiteren Alphabetisierung des Volkes – wurden viele der ursprünglich häuslichen Gesänge nun auch in die umfangreichen Gesangbücher aufgenommen, die gleichermaßen für Kirche, Schule und Haus bestimmt waren. Sie konnten sich weit verbreiten. Zunehmend besaßen auch die einfachen Christen ein solches Gesangbuch. Es war in der Regel nicht nur ein Buch mit vielen Liedern, sondern zugleich ein Kompendium aller Hilfsmittel zur praxis pietatis.

Als Beispiel sei das Dresdner Gesangbuch erwähnt, das auf dem Gipfel dieser Entwicklung erschien.[90] In seinem Vorwort rühmt es den »reichen und herrlichen Vorrath (sc. an Liedern), daß man sich sowohl in öffentlicher Kirch-Gemeinde, als auch in der Haus- und Privat-Andacht, sattsam daraus erbauen kann.« Noch 1792 ist es offenbar nicht selbstverständlich, dass eine solche Liederfülle angeboten werden darf. Deshalb geht das Vorwort auch darauf ein, dass es durchaus im Sinne Luthers sei, wenn neben die alten auch neue Gesänge träten.[91] Das Dresdner Gesangbuch bietet 804 Lieder. Der umfangreiche Anhang enthält zunächst Betrachtungen und Gebete für tägliche Andachten. Dabei ist sowohl an Feiern zu Hause wie auch an fromme Privatgebete während (!) des Gottesdienstes gedacht.[92] Dann schließen sich zahlreiche allgemeine und auf Buße und Kommunion bezogene Gebete an. Es folgen »Christliche Gewissens- und Lebensregeln«, der Psalter, die Episteln und Evangelien des Kirchenjahres, die Leidens- und Auferstehungsgeschichte Jesu (eine Evangelienharmonie), ein als Mahnung verstandener Bericht über die Zerstörung Jerusalems, Luthers Kleiner Katechismus, die drei christlichen Glaubensbekenntnisse und die Augsburger Konfession.

Diese Gesangbücher waren für ihre Besitzer nicht nur materiell ein großer Schatz – oft waren sie das einzige Buch im Hause und wurden an hervorgehobener Stelle aufbewahrt –, sondern auch

---

[90] Ausgabe Dresden und Leipzig 1792.
[91] Nr. 7–9, 4f.
[92] Damit reagierten die Gläubigen auf einen Gottesdienst, dessen Dauer die Einzelnen oft überforderte und zu dessen offiziellem Geschehen man immer wieder auf Distanz ging, vgl. CORNEHL, Art. Gottesdienst VIII, 58.

ideell: Man handhabte sie mit einer gewissen Ehrfurcht. Oft wurden sie von Generation zu Generation weitervererbt und auch deshalb in Ehren gehalten. Es waren Bücher, mit denen man in den Familien Todesfälle und andere Krisenzeiten betend durchgestanden hatte. Mancher Pate hatte mit einem Gesangbuch, mit einem Gebet- oder Kommunionbuch ein besonders wertvolles Geschenk gemacht, und es wurde als ein Zeichen der Verbindung zum Paten besonders geschätzt.

Die Hausandachten und die Erbauungsliteratur jener Zeit sind ein wesentliches Kennzeichen der Frömmigkeit dieser Epoche. Dies gilt besonders für den deutschen Protestantismus, wenngleich ähnliche Tendenzen auch im Katholizismus zu erkennen sind. Noch ist von einer Konkurrenz zwischen Kirche und privater Frömmigkeit keine Rede. Die häusliche praxis pietatis lag vielmehr im kirchlichen Interesse. Der Gottesdienstbesuch wurde durch sie nicht in Frage gestellt, sondern sollte durch sie gefördert werden, nicht zuletzt durch intensive Vor- und Nachbereitungen. Es ist eine Epoche, in der sich trotz des verheerenden Krieges, trotz entsetzlicher Seuchen und – im Umfeld solcher Katastrophen – bitterer Armut ein erstaunliches religiös-kulturelles Leben entwickelte. Der protestantische Kirchenbau und die evangelische Kirchenmusik – man denke an die drei großen sächsischen Meister Schein, Scheidt und Schütz – erreichten einen ersten Höhepunkt. Das Grauen des großen Krieges trug nicht zum Abfall von Gott bei, sondern veranlasste die Menschen dazu, sehr ernsthaft und intensiv nach Halt und Erlösung bei Gott – in Zeit und Ewigkeit – zu suchen.

Siebente Station: Andacht im nachreformatorischen Katholizismus
Die Reformation führte nicht zu einer Reform der gesamten römisch-westlichen Kirche, sondern zu ihrer Spaltung. Spätestens mit dem Augsburger Religionsfrieden 1555, bestätigt durch den Westfälischen Frieden zum Abschluss des Dreißigjährigen Krieges 1648, bestimmten die jeweiligen Herrscherhäuser, welche Konfession in ihrem Territorium zugelassen wurde und welche nicht (»cuius regio, eius religio«). Es dauerte viele Jahrzehnte, bis sich der Toleranzgedanke durchsetzen konnte und sich auch Gruppen von Gläubigen versammeln konnten, die einer anderen

Konfession angehörten. In den zunächst strikt konfessionell getrennten Ländern entwickelten sich nicht nur Kirche und Gottesdienst nach den dort gültigen kirchlichen Regeln, sondern wurden zugleich auch Gesellschaft und Kultur durch die inhaltlichen Schwerpunkte geprägt, die mit den jeweiligen Konfessionen verbunden waren. »Während die protestantische Kultur mit ihrer Betonung von Wort und Vernunft zu einer breiten Lesekultur beitrug und sich positiv auf Wissenschaft, Dichtung, Philosophie und Staatsrecht auswirkte, allerdings auch in ihrem Gottesdienst die lehrhaften, verbal geprägten Elemente betonte …, schlug sich die katholische Barockkultur vornehmlich in Musik und Kunst, in geistlich-sozialen Vereinigungen wie Bruderschaften und Kongregationen und Formen intensiver sinnlicher Volkskultur nieder.«[93] Dabei muss freilich ergänzt werden, dass sich gerade in den lutherisch geprägten Territorien die mit dem Wort verbundene Musik mit ihren Kirchenliedern, Motetten und Kantaten – man denke beispielsweise an das Werk der großen Komponisten wie Heinrich Schütz und Johann Sebastian Bach – zu einer ungeahnten geistlichen Reife und Spitzenqualität entwickeln konnte.

Dass sich der reformatorische Impuls nicht als Reform der ganzen Kirche durchsetzen konnte, sondern zu einer Kirchenspaltung führte, hat viele Ursachen, nicht zuletzt auch politische. Aber zwei theologische Gründe spielten dabei gewiss eine Rolle:

Der eine liegt darin, dass die offizielle römische Antwort auf die Reformation, die auf dem Konzil von Trient (1545–1563) beraten und beschlossen wurde, eher abwehrend und restriktiv ausfiel. Man wollte in der Lehre und im Gottesdienst gegenüber den reformatorischen Forderungen keine Zugeständnisse machen. Es gelang zwar, durch verschiedene neue Ordnungen und spätere Visitationen, offenkundige Missstände in der Kirche, im Verhalten des Klerus und der Laien zu beheben. Aber in den Diskussionen zu Eucharistie und Messe auf dem Konzil und in dem später vom Vatikan herausgegebenen Messbuch (Missale Romanum 1570) orientierte man sich weiter an der

---

[93] BÄRSCH, Liturgie, 516.

hochmittelalterlichen Liturgie. Die Transsubstantiationslehre und das mittelalterliche Verständnis des Messopfers wurden ebenso bekräftigt wie die Möglichkeit und Gültigkeit von Messen ohne Predigt und ohne Anwesenheit und Beteiligung der Gemeinde. Auch die Kelch-Kommunion der Laien blieb weiter ausgeschlossen.

Dennoch konnte sich auf dieser Basis ein reiches gottesdienstliches Leben in den katholischen Ländern entwickeln. Denn die in der Barockzeit sich ausbreitende Mentalität, mit allen Sinnen am Leben, auch am religiösen Leben, beteiligt zu sein, auch angesichts der Gefährdungen des Lebens offen zu sein für Opulenz und Genuss zwischendurch, wurde auch kirchlich-liturgisch breit aufgegriffen und mit Erfolg genutzt.

Viele Kirchen wurden im glanzvoll-barocken Stil renoviert oder ganz abgerissen und neu errichtet. Den Gläubigen sollte hier, in den sauberen, künstlerisch opulent ausgestatteten und hell strahlenden Kirchen, der Eindruck vermittelt werden, »sie träten in den Thronsaal Gottes und seiner Heiligen ein, in dem der im Tabernakel gegenwärtige Gottessohn Hof hielt und ehrfürchtige Verehrung verlangte«.[94] In diesen glanzvollen Räumen hatte man einen freien Blick auf den Hochaltar und das Tabernakel, das »Allerheiligste«. Die bis ins kleinste Detail festgelegten liturgischen Zeremonien spielten ebenso eine wichtige Rolle wie die neu angeschafften versilberten und vergoldeten heiligen Geräte auf dem Altar oder der reichliche Gebrauch von Wachskerzen und Weihrauch bei den Prozessionen der Kleriker, wodurch die Gemeinde sinnlich an der Liturgie teilnehmen konnte. Das schloss nicht aus, dass es auch im Ablauf einer katholischen Messe gelegentlich dazu kam, dass die Gläubigen parallel zum offiziellen Vollzug private Andachtsübungen praktizierten – eine Entwicklung, die es parallel im evangelischen Gottesdienst der Barockzeit auch gab, wie man anhand der Andachtsliteratur feststellen kann.

Zudem wurde das große Kirchenrenovierungs- und Neubauprogramm durch die Errichtung von vielen religiösen »Kleindenkmälern« ergänzt: »Kapellen, Kreuzwege, Kalvarienberge, Heiligenstatuen, Weg- und Feldkreuze bilden eine regelrechte

---

[94] BÄRSCH, Liturgie, 519.

Sakrallandschaft aus.«[95] Die Gläubigen wurden damit nicht nur durch die offiziellen größeren und kleineren Gottesdienste zur gottesdienstlichen Andacht eingeladen, sondern auch durch die vielen religiösen Zeichen in Natur und Alltagswelt zu häufiger persönlicher Besinnung und zum Gebet gerufen. Außerdem griff die katholische Kirche mit ihrem reichen rituellen Angebot bei Kasualien und kirchenjahreszeitlichen Festen das Feier- und Geselligkeitsbedürfnis vieler Gläubiger auf, z. B. mit religiösen Spielen und szenischen Darstellungen, mit andächtigen Betrachtungen oder Segensritualen, mit demonstrativen Prozessionen außerhalb der Kirchen, z. B. am Fronleichnamsfest, oder ausgedehnten Wallfahrten. Die von den Reformatoren ebenfalls kritisierte ausufernde Marien- und Heiligenverehrung in der spätmittelalterlichen Kirche war durch das Konzil von Trient theologisch rehabilitiert worden, so dass sich in den katholischen Ländern der Marien- und Heiligenkult ungebremst fortsetzen konnte. Die Heiligen fungierten hier weiter als Fürbitter vor Gott und als Vermittler himmlischer Gnaden für die Gläubigen. Ihre Verehrung war eng mit dem Kirchenjahr und mit dem Wochen- und Tageskalender verknüpft.

Der zweite Grund, der die Ausbreitung der Reformation begrenzte, hat mit dem theologischen Misstrauen der Reformatoren gegenüber der Frömmigkeitspraxis der einfachen Menschen zu tun. Alle frommen Bräuche, mit denen sich Menschen die Gnade und den Segen Gottes als eine Art sicheren Besitz erwerben und verdienen wollten, wurden von der reformatorischen Theologie abgelehnt. Streng unterschied man nun zwischen Glauben und Aberglauben. Praktiken, die von den Gläubigen im Mittelalter als Mittel zur religiösen Versicherung gegen die zahllosen Gefährdungen des Lebens benutzt wurden, wurden aus theologischen Gründen von den Reformatoren massiv kritisiert. In den katholischen Ländern dagegen blieben viele private Frömmigkeitsformen erhalten, an denen die Leute hingen. Man duldete sie bzw. förderte sie sogar, denn gerade durch sie erreichte man eine »enge Verzahnung von religiöser

---

[95] BÄRSCH, Kleine Geschichte, 130.

und alltäglicher Welt, die gegenseitige Durchdringung von Glauben und Leben«:

»Auf diesem Hintergrund entwickelte sich eine reiche Vielfalt gesegneter und deshalb heiliger Dinge, die das alltägliche Leben selbstverständlich bestimmten und angesichts der stetigen Bedrohung durch die Naturkräfte und die Unwägbarkeiten von Krankheiten, aber auch gegen die Angriffe des Bösen Segen und Schutz verhießen. Katechesen, Predigten, vor allem aber die aufblühende Andachtsliteratur vermittelten kirchlich normierte Gebrauchsanweisungen für den Umgang mit den heiligen Dingen. Neben dem Bekreuzigen mit Weihwasser gehörte zur Grundausstattung häuslicher Sachsakramentalien im 17./18. Jahrhundert ein benediziertes Kruzifix. Es galt zunächst als Andachtsbild, vor dem man kniend seine Gebete verrichtete, diente aber auch als dämonenabwehrendes Heilszeichen. Die Schutzkraft bezog es nicht nur durch die bildliche Darstellung der Erlösung, sondern vor allem durch die unabdingbare Segnung. Diese erfolgt durch den Pfarrer oder bei einer Wallfahrt. Ähnliches gilt für Marien- und Heiligendarstellungen, aber auch für den nun populär gewordenen Rosenkranz ...
Darüber hinaus riet man den Gläubigen, sich einen Hausschatz geistlicher Dinge zuzulegen, der in konkreten Notfällen, bei Krankheit, Unwetter oder Verhexung zu helfen vermochte. Eine solche ›geistliche Hausapotheke‹ enthielt eine Fülle von gesegneten Sachsakramentalien wie Andachts- und Wallfahrtsbildchen, Breverln, Wettersegen, Skapuliere, Agnus Dei, Agathazettel, Sebastianspfeile, Benedictusmünzen und Nepomukzungen, die man vor allem an den Wallfahrten als geeignete Mitbringsel erwerben konnte. Diese und viele weitere Formen heiliger Dinge umfassten alle Lebensbereiche und -stationen und waren bei jeder Art von Bedrohungen der leiblichen und seelischen Existenz einsatzfähig ... Damit bildeten sie ein ›Scharnier‹ zwischen kirchlicher Liturgie und persönlicher Frömmigkeit.«[96]

Während evangelische Pfarrer oft durch ihre harte Kritik am volkstümlichen Brauchtum auffielen,[97] gehörte die »Integration

---

[96] BÄRSCH, Liturgie, 536f.
[97] Vgl. dazu beispielsweise die Polemik des sächsischen Pfarrers Christian GERBER in seiner »Historie der Kirchen-Ceremonien in Sachsen« zum »sündlichen Aberglauben« an den christlichen Hauptfesten Weihnachten, Ostern und Pfingsten, in: RATZMANN, Gottesdienstkultur im Barockzeitalter, 80–90.

des Pfarrers in das profane Brauchtum«[98] zum erwarteten Standard des katholischen Gemeindelebens – nicht zuletzt auf dem Lande, wo man sehr an den überlieferten Sitten und Gebräuchen hing.

Andacht in der damaligen katholischen Welt – das war in der Regel keine ausgedehnte Veranstaltung im bäuerlichen oder bürgerlichen Haus unter Leitung des Hausvaters mit der Lesung und Auslegung eines biblischen Textes. Sie war eher eine Haltung des ständigen Umgangs mit heiligen Dingen und der Gewissheit, durch sie von Gott beschützt zu sein, und des häufigen ritualisierten Gebets vor den christlichen Zeichen im Haus, an den Straßen und in der Natur. Sie fand als kleines Schwellenritual vor oder nach einer gemeinsamen Handlung, z. B. vor und nach dem Essen, statt, vor und nach einem längeren Weg vor einem Wegekreuz bzw. bei aufkommenden Ängsten in einem bedrohlich aufziehenden Gewitter. In vielen Gemeinden bildeten sich Bruderschaften[99] heraus, die das Gemeindeleben vor Ort mitgestalteten und die oft in ihrer Weise dafür sorgten, dass sich neben den von den Priestern geleiteten eucharistischen und nichteucharistischen Gottesdiensten auch von Laien getragene Andachten etablieren konnten, die in ihrer Weise der Feier von Christus- oder Marienfesten und der Verehrung lokal gewichtiger Heiliger dienten.

Auf die weitere Entwicklung von Frömmigkeit und Andacht im römisch-katholischen Raum wird die Aufklärung in ihrer Weise deutlich Einfluss nehmen.[100] Sie wird in besonderer Weise noch einmal Elemente der katholischen Volksfrömmigkeit, wie z. B. die Wallfahrten und viele Segnungen, als abergläubisch und sittlich bedenklich kritisieren. Und sie wird eine verständliche Liturgie und die bessere Beteiligung der Gläubigen einfordern. Aber sie wird nach wenigen Jahrzehnten ihrer relativen Wirksamkeit in der katholischen Theologie und Kirche bald einer neuen Phase der Restauration Platz machen, die in der Zeit der aufkommenden Romantik und der vielen Umbrüche

---

[98] Freitag, Tridentinische Pfarrer, 83–114, Zitat: 109.
[99] Weitere Hinweise bei Bärsch, Liturgie, 545f.
[100] Kranemann, Liturgie der Aufklärungszeit, 51–82.

im 19. Jahrhundert den Katholizismus und seine Frömmigkeit besonders prägen wird.[101]

Achte Station: Evangelische Andacht im Zeitalter von Reformorthodoxie, Pietismus und Aufklärung
Im letzten Drittel des 17. Jahrhunderts zeigten sich erste geistig-geistliche und gesellschaftliche Tendenzen, die im 18. Jahrhundert zur vollen Entfaltung kommen sollten: unübersehbare Zeichen der gesellschaftlichen Differenzierung und der Loslösung von bisher als allgemein-gültig akzeptierten Einstellungen und Strukturen. Es ist die Epoche, in der Johann Sebastian Bach (1685–1750) und Gotthold Ephraim Lessing (1729–1781), Friedrich der Große (1740–1786) und Immanuel Kant (1724–1804) lebten und wirkten. Es ist die gewaltige Zeitspanne vom Barock in Kunst und Literatur bis zur deutschen Klassik, vom feudalabsolutistischen Staat bis zur französischen Revolution. Vor allem drei Strömungen bestimmten das religiöse und zugleich auch das kulturelle Leben dieser Epoche im Protestantismus: die Reformorthodoxie, der Pietismus und die Aufklärung.

Aus dem Kreis der protestantischen Orthodoxie sind seit dem letzten Drittel des 17. Jahrhunderts immer wieder Reformversuche unternommen worden für eine kirchliche Erneuerung in Unterricht und Predigt. Der bekannteste dieser Theologen war vermutlich der Rostocker Heinrich Müller (1631–1675), den wir bereits als Förderer der »Seelenmusik« kennengelernt haben. Er zog in seinen Schriften gegen das äußerliche »Maulchristentum« zu Felde und stritt für ein menschliches Christsein und feinsinnige Frömmigkeit. In dieses geistige Umfeld gehört auch Christian Scriver (1629–1693), der 1675–1692 ein fünfbändiges Werk veröffentlichte, den »Seelenschatz«. Hier und in seinen »Zufälligen Andachten« (1663)[102] – beide Werke fanden eine weite Verbreitung – zeigt sich Scriver als ein Meister in der Kunst, sinnbildlich zu denken. Alles wird ihm Anlass zu frommer Betrachtung, zur »Erbauung«, Ereignisse in der Natur – z. B. der morgendliche Tau, die finstere Nacht, bestimmte Pflanzen – ebenso wie

---

[101] KRANEMANN, Liturgie von der Aufklärung bis zur Jahrhundertwende, 83–123.
[102] Auszüge bei ZELLER, Protestantismus des 17. Jahrhunderts, 305ff.

Gegenstände aus dem Alltag – z. B. Bücher, Brennspiegel, Glas – oder Züge menschlichen Verhaltens, wie es z. B. ein Waisenkind oder ein Greis an den Tag legt. Ein Beispiel sei gestattet:

»Als Gotthold nebst etlichen guten Freunden sich zur Abends-Zeit unter einen schattigen Baum hatte niedergesetzet / hatten sie von den Mücken groß Beschwer / und konnten derselben / mit etlichen abgebrochenen Zweigen und Laubpüscheln sich kaum erwehren. Darauf sagte einer / wenn alles / was Gott geschaffen / seinen Nutzen hat / möcht ich wol wissen / wozu dieses unnütze schlimme Geschmeiß dienet / welches dem Menschen nichts als Unlust verursachet? Gotthold sagte: Eben dies ist schon ein Nutzen / daß euch eine Mücke Beschwer machet / und mit einem jedweden Stich euch des Sündenfalls erinnert ... Und wenn euch dieses ein geringes düncket / so sage ich / daß an einer Mücken der Schöpfer aller Dinge so viel Kunst erwiesen hat / daß die gelehrtesten Leute der Welt darüber erstaunen und nicht wissen / was sie dazu sagen sollen: Saget mir / wie wohnet in einem so geringen kleinen Leibe eine wirckende lebendige / und nach ihrem Maß / kluge Seele? ... Was machet sie in der Lufft so frölich webern und spielen / vornehmlich / wenn beständiges gutes Wetter verhanden ist? ... Wisset ihr nichts? Ey so erkennet / daß die Mücke / das verachtete Würmlein / das gemeine unlustige Geschmeiß / dazu dienet / daß sie euch von euer Unwissenheit überzeuge / und euch eine Lehre gebe / daß ihr nicht eh in hohen geistlichen und göttlichen Dingen allzu klug seyd ... Mein Gott, wie unerforschlich ist deine Weißheit? ... Ich schäme mich / daß ich mich offt für klug und weise gehalten habe / da meine Weißheit noch nicht eine Mücke hat durchforschen können: Ich will künfftig nicht mehr weise seyn / sondern du allein sollt den Ruhm der Weißheit behalten / und deine Weißheit sol meine Thorheit regieren«.[103]

In diesen Betrachtungen von Scriver sind Religiosität und Alltag ganz dicht beieinander. Scriver schöpft aus Erfahrung. Er weiß, was die Leute denken und sagen. Aus dem Argumentieren führt er ins persönliche Bekenntnis und ins Gebet: »Mein Gott, wie unerforschlich ist deine Weißheit ...« Zugleich fällt auf, wie sehr sich diese Art andächtiger Naturbetrachtung an den Intellekt des Lesers wendet. Andacht hat hier einen stark belehrenden

---

[103] Scriver, Gottholds zufällige Andachten, 347–350.

Charakter. Apologetische Züge treten hervor. Der Verfasser rechnet wohl mit einem Leser, der nicht nur in der Gotteserkenntnis aus der Natur ungeübt ist, sondern der auch bereits bestimmte religionskritische Einwände und Fragen hat. Die Antworten, die Scriver vorlegt, entsprechen noch ganz der (reform-)-orthodoxen Tradition. Aber es deutet sich zugleich ein geistiger Umbruch an, der später, durch die Aufklärung, in ganz anderer Weise maßgeblich werden wird.

Das Jahr 1675, Zeitpunkt der ersten Ausgabe von Philipp Jakob Speners »Pia Desideria oder Hertzliches Verlangen nach Gottgefälliger Besserung der wahren Evangelischen Kirchen«, wird in der Kirchengeschichtsschreibung gern als Geburtsstunde des Pietismus im Luthertum gesehen. Spener (1635–1705)[104] und seinen Freunden und Nachfolgern ging es um nichts Geringeres als um eine neue Reformation, weil ihrer Meinung nach die Luthers im Institutionellen und im Dogmatischen steckengeblieben war. Wichtige Stichworte ihres Denkens und Redens waren das »Leben« bzw. der »lebendige Glaube« anstelle von »Lehre« und (totem) »Glauben«, der »Geist« anstelle von »Amt«, die »Kraft« statt des bloßen »Scheins«.

Dabei konnten sie sich weithin auf die erfolgreichen Erbauungsschriften des 17. Jahrhunderts stützen, vor allem auf die von Johann Arndt, der geradezu als theologischer Vater des Pietismus gilt. Die pietistische »Reformation« zielte auf eine Veränderung des Einzelnen, der sich der Tiefe seiner Schuld vor Gott bewusstwerden, der sich bekehren, als neuer Mensch wiedergeboren werden und als solcher »Früchte des Glaubens« hervorbringen sollte. Die Subjektivität des Einzelnen – unbewusst das Thema einer neuen Zeit der Infragestellung alter institutioneller Bindungen und Strukturen –, seine subjektive religiöse Erfahrung wurde wichtiger als objektive Gegebenheiten. So wurden auch die objektiv verstandenen Sakramente oft an den Rand gedrängt oder innerlich ausgehöhlt und mit Erfahrungskategorien verbunden. Der Pietismus wusste sich generell in Übereinstimmung mit dem reformatorischen Grundverständnis des Glaubens, übersah freilich, dass sich deutliche Verschiebungen der theologischen Prioritäten ergeben hatten: »An die Stelle der Rechtfertigung mit den Korrelationen Wort

---

[104] Vgl. besonders WALLMANN, Spener und die Anfänge des Pietismus.

Gottes (als Verheißung) – Glaube und Gesetz – und Gesetz – Evangelium tritt die Wiedergeburt«.[105] Die nur verbal zugeeignete Gnade Gottes genügte nicht mehr; sie musste gespürt, erlebt und missionarisch-diakonisch in neuer Lebenspraxis erwiesen werden.

Diese zunächst auf die Veränderung des Einzelnen zielenden Tendenzen waren zugleich mit institutionellen Konsequenzen verbunden: Spener forderte die Einrichtung besonderer Gemeindeveranstaltungen neben dem öffentlichen Gottesdienst, um die Gemeinde über die sonntäglichen Perikopen hinaus mit der ganzen Bibel bekanntzumachen. Prediger und Laien sollten sich das Wort Gottes wechselseitig auslegen. Die Sammlung derer, die (nach Luthers Worten) »mit Ernst Christen sein« wollten, in »Collegia pietatis« musste fast zwangsläufig zum Konflikt mit den Kirchen führen. In der Landgrafschaft Hessen-Darmstadt beispielsweise konzentrierte sich der Oberhofprediger und Superintendent Balthasar Mentzer im Auftrag seines Landgrafen Ludwig VI. ganz auf diese separatistischen Gruppenbildungen. Es erschien ihm höchst bedenklich, dass die pietistischen Reformen den »privaten« Gottesdienst als notwendig ansahen. Es ginge hierbei ja nicht um das, was man als »Hauskirche« bezeichnen könnte, denn das seien ja die Zusammenkünfte der zu einem Haus gehörenden Personen. Hier würde etwas Neues eingeführt, was der Kirchenordnung fremd sei. Aus diesem Grunde holte Mentzer ein Gutachten der Theologischen Fakultät Gießen ein, die ihrerseits die Privatzusammenkünfte ebenfalls ablehnte und auf die Gefahr schismatischer und enthusiastischer Tendenzen in der evangelischen Kirche verwies.[106]

Der Pietismus sah sein besonders Anliegen in der Reform und Intensivierung der Frömmigkeit. Diesem Anliegen dienten die Predigten, die in diesem Geist gehalten wurden, die biblischen Betrachtungen und Gebete in den Konventikeln, aber auch die reichliche Erbauungsliteratur, die diese Bewegung hervorgebracht hat.

---

[105] SCHMIDT, Art. Pietismus, 370.
[106] Vgl. STEITZ, Das antipietistische Programm, 444–465.

Als bekanntestes frühes pietistisches Andachtsbuch gilt das »Tägliche(s) Handbuch in guten und bösen Tagen« von Johann Friedrich Starck (1680–1756).[107] Ähnlich wie Spener vertrat Starck einen gemäßigten Pietismus, der die Traditionen des Luthertums bejahte und auch die Bedeutung der Sakramente für den Heilsstand der Gläubigen betonte. Von radikalpietistischen sektiererischen Gruppen grenzte er sich stark ab, was ihm gelegentlich deren Spott und Verachtung einbrachte. Nach Johann Arndts Schriften wurde das »Starcken-Buch« das verbreitetste Andachtsbuch in der deutschen evangelischen Christenheit. Das Werk enthält »Aufmunterungen, Gebete und Gesänge« für Gesunde, für Betrübte, für Kranke und für Sterbende; spätere Ausgaben sind durch Nachträge erweitert worden.

Die Bedeutung des Pietismus im Rahmen einer Geschichte der Andacht liegt allerdings nicht nur darin, dass er selbst vielfältige Texte frommer Betrachtung hervorgebracht hat, sondern dass er neben seiner Förderung frommer Konventikel intensiv für eine private und häusliche Andachtspraxis eingetreten ist. Wo Menschen vom pietistischen Geist erfasst waren, gleich ob es sich dabei um einen Pietismus in kirchlich-gemäßigter oder sektiererisch-radikaler Art handelte, war es selbstverständlich, dass explizite Formen frommer Praxis geübt wurden. Der Glaube konnte hier grundsätzlich nicht »andachtslos« gedacht und gelebt werden.

Eine besondere Form von größeren Andachten in Schul- und Gemeinderäumen hat dabei die pietistische Bewegung in Halle und – von ihr beeinflusst – in den vom Grafen Zinzendorf geprägten Herrnhuter Gemeinden hervorgebracht: die »Singstunde« der Gemeinde. Während in Halle vor allem die Schüler des von August Hermann Francke gegründeten Pädagogiums dazu eingeladen wurden, um sie hier mit dem neuen erweckten Liedgut Halles vertraut zu machen, auch mit den zahlreichen eigenen Liedern Franckes[108] und seines Nachfolgers Johann Anastasius Freylinghausen,[109] versammelte sich in Herrnhut die ganze

---

[107] Johann Friedrich STARCKS Tägliches Handbuch in guten und bösen Tagen.
[108] Vgl. EG 394.
[109] BOOR, »Singestunden«. Freylinghausen dichtete 44 Lieder und veröffentlichte ein »Geistreiches Gesangbuch« mit 1500 (!) neuen und älteren Liedern.

Gemeinde, um im Singen ihrem Lebensgefühl als erweckte Gemeinde einen lebendigen Ausdruck zu verleihen. Singend sollte sich die Gemeinde die Wahrheiten der heiligen Schrift aneignen. Und mit Liedern, die »aus dem Herzen gesungen« wurden, konnte die irdische Gemeinde singend teilhaben am ewigen Lobpreis Gottes und die Unmittelbarkeit des Heiligen Geistes erfahren: »Das ist das große Anliegen für unsere Singstunden und Liturgien, daß sie der heilige Geist selber dirigiere …«[110] Typisch für diese Art musikalischer Andachten war, dass dabei Liedstrophen aus vielen Liedern ausgewählt wurden, die zu einem Thema passten – z. B. zur Tageslosung. Dieses wurde also nicht durch eine Ansprache, sondern allein durch das betende Singen der Liedstrophen entfaltet.

Während die pietistische Singstunde sich nach ihrem Selbstverständnis strikt von der als »weltförmig« betrachteten lutherischen Kirchenmusik des Hochbarock abzugrenzen versuchte,[111] war es gerade die Überzeugung von Johann Sebastian Bach und seiner musikalischen Freunde, die Kirchenmusik selbst – auch und gerade mit den im Hochbarock neuen Möglichkeiten kunstvoller Kantaten usw. – als Ort von Andacht zu verstehen und sie entsprechend zu gestalten. »Bey einer andächtigen Musique ist allezeit Gott mit seiner Gnaden Gegenwart«, so lautet eine handschriftliche Bemerkung Bachs in seiner Calov-Bibel als persönlicher Kommentar zu dem Bibelvers 2Chr 5,13.[112] Dem Thomaskantor ging es keineswegs um Kunst um der Kunst willen, um »weltförmige« Eitelkeit, sondern im Gegenteil gerade darum, mittels seiner Musik Andacht, Gottespräsenz, zu ermöglichen. Dabei ist für ihn der geeignetste Ort dafür der sonntägliche und feiertägliche Gottesdienst in der Kirche, weniger eine separate Zusammenkunft in einer kleineren oder größeren Gruppe. Beide scheinbar gegensätzlichen Bewegungen sind darin einander ähnlich, dass sie ihrer jeweiligen Musik ein hohes »Andachtspotential« zutrauen.

---

[110] Zinzendorf, zitiert bei Meyer, Zinzendorfs Anregungen, 61–86, Zitat: 70.
[111] A.a.O., 65.
[112] Vgl. dazu Petzoldt, Bey einer andächtigen Musique, 81–91; ausführlich: Hoyer, Musik.

Im Unterschied zum Pietismus lässt sich für die Aufklärung keine »Geburtsstunde« angeben. Vielmehr setzten sich in Wissenschaft und Kultur, in Mentalität und Religiosität des 18. Jahrhunderts mehr und mehr Tendenzen durch, die von der Selbstständigkeit des vernunftorientierten Menschen und seines Urteilsvermögens ausgingen, die das Denken von der Bindung an eine Offenbarung lösten, die auf die Ergebnisse der exakten Naturwissenschaften vertrauten und die eine rationale Lehre von der Lebensführung des Menschen – ohne Bevormundung durch die Kirche – anstrebten. Mit der »Aufklärung«, wie man diese in sich stark schillernde Bewegung mit unterschiedlichen Richtungen seit dem 18. Jahrhundert nennt, kommt der langandauernde Umwandlungsprozess der gesamten europäischen Kultur vom Mittelalter zur Neuzeit unüberhörbar zum Durchbruch. Von dieser Bewegung sind Theologie und Kirche ebenso erfasst worden wie die Frömmigkeit des Einzelnen. Erstaunlich scheint es auf den ersten Blick zu sein, dass es nicht an Erbauungsschriften aus aufklärerischem Geist mangelt. Sieht man aber näher zu, entdeckt man, dass »Andacht« und »Erbauung« hier faktisch mit einem neuen Sinn gefüllt wurden.

Zum einen veränderten sich die theologischen Anliegen: Die Verfasser solcher Schriften übernahmen oft die auf das unmittelbar Praktische und Nützliche ausgerichtete Art der Aufklärungspredigt. Aussagen über die Sünde, den Zorn Gottes, den Glauben oder die Trinität traten zurück. Stattdessen kam der erste Glaubensartikel zu hohen Ehren. Ergebnisse naturwissenschaftlicher Forschung wurden theologisch aufgenommen: Von Naturgegebenheiten ausgehend, wurde auf die Existenz Gottes als »ein allergütigstes, allweises und allmächtiges Wesen«[113] geschlussfolgert.

Zum anderen setzte sich mehr und mehr eine ästhetisierende Tendenz durch, in der zunehmend die moderne Dichtung an die Stelle der früheren beherrschenden Erbauungsliteratur trat. »Andacht« war hier nicht mehr identisch mit Gebet, sondern meinte das Denken an Gott, aus dem u. U. das Gebet erst hervorgehen konnte.[114] Weil aber »an Gott denken« nicht die geistliche Schriftbetrachtung, sondern die ehrfürchtige Weltbetrachtung

---

[113] BECK, religiöse Volksliteratur, zitiert bei MOHR, Art. Erbauungsliteratur III, 64.
[114] GRAFF, Geschichte, Bd. 2, 170.

zur Grundlage hatte, konnte der Andachtsbegriff nun sehr weit gefasst werden und alles ehrfurchtsvolle, erhabene, das Herz und Gemüt mit einbeziehende Denken meinen. Der Weg war damit frei, bisherige kirchlich-religiöse Erbauungselemente zu säkularisieren und künstlerisch überzeugende Dichtung als neue »Erbauungsliteratur« des aufgeklärten Menschen »andächtig« zu rezipieren. Manche weit verbreiteten Titel, aus christlicher Grundüberzeugung verfasst, haben zunächst diese Rolle erfolgreich übernommen, wie z. B. Miltons »Das verlorene Paradies«, Oliver Goldsmiths »Der Landprediger von Wakefield« oder Klopstocks »Messias« und »Geistliche Oden«. Wie weit sich allerdings die damals moderne Dichtung von den ursprünglich christlichen Idealen entfernen konnte, hat Herbert Schöffler gezeigt, der unter diesen Verstehensvoraussetzungen Goethes unglaublich erfolgreichen Roman »Die Leiden des jungen Werther« (erste Fassung 1774) als »ein Erbauungsbuch in einem völlig neuen Sinn« interpretiert hat.[115] Schon durch den Titel (»Die Leiden ...«) sollten Assoziationen zur Passionsgeschichte hervorgerufen werden. Der Held des Buches wird in großer Distanz zum dogmatisch-kirchlichen Glauben dargestellt. Am Ende werden assoziativ zahlreiche Verbindungen zwischen dem Tod Jesu und dem Tod Werthers gezogen: Der Selbstmord wird provozierend als Weg zum »Vater« verstanden, wobei Goethes Held dabei nicht etwa den Weg der Askese, den Weg eines nach – bisher geltenden christlichen Maßstäben – ethisch vorbildlichen Menschen, sondern den des Auskostens der »Süßigkeit der Sünde«[116] gewählt hat und gerade so Anspruch auf eine bevorzugte Stellung bei Gott erhebt. Ein neues Lebensideal hatte hier seinen Ausdruck gefunden. Die klassische christliche Erbauungsliteratur dagegen war angesichts solcher Literatur an ihr Ende gekommen. Es ist nur folgerichtig, dass sich bald auch säkular-ästhetische »Andachts«-Bücher entwickelten, die ursprünglich religiöse Gattungsbegriffe zu okkupieren suchten: Es erschienen Goethe- und Schiller-»Predigten«, »Breviere« mit Dichterworten oder »Stundenbücher«, die zu einer säkularisierten Stunde des sprachlich-ästhetischen Genusses und der »andächtigen« Betrachtung solcher Dichterworte einluden.[117]

---

[115] SCHÖFFLER, Die Leiden des jungen Werther, zit. bei MOHR, Art. Erbauungsliteratur III, 65–67.
[116] MOHR, Art. Erbauungsliteratur III, 67.
[117] Vgl. MOHR, Art. Erbauungsliteratur III, 67f.

Zu den inhaltlichen Veränderungen in milder oder radikaler Form gesellten sich bestimmte Verhaltensänderungen: Der sich seiner selbst als Individuum bewusst gewordene Mensch der Aufklärungszeit zog sich häufiger aus dem kirchlichen Gottesdienst zurück. Er pflegte seine private Andacht. Die Familienandacht geriet auch unter Druck, weil die Andacht des Einzelnen der der Hausgemeinschaft vorgezogen wurde. Ähnlich wie die säkulare Literatur gegen Ende des 18. Jahrhunderts das Ideal des einsamen und naturverbundenen »Robinson Crusoe« erfand, erschienen Bücher, die speziell die Andacht des »einsamen Christen« fördern wollten.[118] Andererseits versuchten viele, dieser sich abzeichnenden Krise gegenzusteuern und Andachtsbücher anzubieten, die zu Hause bei der Familienandacht[119] bzw. in bestimmten Zielgruppen, z. B. bei einfacheren, gebildeten oder jungen Christen,[120] ihr Publikum finden sollten.

Der Hausandacht des späteren 18. Jahrhunderts widmete Friedrich Strauß im zweiten Band seiner »Glockentöne. Erinnerungen aus dem Leben eines jungen Geistlichen« ein Kapitel. Der Verfasser, vom Geist einer milden aufklärerischen Theologie und zugleich von einer romantischen Sehnsucht zurück in eine bessere Vergangenheit bestimmt, schätzte diese Form, »weil sie als ein göttlicher Schluß allen (!) Bewegungen des Herzens und Lebens an einem solchen Tage die höhere Weihe gibt«.[121]

In einer stark idealisierten Szene schilderte er eine Hausandacht in seinem Elternhaus, die er eines Tages als junger Geistlicher noch einmal miterlebte. »In diesem Hause ist alles nach alter Sitte und Weise, wie man sie so gern in einem Pfarrhause sieht. Vorzüglich altväterlich ist das Verhältnis des Vaters,

---

[118] J. G. ZIMMERMANN, Über die Einsamkeit (1756); M. CRÜGOT, Der Christ in der Einsamkeit (1761), von P. Graff als »*das* Andachtsbuch der Aufklärung« bezeichnet; F. W. WOLFRATH, Freuden der einsamen Andacht für denkende Christen (1784) – alle Titel zitiert bei GRAFF, Geschichte, Bd. 2, 169–173.
[119] Häusliche Andacht, Zürich 1784; G. F. SEILER, Geist und Gesinnungen des vernunftgemäßen Christentums, zitiert bei GRAFF, Geschichte, Bd. 2, 169.
[120] J. C. SEYFFERT, Neue Morgenandachten auf alle Tage des Jahres, Leipzig 1787 (für Gebildete); J. A. W. WEIGEL, Unterhaltungen mit Gott in den Abendstunden, Breslau 1785 (für Einfache), G. F. SEILER, Gebet für Studierende, Erlangen 1789 (für die Jugend); zitiert bei GRAFF, Geschichte, Bd. 2, 170f.
[121] STRAUSS, Glockentöne, Bd. 2, 89.

der hier noch Lehrer, Richter und Herr in einer Person ist.« Der Vater, der dieser Andacht vorsteht, ist schon ein Greis, amtiert aber noch als Pfarrer. Interessant ist, was der Autor über den Verlauf notiert: »Das Gesinde trat herein. Der Vater setzte sich an seine gewöhnliche Stelle oben an den langen Familientisch. Vor ihm lag die große Hausbibel, in der auf jeder Seite einzelne Sprüche unterstrichen waren, die bey dem vieljährigen Durchlesen wichtig geworden. Zu einer Seite saß die Mutter, zur anderen die Harfenspielerin; dann die Kinder, das Gesinde und die Enkel, ohne weiteren Unterschied ...« Nach einem Abendlied schlägt dann der Vater die große Hausbibel auf, »die schon mehrere Geschlechter hindurch im Hause gewesen,« und beginnt mit einer eigentümlichen Mischung von biblischer Lesung (Text: Die Hochzeit zu Kana) und Auslegung, die gelegentlich aus einem Monolog auch in einen Dialog überwechseln kann. Der Text ergibt sich offenbar aus der familiären kursorischen Bibellektüre. Das Lesen der Perikope wird immer dann unterbrochen, wenn ein Vers sich in besonderer Weise zur Aktualisierung anbietet: »Jetzt las der Vater, wie Jesus und seine Jünger auch auf die Hochzeit geladen waren. Er mußte gleich innehalten, so voll war sein Herz. Er kommt zu Freude und Leid, sagte er, und wohin er kommt, bringt er immer Frieden und Trost ... Aber laßt mich auch sagen, wie ich mir seinen Eintritt in's Hochzeitshaus denke. Nun schilderte er, wie Jesus den Friedensgruß in's Haus gebracht, wie er die Brautleute angesprochen, ihre Hände in einander gelegt, sie mit dem Segen Abrahams gesegnet, wie vielleicht das Brautpaar gerührt vor ihm niedergefallen, er es aufgerichtet, wie er sich dann zu Tische gelegt, und mit frommen Gesprächen die Gesellschaft erbaut habe. Glaubt mir, sagte der Vater, wo Er so als ein Gast kommt, da bleibt er auch eine Zeitlang zur Herberge, und macht endlich Wohnung daselbst. Das haben die Mutter und ich erfahren, und wir reden, Kinder, was wir gesehen und gehöret haben.«[122] Es ist gut vorstellbar, dass Strauß mit dem Hinweis auf das ausschmückende Erzählen biblischer Geschichten eine Form der biblischen Auslegung festgehalten hat, von denen die Hausandachten im 17. und 18. Jahrhundert geprägt waren.[123] In diese biblische Betrachtung werden aber auch Frau, Kinder, Enkel und Gesinde direkt einbezogen. Von dem Wort der Maria »was er euch sagt, das tut« ausgehend, wendet sich der Vater an die Enkel: »Dann mußte der älteste Enkel vor ihn treten. Er kam weinend, sich seiner Schuld bewußt. Der Vater strafte nur Abends, wenn das Vergehen nicht

---

[122] STRAUSS, Glockentöne, Bd. 2, 91f., 96f.
[123] Vgl. SCHENDA, Vorlesen, 5.

augenblickliche Ahndung forderte, und verschob das meiste, wie Gott (!), zur Stunde des Gerichtes (!). Als er ihn weinen sah, sprach er: siehst du, die Sünde bringt nur Thränen. Schluchzend reichte der Kleine die Hand, und die Sache war abgemacht«. In einer ähnlichen Weise werden dann auch die Diener ermahnend angesprochen und in ein Gespräch gezogen. Sie berichten von einem Versäumnis und erhalten Vergebung. »So kam die ganze Tagesgeschichte des Hauses am Abende bey der Hausandacht in einer edleren und schöneren Gestalt wieder vor, und ehe das Tagewerk irdisch beschlossen, wurde es vor Gott geendet.«[124] In der weiteren Betrachtung wird dann auch die eine verstorbene Tochter erwähnt. Der biblische Text wird zum Anlass genommen, sich ihrer intensiv zu erinnern. Schließlich geht die Andacht mit einem weiteren Lied, der Besprechung einiger aktueller Fragen zu Haus und Gemeinde, mit einem knieend gesprochenen freien Gebet, dem Segen und einer Schlussstrophe zu Ende. Es ist unverkennbar eine idealisierte Szene. Nicht jeder Hausvater wird in früheren Zeiten diesem Ideal auch nur entfernt entsprochen haben.

Der Bericht ist aber m. E. nicht nur deswegen interessant, weil er eine – mehr oder weniger idealisierte – Vorstellung von der alten Hausandacht vermittelt, sondern weil er zum einen zeigt, wie sehr auch diese Form gelebter Frömmigkeit mit den gesellschaftlichen Modalitäten einer bestimmten Zeit verbunden ist, nämlich mit einem patriarchalisch organisierten »Haus« und mit einer dazu gehörigen Großfamilie, und weil er zum anderen voller Wehmut feststellt, dass diese Zeit offenbar vergangen ist. Es fehle, so Strauß, den jetzigen Geistlichen und ihren Zeitgenossen, »die Abhülfe und die tägliche Erfrischung ..., welche unsere Väter so reichlich in ihren Hausandachten fanden.«[125] Es ist ein Bericht von einer vergangenen Welt, geschrieben in einer Haltung von Wehmut und Resignation über die so anders gewordenen Verhältnisse.

Es wäre verkehrt, wenn man der Aufklärungstheologie pauschal den Vorwurf machen wollte, sie hätte die Krise der Frömmigkeit und das Zerbrechen überlieferter Andachtsformen verursacht. Sie versuchte eher, angesichts der allgemeinen kulturellen Wandlungen einen Weg in die Zukunft zu finden, war dabei aber selbst viel zu sehr Kind ihrer Zeit, als dass sie die spirituelle Kraft

---

[124] STRAUSS, Glockentöne, Bd. 2, 98–100.
[125] STRAUSS, Glockentöne, Bd. 2, 90.

gehabt hätte, wegweisend zu wirken. Ihre Versuche, die Distanz zwischen der unmittelbaren Alltagserfahrung des Menschen und der Andacht zu schließen, werden seit Paul Graffs berühmtem Werk von der »Auflösung der alten gottesdienstlichen Formen«,[126] einer Darstellung, die die Liturgiegeschichte seit der Reformation vorwiegend als Verfallsgeschichte beschreibt, oft lächerlich gemacht. Dies wird der Ernsthaftigkeit vieler solcher Versuche nicht gerecht, die eine faire Würdigung verdienen, auch wenn sie uns heute oft nicht mehr überzeugen können.

Neunte Station: Andacht im neunzehnten und zwanzigsten Jahrhundert
Es ist hier nicht der Ort, um die vielen geistigen Strömungen der beiden Jahrhunderte im Einzelnen nachzuzeichnen. Wenige exemplarische Stichworte sollen genügen: Das Erbe der Aufklärung spielt im Rationalismus zu Beginn des 19. Jahrhunderts, in der erfahrungsorientierten Theologie Schleiermachers, im theologischen Liberalismus der Jahrhundertwende und in den drastischen Modernisierungs- und Säkularisierungsschüben in den Jahrzehnten nach dem Zweiten Weltkrieg eine unübersehbare Rolle. Zugleich gab und gibt es immer wieder restaurative bzw. konservative Gegenströmungen wie die Romantik in Kunst und Literatur, wie den religiösen Aufbruch im Kontext der Befreiungskriege, wie die reformatorisch-traditionsbewussten liturgischen Versuche in der Mitte des 19. Jahrhunderts oder in den Jahren nach dem Zweiten Weltkrieg, wie den Neuansatz einer offenbarungsorientierten biblischen Theologie seit dem Ende des Ersten Weltkrieges. Solche Bewegungen lösten einander nicht nur ab, sondern sie standen und stehen spannungsvoll nebeneinander. Sie waren und sind einerseits Ausdruck einer bestimmten Spiritualität und sie haben andererseits in ihrer Weise die religiöse Praxis der Pfarrpersonen und Gemeinden mitgeprägt.

Wenn man Situationsschilderungen aus dem 19. Jahrhundert liest, finden sich zahlreiche Klagen über den Rückgang der Hausandacht, das Schwinden des Tischgebets und die innere Aushöhlung der persönlichen Frömmigkeit.[127]

---

[126] GRAFF, Geschichte.
[127] Vgl. GRAFF, Geschichte, 172.

Über Schlesien in der zweiten Hälfte des 19. Jahrhunderts berichtet Martin Schian, dass sich die Sitte gemeinsamer religiöser Erbauung am Sonntag im Haus »in manchen Familien« erhalten habe, allerdings nur dann, wenn kein Familienmitglied den Gottesdienst besucht hatte. Pietistische Kreise dagegen pflegten die regelmäßige Sonntags- und oft auch die tägliche Morgen- und Abendandacht. Er erwähnt, dass sich mit diesen Veränderungen auch schon Kreissynoden wiederholt beschäftigt hätten. Sein Kommentar: »Aber diese religiöse Familienandacht wieder zur Volkssitte zu machen, das wird zunächst weder den (pietistischen) Gemeinschaften noch den Pastoren gelingen.«[128] Über die Situation in Württemberg wird berichtet, dass vor allem die Alten diese Tradition weiter pflegten, während junge Leute sehr viel weniger an ihr festhielten und »die Dienstboten sich nicht mehr recht drein schicken« wollten. Schon die langen Arbeitswege und Arbeitszeiten verhinderten, so der Berichterstatter, dass gerade in Arbeiterfamilien diese Sitte weiter aufrechterhalten werden könnte. Dennoch besäßen viele Familien alte Gebetsbücher, die z. T. über viele Generationen hinweg weitervererbt worden seien und manchmal auch die Familienchronik enthielten.[129]

Noch immer gab es zugleich einen erstaunlichen »Markt« für Erbauungsliteratur, die wohl vor allem von den einzelnen Gläubigen privat gelesen wurde. Geradezu ein Phänomen unter diesen Schriften stellen die zunächst anonym erschienenen »Stunden der Andacht« von Heinrich Zschokke dar. Diese Betrachtungen waren erst in einem Schweizer Wochenblatt über acht Jahre hinweg erschienen (1809–1816), bis sie schließlich in einer geschickten Auswahl und Umstellung in acht Bänden als »Andachtsbuch für eine christliche Haushaltung« herauskamen. Allein 37 Auflagen sind davon bei dem Aarauer Verlag Sauerländer erschienen; darüber hinaus aber auch viele weitere, u. a. in New York, Philadelphia, Berlin, Gera und Leipzig.

Zschokkes Werk atmet unverkennbar den Geist aufklärerischer Frömmigkeit. Dies lässt sich schon daran erkennen, wie er »Andacht« definiert: Für ihn ist sie »die Entfesselung des Geistes von aller Zerstreuung, von allem Irdischen, und seine volle Hinneigung und Erhebung zu göttlichen Dingen,

---

[128] SCHIAN, Das kirchliche Leben, 261.
[129] WURSTER, Das kirchliche Leben, 225–228.

die, sobald sie unser Gegenstand wirklich sind, dann unwillkürlich unser ganzes Innere beherrschen«.[130] Seine einzelnen Andachten sind allesamt thematisch konzipiert. Eine kirchenjahreszeitliche Anordnung gibt es nicht mehr. Aber sie gehen von einem Bibeltext aus, stellen ein Lied oder Gedicht daneben, bieten eine themenzentrierte Betrachtung, die – fast unmerklich – in ein Gebet übergeht. Die Themen, die Zschokke wählt, sind ganz aus dem Spektrum des damaligen bürgerlichen Interesses entnommen. So behandelt er neben einer schier unerschöpflichen Fülle anderer Themen beispielsweise »Zufriedenheit mit unserem Stande«, »Falsche Haushaltung«, »Häusliche Freude«, »Glück des Reichthums«, »Gefahren des Reichthums«, »Die Religion der Kindheit«, »Die Ehe«, »Das Alter«, »Die Taufe«, »Der Tod für das Vaterland«. Zschokkes Darlegungen müssen die Zeitgenossen wegen ihrer Aktualität und wegen ihres geistigen Niveaus, aber wohl auch aufgrund ihrer gefühlsbetonten warmen Frömmigkeit angesprochen haben, die uns heute oft etwas sentimal anmuten mag. Vielleicht zeigt sich in ihr etwas von dem pietistischen Erbe, aus dem der Verfasser zugleich schöpfte.[131] Zschokke rechnete einerseits mit einem Leser, der sich mit Gott »in einer Stunde der Einsamkeit« unterhält, »wo sich die Seele, losgehoben von allen Sorgen, allen Zerstreuungen des Lebens, ihrem ewigen Vater zukehrt und ihm allein angehört«. Aber er hoffte auch auf die Bewahrung bzw. Rückkehr der Hausandachten,[132] in denen seine Betrachtungen gelesen werden könnten, denn »nichts vermehrt so sehr die häusliche Glückseligkeit, als wenn der Vater oder die Mutter im Kreise der lieben Ihrigen sich mit den erhabensten Gegenständen, mit dem Heiligthume jeder Seele, mit Gott und seinen Schöpfungen, mit der Wahrheit der Religion Jesu Christi, mit der Ewigkeit und den Erwartungen des für die Ewigkeit erschaffenen Geistes unterhalten ...«[133]

Doch nicht allein solche neuen Andachtsbücher wurden im 19. Jahrhundert weit verbreitet. Erstaunlicherweise wurden auch

---

[130] ZSCHOKKE, Stunden der Andacht, Bd. 2, 15.
[131] Die These vom pietistischen Erbe bei ZSCHOKKE vertritt Wilhelm HARTMANN in seiner Dissertation: Heinrich Zschokkes Stunden der Andacht zur Beförderung wahren Christentums und häuslicher Gottesverehrung.
[132] ZSCHOKKE, Stunden der Andacht, Bd. 1, 24ff. Hier bietet der Vf. eine Andacht zum Thema »Die häusliche Andacht«, in der er die Hoffnung äußert, dass auch »die von vielen vergessene häusliche Andacht ... dann wieder in den Kreis guter Familien zurückgeführt werden« möge.
[133] ZSCHOKKE, Stunden der Andacht, Bd. 1, 6 (Vorwort).

fast alle bedeutenden Werke der alten evangelischen Erbauungsliteratur nachgedruckt.[134] Diese Neuauflagen verdankten sich einerseits der Erweckungsbewegung am Anfang des 19. Jahrhunderts mit ihrem antirationalistischen Bewusstsein und andererseits der volksmissionarischen Bewegung von Wichern und seinen Freunden, die sich dem »Zeitgeist« widersetzten und die »Volkstümlichkeit« dieser »Alten Tröster«[135] für geeigneter hielten, die Zeitgenossen mit dem Evangelium zu erreichen als viele neue Schriften.

Trotz dieser vielfältigen literarischen Bemühungen war die Krise der evangelischen Hausandacht nicht zu leugnen. Darauf reagierten die kirchlich Verantwortlichen auf dreifache Weise: durch Installierung der Andacht in der Gemeinde (a), durch Versuche der Erneuerung der Hausandacht (b) und durch Versuche einer durchgreifenden Erneuerung des geistlichen Lebens (c).

a) Installierung der Andacht in der Gemeinde
Erste Reformversuche setzten darauf, die Form privater und familiärer praxis pietatis, die einstmals aus dem gemeindlichen Leben in das »Haus« übernommen worden war, nun wieder in der Gemeinde heimisch zu machen. Die Andacht sollte heimkehren an den Ort, von dem sie einstmals (protestantische Wochengottesdienste, Stundengebet) ausgegangen war. Dieser Prozess der Installation von Andachtsformen in der Gemeinde hält bis in die Gegenwart an. Dafür boten und bieten sich unterschiedliche Grundtypen an: zum einen die selbstständige liturgische Andacht, zum anderen die Andacht als Teil einer kirchlichen Veranstaltung und schließlich die selbstständige Form einer intensiven biblischen Besinnung in der Gruppe.

Die selbstständige liturgische Andacht
In der Mitte des 19. Jahrhunderts wurden verschiedene Modelle »liturgischer Andachten« propagiert, die nicht zuletzt an den Festen des Kirchenjahres in den Kirchen gefeiert werden sollten.

---

[134] Vgl. dazu ZELLER, Theologie und Frömmigkeit, 219–223.
[135] Vgl. GROSSE, Die Alten Tröster.

Unter dem Begriff »liturgisch« wurde dabei eine feste Ordnung von wechselnden Gesängen, Gebeten und Lesungen verstanden.

In der Königlichen Hof- und Domkirche zu Berlin praktizierte man folgenden Ablauf:[136]
- Psalm (Chor/Gemeinde) oder Choral
- Gebet
- Erste Lesung (oft: alttestamentliche Lesung)
- Responsorium des Chores bzw. der Gemeinde: Psalm oder Liedstrophe
- Zweite Lesung (oft: Epistel)
- Responsorium des Chores bzw. der Gemeinde
- Dritte Lesung (Evangelium; die dritte Lesung entfiel gelegentlich; dann wurde das Evangelium an der ersten oder zweiten Stelle gelesen)
- Responsorium des Chores bzw. der Gemeinde
- Gebet und Segen
- Schlussmusik von Chor und Gemeinde.

F. A. Strauß, der Herausgeber dieser liturgischen Feiern, berichtete, dass sich diese Andachtsformen seit 1849 inzwischen in vielen Gemeinden verbreitet hätten. Dabei sah er deren Attraktivität gerade darin, dass einmal nicht die Predigt im Mittelpunkt stünde. Die Wirkung des göttlichen Wortes träte hier »nur in den Ergüssen heiliger Stimmung durch Gesang und in dem gemeinsamen Gebete hervor, und es wird der Andacht zugleich die Gelegenheit geboten, während des Chorgesanges in den durch Gottes Wort erweckten Stimmungen zu ruhen.« Nicht umsonst veröffentlichte der Herausgeber nicht nur die nackten Ablaufpläne, sondern auch die dabei musizierten vierstimmigen Psalmodien und Responsorien des Chores, die in schlichter Weise den einfachen Harmonien der russisch-orthodoxen Gesänge nachempfunden waren. Strauß hält es für eine Chance, einmal keine vom Pfarrer als Prediger dominierte Feierform anbieten zu können, denn: »... es sind solche Gemeindeglieder, welche sich, durch diese Persönlichkeit (sc. des Pfarrers) weniger angezogen oder zurückgestoßen, von der Kirche entfernt hatten, durch die liturgischen Andachten häufig derselben wieder zugeführt worden«. Er ist davon überzeugt: »Das göttliche Wort entfaltet in denselben auch ohne die menschliche Auslegung die volle Kraft seines heiligen Ernstes und die ganze Fülle seiner Lieblichkeit.«[137]

---

[136] STRAUSS, Liturgische Andachten.
[137] STRAUSS, Liturgische Andachten, 88f.

Diese liturgischen Andachten stellten ein Angebot auch für solche Gemeindeglieder dar, die sich vom sonntäglichen Gottesdienst eher zurückzogen. Sie konnten an der wohl nie ganz abgerissenen protestantischen Praxis von Gebetsstunden in der Kirche anknüpfen, die zu bestimmten Kirchenjahreszeiten stattfanden, vor allem in der Passionszeit und im Advent.[138] Ihre Installation ergab sich nicht direkt als Konsequenz der Krise der häuslichen Andacht. Sie konnte aber ein gewisses Defizit an religiösen Feierformen ausfüllen, das in dieser Zeit immer weniger durch eine häusliche spirituelle Praxis ausgeglichen wurde.

Auch wenn die damalige preußische Form mit den dafür bestimmten liturgischen Kompositionen ihre Zeit gehabt hat, ist dieser Typ kirchlicher Andacht dennoch durch die Jahrzehnte hindurch bis in unsere Tage erhalten geblieben. Viele »musikalische Vespern«, d. h. Feiern mit reichlicher Kirchenmusik, die im Wechsel mit Lesungen und Gebeten dargeboten wird, sind hier ebenso einzuordnen wie »Posaunenfeierstunden« mit ihrem festen Programm oder das Taizè-Gebet, das in manchen Gemeinden stattfindet.

Die Andacht als Teil einer kirchlichen Veranstaltung
Das 19. Jahrhundert ist eine Zeit drastischer sozialer Umwälzungen. Die Städte zogen mit ihrer expandierenden Industrie junge Menschen an, die dadurch aus ihren bisherigen familiären Bindungen gelöst wurden. Die Großfamilie begann sich zur Kleinfamilie zu wandeln. Die Autorität patriarchalischer Strukturen und Kulturen wurde immer stärker hinterfragt. Die gesellschaftlichen Umbrüche waren von Prozessen der Verarmung und Verelendung breiter Schichten und von der Vermehrung des Wohlstands weniger anderer Personen begleitet.

Diese Veränderungen in der Gesellschaft stellten die Christen vor eine Fülle von seelsorgerlichen und diakonischen Herausforderungen. Mit der Gründung der Einrichtungen der Inneren

---

[138] Vgl. GERBER, Historie der Kirchen-Ceremonien, 361–364. Gerber berichtet von solchen »Betstunden« am Anfang des 18. Jahrhunderts, die in der Woche stattfanden und in deren Mittelpunkt die Auslegung eines biblischen Textes stand, umgeben von Liedgesang und Gebet.

Mission wie von Stadtmissionen versuchte man, auf die gravierendsten seelischen und wirtschaftlichen Nöte der Menschen zu reagieren. Und mit der Bildung von christlichen Vereinen, z. B. für junge Männer oder junge Mädchen, wollte man der zunehmenden Distanz vieler Menschen von der Kirche und ihrer Botschaft ebenso begegnen wie ihrer Vereinsamung oder ihrer Verführbarkeit durch antikirchliche Bewegungen. 1891 veröffentlichte Emil Sulze, der »Vater des neuzeitlichen Gemeindedenkens«[139] sein Konzept einer in überschaubare Seelsorgebezirke aufgeteilten Gemeinde, in der man konkrete Gemeinschaft miteinander pflegen sollte. Der Sonntagsgottesdienst allein konnte nicht mehr die einzige Antwort der Kirche auf die Tendenzen der Entkirchlichung sein. Er brauchte die Ergänzung durch die Gruppe. Damit gingen Funktionen, die früher dem christlichen »Haus« zugedacht waren, teilweise auf die Gemeinde über. Die Familie als Lebensraum christlicher Frömmigkeit wurde ergänzt, oft auch mehr und mehr ersetzt, durch die Gemeinde als »familia dei«. Es lag in der Logik dieser neuen Gemeindesicht, dass Gruppenzusammenkünfte vielfach mit einer »Andacht« eröffnet oder beschlossen wurden. Dies betraf die Mitarbeiter- und Leitungsgremien ebenso wie die naturständischen oder berufsbezogenen Gruppen, die zur Pflege der Geselligkeit oder aus einem bestimmten Bildungsinteresse zusammenkamen. Diese Andacht zu leiten, war Sache der jeweiligen Leiter, seien sie Laien oder Geistliche. Sie konnte aber auch an ein Glied der Gruppe delegiert werden. Erstaunlicherweise finden wir in der praktisch-theologischen Literatur früherer Jahrzehnte nur wenig Hinweise zur Gestaltung solcher Andachten.[140] Das mag daran liegen, dass sich die Laien solche Kompetenz kaum aus Lehrbüchern erwarben, sondern sie im Laufe der Zeit eher von geistlichen Vorbildern abschauten (Pfarrer, Diakone, ältere Leiterinnen und Leiter), während die akademische

---

[139] KNOSPE, Emil Sulze und sein Gemeindeideal, 105–121, 105.
[140] Eine Ausnahme macht NIEBERGALL, Praktische Theologie, Bd. 2, 236f., wo einige sprachliche Ratschläge zur Gestaltung einer Andachtsrede gegeben werden.

Praktische Theologie diese Aufgabe noch kaum als pastorale Verpflichtung zur Kenntnis nahm.

Auch gegenwärtig ist es in vielen Gemeindegruppen üblich, das Zusammensein mit einer Andacht zu eröffnen oder zu beschließen. Dabei richten sich die Erwartungen der Gemeindeglieder inzwischen fast ausschließlich auf die Pfarrer und Pfarrerinnen bzw. auf die anderen kirchlichen Mitarbeiter und Mitarbeiterinnen im Verkündigungsdienst. Die Gestaltung einer Andacht wird kaum mehr als Aufgabe aller Christen unter Einschluss der »Laien« gesehen, sondern als eine Verpflichtung, zu der professionelle Kompetenz zur Auslegung der Bibel und zum Formulieren eines Gebets gehört.

Die selbstständige Form einer biblischen Besinnung
Auch wenn die Wochengottesdienste weithin weggefallen waren, gab es doch durch die Jahrhunderte hinweg in manchen Gemeinden gemeinsame biblische Besinnungen, die durch die pietistischen Reformversuche von Spener und seinen Nachfolgern eine besondere Unterstützung erfahren hatten. In Gemeinschaften, die vom pietistischen Gedankengut geprägten waren, initiierten auch Gemeindeglieder wieder verstärkt solche Treffen,[141] bei denen man an einem bestimmten Wochentag zusammenkam, um einen biblischen Text intensiv zu betrachten und miteinander zu beten. Besonders in vielen Gemeinden Württembergs, unter den besonderen Bedingungen eines gemäßigten landeskirchlichen Pietismus, hatten sich diese »Stunden« frommer erwecklicher Bibelbetrachtung halten und durchsetzen können. Aus solchen Ansätzen, die eher einer bestimmten Frömmigkeit oder bestimmten Regionen zuzuordnen waren, entwickelte sich seit dem Ende des 19. Jahrhunderts in vielen Gemeinden Deutschlands eine auch landeskirchlich empfohlene Arbeitsform: die Bibelstunde.

---

[141] Es ist interessant, dass es noch 1825 den sächsischen Pfarrern zur Aufgabe gemacht wurde, solche besonderen Zusammenkünfte theologisch zu kontrollieren. Die Gefahr einer sektiererischen Konventikelbildung wurde sehr ernst genommen, vgl. WEBER, Systematische Darstellung, 2. Teil, 57ff.

Paul Wurster[142] berichtet, dass 1907 90 Prozent aller Gemeinden in Württemberg Bibelstunden haben. Er erwähnt als historischen Hintergrund u. a. die Kriegszeiten zwischen 1914 und 1918, wo sich viele zur »Kriegsbetstunde« trafen. Die Bibelstunde trat nicht nur an die Stelle der früheren Wochengottesdienste, sondern auch an die Stelle früherer Hausandachten. Sie war meist monologisch ausgerichtet: Der Pfarrer hielt eine Auslegungsrede, in vielem der Sonntagspredigt ähnlich, wobei Gelegenheit war, biblische Zusammenhänge ausführlicher darzustellen und sich den Zuhörenden intensiver seelsorgerlich zuzuwenden. Im Unterschied zu den ausgewählten Perikopen, über die sonntags gepredigt wurde, wurde in den Bibelstunden meist ein biblisches Buch fortlaufend gelesen und ausgelegt.

In der Gegenwart sind die traditionellen Bibelstunden in ihrer Bedeutung sehr zurückgegangen. Häufig sind sie durch biblische Gesprächskreise oder Bibelwochen abgelöst worden, in denen nicht mehr monologisch, sondern dialogisch »Bibelarbeit«[143] betrieben wird.

b) Versuche der Erneuerung der Hausandacht

Löhes Reform
Wilhelm Löhe (1808–1872)[144] setzte darauf, dass sich die Hausandacht erneuern ließe, wenn man sich nur genügend über die nötigen inhaltlichen Anliegen und methodischen Aufgaben verständigt hätte. So wies er allen Zwang zurück und plädierte für die Freiheit der Teilnahme: »Durch Zwang, sei es direkter oder indirekter, werden die Gemüter ... verhärtet.« Er riet, die Gebete kurz zu halten.

Um ein Beispiel zu geben, stellte er, unter starker Anlehnung an die Tradition der evangelischen Hausandacht, eine »Ordnung des Hausgottesdienstes« zusammen. Er riet den Christen seiner Zeit zu folgender Gestaltung:

---

[142] WURSTER, Die Bibelstunde.
[143] Vgl. HENKYS, Bibelarbeit.
[144] LÖHE, Vom christlichen Hausgottesdienst, 42–57.

»1. Gesang.
2. Das Aufsagen eines Hauptstücks des Katechismus, einiger Sprüche oder Liedverse.
3. Die Lektion aus dem göttlichen Worte, am Sonntag auch wohl Evangelium oder Epistel.
4. Dazwischenhinein oder am Schlusse erläuternde Bemerkungen zum Gelesenen, an Sonntagen nach Evangelium oder Epistel die Postille. Im Monat Oktober könnte auch einiges aus der Reformationsgeschichte, sonst auch wohl das Wichtigste von dem Fortgang der Missionen mitgeteilt, d.i. vorgelesen werden.
5. Am Ende des Mitgeteilten eine Lobpreisung Gottes, etwa wie der letzte Vers aus dem Liede ›Ach Gott, vom Himmel sieh darein usw.‹, entweder gesungen oder gesprochen.
6. Der kurze Morgen- oder Abendsegen, am Sonntag wohl auch eine Danksagung für das Wort Gottes, für die heilige Kirche usw. Hier wären auch die Fürbitten anzufügen.
7. Vater unser.
8. Gemeinsames Gebet um Segen (z. B. ›Der Herr segne uns und behüte uns usw.‹) oder ein gegenseitiger Friedenswunsch.«

Ergänzend fügte er hinzu, dass man auch noch das Glaubensbekenntnis in diese Ordnung aufnehmen könnte. Er schlug vor (unter 3.), ein biblisches Buch fortlaufend zu lesen. Die erläuternden Bemerkungen (unter 4.) sollten nicht zu lang ausgedehnt werden, sondern nur auf die »dunklen Stellen« bezogen werden.

Hausagenden

Auch andere Autoren unternahmen den Versuch, in der Zeit der Infragestellung der alten Institution der Hausandacht, sie durch überzeugende Ordnungen zu reorganisieren.

Als Beispiel sei die »Evangelische Hausagende« von Georg Christian Dieffenbach genannt. Der Verfasser möchte seine Leser sowohl zu einer geistlichen Tagesordnung veranlassen, nach der sie die markanten Stationen des Tages im Gebet und geistlicher Besinnung begehen. Nach dem Erwachen soll ein Gebet im »stillen Kämmerlein« folgen. Am Rande des Frühstücks soll ein »kurzer Morgengottesdienst« gehalten werden, wobei der Autor vor allem an einen Morgensegen oder an das Gebet eines christlichen Liedes denkt. Beim Beginn der Arbeit, bei Glockenläuten und vor allem beim Mittagsgeläut soll der Gläubige Sprüche und Liedverse parat haben, die er betend bedenkt. Das Mittag- und das Abendessen sollen durch »alte, schöne Tischgebete« eingerahmt werden. Nach dem Abendbrot, so empfiehlt Dieffenbach, ist die Zeit für den »vollständigen Hausgottesdienst«.[145]

Es fällt auf, dass der Autor dieser Hausagende den Ablauf seines Hausgottesdienstes stark von der Gestalt des Sonntagsgottesdienstes her bestimmt hat. So soll er mit einem Gruß und Eingangsspruch eröffnet werden. Das Kyrie, hier verstanden als Gebetsruf um Erbarmen angesichts menschlicher Schuld, soll – verbunden mit einer Gebetsstille, in der man sich an die sonntags empfangene Absolution erinnert – ebenso wie Gloria und Kollektengebet den Eingangsteil bestimmen. Nach der Bibellektion, der als Auslegung eine Lesung aus der »Hausagende« oder eine freie Erklärung folgen soll, folgt ein Gebet, und dem schließt sich das Glaubensbekenntnis als Tauferinnerung an. Mit Vaterunser, Lied und Segen schließt dieser Hausgottesdienst.[146] Dieses häusliche Maximalprogramm wird noch dadurch komplettiert, dass Dieffenbach seiner Agende einen Anhang mit einer Ordnung zum Katechismus-Verhör beigefügt hat: »Alle Sonntag, Nachmittags nach dem Gottesdienste, sollte der Hausvater mit seinen Hausgenossen, – Kindern, Knechten und Mägden, Gesellen und Lehrlingen –, ein Katechismus-Verhör halten; d.h. er sollte mindestens ein Hauptstück des Katechismus hersagen lassen, nach dem Inhalte fragen, etliche Bibelsprüche und Lieder beten lassen u.s.f.«[147]

Der Autor weiß sehr genau, dass die häuslich-spirituellen Verhältnisse in der Regel ganz anders sind. Im Vorwort seines Buches, das unter dem Leitmotiv des Sonntagsevangeliums für jeden Tag Gebete, Lesungen und eine biblische Auslegung bereithält, klagt er massiv über die Tatsache, dass die Christen das Beten verlernt hätten und dass die christlichen Häuser keine »Gotteshäuser« mehr wären. Aus diesem »Abfall vom lebendigen Gott« käme »alles Elend, alle Noth dieser Zeit. Daher kommt die Zuchtlosigkeit dieser Tage, daher der Sturm wider alle göttliche und menschliche Ordnung, daher die furchtbare Zerrissenheit und Friedlosigkeit in den Herzen, daher die traurige Vernichtung eines geheiligten Familienlebens, daher die

---

[145] DIEFFENBACH, Evangelische Hausagende, XI.
[146] A.a.O., XII–XIII.
[147] A.a.O., 683.

aller Orten sich kundgebende Verwesung und Auflösung aller Verhältnisse. Der Leichengeruch eines der Auflösung nahen Volkes und Geschlechtes erfüllt die Luft ...«[148]

Dieffenbachs Hausagende mit ihrem häuslich-gottesdienstlichen Maximalprogramm soll nicht nur geistlich gegensteuern, sondern sie wird von ihrem Autor zugleich als Bollwerk gegen die damaligen sozialen und politischen Veränderungen verstanden. Der Verfasser kann sich geistliches Leben nur in den Strukturen einer überlebten Epoche vorstellen. Es ist kein Wunder, dass die Zeit über diese restaurativen Hoffnungen hinweggegangen ist.

Herrnhuter Losungen
Im Unterschied zu den umfangreichen Andachtsordnungen im Stil Löhes oder Dieffenbachs setzte sich im 19. und 20. Jahrhundert ein Andachtsbuch ganz eigener Art durch: die Herrnhuter »Losungen«. Seit der Mitte des 19. Jahrhunderts erscheinen diese »täglichen Parolen«[149] knapper Bibelworte in der Verbindung mit einem neutestamentlichen »Lehrtext« und einem Gebetsvers. Trotz immer wieder geäußerter Bedenken vieler namhafter Theologen, diese kurzen Sprüche könnten magisch missbraucht werden und sie müssten ohne den Zusammenhang der biblischen Perikope, in den sie hineingehören, missverstanden werden,[150] setzte sich dieses Andachtsbuch mit einer täglichen biblischen »Minimalration« erstaunlich durch (gegenwärtig über eine Million Exemplare für den deutschen Sprachraum[151]). Die Losungen wurden, im Unterschied zu manchem größeren und kostbareren Werk, das sich vor allem in den Häusern wohlhabender bürgerlicher Christen fand, zum Andachtsbuch der einfachen Leute. Offenbar fügt es sich eher in die durch Unruhe und Hektik geprägte Zeit der Moderne ein als lange Andachtsliturgien. Vielleicht haben die Losungen aber in ihrer Weise etwas erfasst, was die Andacht von ihrer »großen Schwester«, dem Gottesdienst,

---

[148] A. a. O., V–VI.
[149] BINTZ, Art. Losungen; Zimmerling, Die Losungen.
[150] Vgl. zum Problem: HEIDLAND, Losungen im Ringen des Glaubens; ZIMMERLING, Die Losungen, bes. 147–158.
[151] So Peter ZIMMERLING (mündlich).

unterscheiden kann: Es geht ihr nicht um eine Repetition der ganzen Heilsgeschichte, sondern um einen kleinen, vielleicht sogar winzigen Aspekt aus der Fülle biblischer Heilsverheißung. Es geht ihr nicht um den großen Scheinwerfer des Glaubens, der nicht immer angemessen ist, sondern um die eine kleine Kerze, die mir jetzt, in diesem Moment, als Licht in der Dunkelheit genügt.

c) Versuche einer durchgreifenden Erneuerung des geistlichen Lebens
Der Zeitraum des 19. und 20. Jahrhunderts ist schließlich von vielfältigen Versuchen geprägt, nicht nur Hinweise auf eine Übernahme der früheren Hausandacht in die Kirchgemeinden zu geben bzw. auf eine Neubelebung der bedrohten alten Form zu setzen, sondern das geistliche Leben insgesamt zu erneuern. Von einer solchen grundlegenden Erneuerung her könnten, so die Hoffnung der verschiedenen Initiatoren, sowohl die Gemeinden wie auch die Familien, Lebensgemeinschaften oder Einzelpersönlichkeiten spirituell profitieren. Einige wenige Beispiele sollen für das Ganze stehen:

Dietrich Bonhoeffer
An dieser Stelle muss auf jeden Fall auch der Name Dietrich Bonhoeffer genannt werden. Er hat vor allem seit der Zeit, als er Direktor eines Predigerseminars der Bekennenden Kirche wurde, dafür gesorgt, dass die künftigen Pfarrer in ein verbindliches geistliches Leben praktisch eingeführt wurden.

Sein Freund Eberhard Bethge berichtet über die Andachtspraxis im Seminar: »Den Tageslauf faßten zwei lange Andachten ein. Am Morgen folgte auf die Andacht noch die halbstündige Meditationszeit (für jeden Einzelnen, W. R.). Diese Übung wurde auch während des Umzugs auf Kisten und Jugendherbergsbetten durchgehalten. Die Andachten fanden nicht in der Kirche statt, sondern in der alltäglichen Tischrunde. Sie begannen mit chorischem Psalmgebet, dann folgten freigewähltes Lied, Lesung eines alttestamentlichen Kapitels, feststehender Liedvers (für einige Wochen), Lesung eines neutestamentlichen Kapitels, ausführliches freies Gebet mit gemeinsamem ›Vater unser‹, und den Schluß bildete wiederum ein feststehender Liedvers. Psalm- und Schriftlesungen wurden als lectio continua vollzogen, möglichst ohne Auslassungen ... Bonhoeffer hielt diese Lese- und Gebetsfolge für die dem Theologen angemessenste und natürlichste Andachtsform. Nur sonnabends fügte er eine – meist sehr direkte – Anrede hinzu ... Der Versuch, sich dieser Tagesordnung zu entziehen, wurde man in Bonhoeffers Gegenwart nicht recht froh ...«[152]

Der Predigerseminarleiter setzte diese seine geistliche Ordnung auch gegen manchen Widerstand unter den Kandidaten durch. Er war der Meinung, dass geistliches Leben, dass das Beten und betende Lesen der Schrift lehrbar und lernbar sei. In einem Brief an Karl Barth vom 19.9.1936 meinte Bonhoeffer, die Fragen, die heute im Ernst von jungen Theologen gestellt würden, hießen eben: Wie lerne ich beten? Wie lerne ich die Schrift lesen? Und er war der Meinung, dass es die erste Aufgabe der theologischen Lehrer sei, ihnen hierbei zu helfen.[153] Bezwingend müssen auch seine eigenen freien Gebete gewesen sein. Sie waren wohl in ihrer Weise echte Gebete, zugleich aber auch Teil jenes Versuchs, die Kandidaten das Beten zu lehren: »Die Gebete in den Seminarandachten hat fast ausschließlich er selber gesprochen. Es waren lange Gebete, meist frei formuliert, gelegentlich benutzte er aber auch die Litanei. Er begann mit dem ausführlichen Dank für die Dinge des Glaubens, für das Zusammenleben und für Sonne und Meer. Es folgten die Bitten für das tägliche Einander-Ertragen in der Bruderschaft. Viel Raum erhielt das Gebet für die Bekennende Kirche, ihre Leitungen und Synoden, für die Gefangenen, für die Abgefallenen und für die Feinde; ebenso das Bekenntnis der besonderen Sünden des Theologen und Pfarrers und die Fürbitte für sie. Er verwendete Zeit und Mühe darauf, sich auf diese Gebete und ihre innere Ordnung vorzubereiten. Sein Sprechen war ganz der Sache hingegeben. Jede Selbstdarstellung schien ausgelöscht. Verstand, Wille und Herz waren einbezogen; dazu meinte er aber, die Gebetssprache müsse sich regelmäßig an der Sprache der Psalmen üben und in sie einmünden.«[154]

Bonhoeffer ging es mit dieser geistlichen Praxis nicht um eine bloße Pflichterfüllung. Jede fromme Gesetzlichkeit ist ihm fremd. Er stellte vielmehr das Gebet als entscheidende geistliche Waffe gegen die Bedrohungen der gegenwärtigen Zeit[155] und als

---

[152] BETHGE, Dietrich Bonhoeffer, 491; vgl. auch PELIKAN, Die Frömmigkeit Dietrich Bonhoeffers; ZIMMERLING, Bonhoeffer als Praktischer Theologe, bes. 57–76.
[153] Vgl. PELIKAN, Die Frömmigkeit Dietrich Bonhoeffers, 36.
[154] BETHGE, Dietrich Bonhoeffer, 531.
[155] Vgl. bei PELIKAN, Die Frömmigkeit Dietrich Bonhoeffers, 36.

fundamentale Aufgabe der Kirche – neben dem »Tun des Gerechten unter den Menschen«[156] – heraus. Dabei stand ihm nicht nur das Pfarrhaus, sondern auch die christliche Hausgemeinschaft überhaupt vor Augen, die er zum gemeinsamen Gebet anhalten wollte. Was sich – vor allem in seinem Buch »Gemeinsames Leben« – wie der Versuch einer bloßen Restauration vergangener frommer Praxis liest, hatte einen sehr aktuellen politischen Hintergrund: Der betende Bonhoeffer gewinnt aus seiner spirituellen Praxis, die er selbst mehr und mehr entwickelt, seine Kraft zur Beteiligung am Widerstand gegen Adolf Hitler und gegen das Regime des Bösen.

Geistliche Lebensgemeinschaften:
Eindrucksvoll sind die Bemühungen verschiedener Persönlichkeiten, in dem durch die Verflüchtigung der geistlichen Substanz bedrohten Protestantismus verbindliche Bruder- und Schwesternschaften bzw. Kommunitäten zu begründen, die stellvertretend für eine Welt, die das Gebet nicht mehr kennt, beten und die als Zellen geistlichen Lebens Vorbild und Zufluchtsort für Menschen sein können, die auf der Suche nach Gott sind.

Die bekannteste evangelische Bruderschaft des 20. Jahrhunderts dürfte in Deutschland die »Evangelische Michaelsbruderschaft« sein, deren Mitglieder oft auch nach ihrem geistigen Ursprungsort die »Berneuchener«[157] genannt werden. Wer dieser Bruderschaft von Laien und Theologen zugehören will, hat sich einer Regel zu unterstellen, deren erste Grundsätze lauten:
»Ich weiß, daß man Leben fester Zeiten der Ruhe, des Schweigens, der Sammlung bedarf. Ich will treu darin sein, mein Leben in solcher Ordnung zu führen.
Ich will mich durch nichts abhalten lassen, täglich nach festem Plan in der Heiligen Schrift zu lesen.

---

[156] BONHOEFFER, Widerstand und Ergebung, 327f.: »[...] unser Christsein wird heute nur in zweierlei bestehen: im Beten und im Tun des Gerechten unter den Menschen. Alles Denken, Reden und Organisieren in den Dingen des Christentums muß neugeboren werden aus dem Beten und aus diesem Tun«.
[157] Vgl. BLOTH, Art. Berneuchen.

Ich will alle Tage Gott loben und Ihm danken, Ihn um Erkenntnis Seiner Wahrheit und Seines Willens bitten und mich im Gebet ordnen, reinigen und stärken lassen ...«[158]

Die Michaelsbruderschaft lebt weniger aus einer konfessionell-lutherischen, sondern stärker aus einer trinitarischen, auf das Wunder der Inkarnation Gottes in Christus konzentrierten Theologie, für die »Verwirklichung« und »Leibhaftigkeit« wichtige Kategorien ihres geistlichen Lebens und ihrer liturgischen Ordnungen darstellen. Wo sie geistliche Ratschläge erteilt, greift sie gern auf das überlieferte spirituelle Erbe der Kirche in allen Jahrhunderten zurück. So sind ihr die in der Natur vorgegebenen Rhythmen des Jahres, der Woche und des Tages wieder neu wichtig geworden. Zeiten der Stille und Zeiten des intensiven Arbeitens sollen einander abwechseln. Die persönliche Andacht soll wesentlich den Reichtum der Heiligen Schrift erschließen. »Dazu diene dir folgender Rat: Gewöhne dich, den heiligen Text, auch wenn du allein bist, laut zu lesen: die vernehmlich gesprochene und gehörte Sprachgestalt dringt tiefer in das Herz als das bloß mit den Augen aufgenommene Schriftbild. Achte besonders auf bildhafte Erzählungen und laß auch die in Gleichnissen und in aller lebendigen Sprache schlummernden Bilder tief in dich eindringen ... Versuche immer den geistlichen Vorgang, das lebendige Geschehen – wenn möglich in einer bildhaften Vorstellung – zu erfassen ...«[159] Interessant ist, dass die »Regel des geistlichen Lebens« u.a. auch die Empfehlung gibt, im Interesse des meditativen Umgangs mit der Heiligen Schrift, wichtige Stellen mit einer schönen Schrift gestaltend abzuschreiben.[160]

Vor allem der Wirksamkeit dieser Kommunitäten und der Bruder- und Schwesternschaften ist es zu danken, dass auch im Bereich der evangelischen Kirche die Tradition des Stundengebets der Vergessenheit entrissen wurde. Wo sich evangelische Kommunitäten zusammenfanden und zusammenfinden, dort werden die regelmäßigen Taggebetszeiten in aller Regel wieder eingeführt. Aus diesen Gemeinschaften heraus sind zugleich Impulse für die Erneuerung der Tagzeitengebete in die evangelische Kirche hineingeflossen. So ist es nicht zuletzt deren

---

[158] Die Regel des geistlichen Lebens, 13.
[159] A.a.O., 31.
[160] A.a.O., 31f.

Initiativen zu verdanken, dass das »Evangelische Gesangbuch« Ordnungen für die Mette (Morgengebet), für das Mittagsgebet, die Vesper (Abendgebet) und die Komplet (Nachtgebet) enthält.[161]

Während die Ausstrahlungskraft der Michaelsbruderschaft seit der Mitte des 20. Jahrhunderts zurückging, gelang es einer anderen bruderschaftlichen Gruppe, über die Grenzen vieler europäischer Länder und der christlichen Konfessionen hinweg einen inspirierenden Einfluss auf viele Menschen zu gewinnen: die Kommunität von Taizé in Frankreich.[162] Roger Schutz und seine Brüder haben mit ihren meditativen liturgischen Gesängen und mit ihrer Frömmigkeit vor allem die Herzen vieler Jugendlicher erfasst. Hier erlebten und erleben sie, wie Liturgie und Aktion, Geistliches und Politisches, Beten und Kämpfen eng zusammengehören. Der Sitz der Kommunität ist zum Jugendwallfahrtszentrum auf Dauer geworden. In Taizé-Treffen kleineren oder größeren Stils in verschiedenen europäischen Ländern wird diese Spiritualität von vielen miterlebt und dann von ihnen weitergetragen.

3.3 Zusammenfassung und Konsequenzen

Der Weg durch die verschiedenen exemplarischen Stationen von Frömmigkeit und Andacht soll durch einige zusammenfassende Beobachtungen abgeschlossen werden, aus denen sich bestimmte Konsequenzen für eine Besinnung auf Form und Inhalt der Andacht heute ergeben:
1. Von den nachösterlichen Anfängen des Christentums bis in unsere Tage zeigt sich: Es gibt dauerhaft keinen christlichen Glauben ohne Frömmigkeit; es gibt keine fromme Gesinnung ohne explizite Formen der Andacht. Der Glaube muss offenbar immer wieder Gestalt gewinnen im Gebet, in der Gemeinschaft mit anderen und in einem ethisch verantwortlichen Leben. Und er muss immer wieder genährt werden durch

---

[161] EG 783–86 (Stammausgabe der EKD).
[162] ENGELSCHALK, Art. Taizé.

Erinnerungen an Gottes Taten und Verheißungen, durch Hören auf das biblische Wort, durch Lieder, Gebete oder andere Zeichen der Vergewisserung im Glauben. Die reformatorische Einsicht, dass das fleißige Absolvieren frommer Übungen und die korrekte Beherrschung spiritueller Regeln noch nicht die Nähe Gottes garantiere, war nicht als Aufforderung zum andachtslosen Glauben gemeint. Luther vertrat vielmehr die Freiheit Gottes, der sich nicht vom Menschen durch »fromme« Praktiken manipulieren lässt. Und er argumentierte aus der Freiheit des Evangeliums heraus, aus dem sich keine immer und überall geltenden Regeln für Christsein und Frömmigkeit ableiten ließen. Deshalb gab er zwar viele Hinweise, den Glauben zu leben und täglich zu erneuern; er verzichtete aber auf generell gültige Anweisungen. Der von der Aufklärung her bestimmte Mensch hat diese reformatorische Freiheit zunehmend in dem Sinne interpretiert, dass der Glaube eine innere Einstellung des Einzelnen sei, zu der man weder kirchliche Liturgien noch sonstige gemeinschaftliche Frömmigkeitsvollzüge brauche. Die Andachtsgeschichte zeigt: Es gibt sowohl die Gefahr des Missbrauches spiritueller Vollzüge wie auch die Gefahr der Verflüchtigung des Glaubens überhaupt, wenn alle äußeren Formen wegfallen. In einer »Theorie der Andacht« sollten deshalb Überlegungen nicht fehlen, in denen die Sinnhaftigkeit der spirituellen Praxis begründet wird, ohne die Freiheit des Evangeliums zu verraten.

2. Christliche Frömmigkeit ist vielgestaltig. Sie ist in der Geschichte mit dem Vollzug ganz unterschiedlicher Formen verbunden: mit Hören und Singen, mit der Teilnahme an Prozessionen und Wallfahrten, mit dem kunstvollen Schreiben und Illustrieren von Büchern, mit dem Betrachten von Bildern und dem betenden Erlernen fundamentaler Glaubenstexte, mit Zeiten der Gemeinschaft oder der persönlichen Besinnung. Es sind Elemente der »Innerung« einer Botschaft, eines Textes, einer im Bild gestalteten Mitteilung. Oder es handelt sich um Formen der »Äußerung«, des Ausdrucks einer inneren Befindlichkeit: im Gebet, im Gesang, im Tanz. Und oft sind in einer Form Innerung und Äußerung eng miteinander verwoben. Durch die jeweiligen Formen kann der Mensch ganz

unterschiedlich Anteil nehmen: mit seinem Verstand, mit seinem Gefühl, mit seinem Willen, mit seinem Leib, mit seinen verschiedenen Sinnesorganen.

Es ist historisch unverkennbar, dass seit der Reformation die Andachtsformen in ganz besonderer Weise auf das Wort, d.h. auf die Lektüre der Heiligen Schrift, auf das Lesen von geistlichen Darlegungen und Gebeten oder den gemeinsamen Gesang, konzentriert worden sind. Denn für Martin Luther stand fest, dass der Sinn jedes Gottesdienstes und jeder Andacht zuerst darin besteht, »dass Gott mit uns redet mit seinem Wort und wir mit ihm reden mit Gebet und Lobgesang«, wie er es bei der Einweihung der Torgauer Schlosskapelle 1544 ausgeführt hat. Dabei ist allerdings auch die damalige Situation mit zu sehen: Die Intervention des Reformators zugunsten des biblischen Wortes geschah auf dem Hintergrund einer stark handlungsorientierten, mit magischen Zügen durchsetzten Frömmigkeit, in der zudem Heiligenlegenden oft häufiger herangezogen wurden als die biblischen Texte. Luther musste Zentrum und Peripherie neu bestimmen. Er hat zurecht der Bibel als der Urkunde der Taten Gottes und seiner Verheißungen den zentralen Platz im Frömmigkeitsvollzug zurückgegeben.

Die evangelische Andacht ist allerdings methodisch vielfältiger als mancher denkt. Nicht immer wurde ein biblisches Wort verlesen und anschließend ausgelegt. Unter den alten Erbauungsbüchern befinden sich viele geistliche Besinnungen, die von einer Alltagserfahrung ausgehen und von dort aus Brücken zu bestimmten biblischen Grundüberzeugungen und Texten schlagen. Der Gesang wurde nicht nur von wenigen ehrwürdigen Liedern aus der Feder der Reformatoren bestimmt, sondern auch von vielen neu geschaffenen Liedern, die zunächst im Haus ihren Ort hatten und über diesen Weg in die Gemeinde gelangten. Zur evangelischen Andacht gehörten auch »Handlungen«, insofern der Körper durch bestimmte Gesten der Konzentration oder der Verehrung mit einbezogen wurde. Schließlich ist an die Bilder zu erinnern, die die großen gottesdienstlichen Räume, die Wohnräume und Andachtsbücher zierten.

Wenn wir heute Andachten zu gestalten haben, sollten wir uns an die Vielfalt und Kreativität evangelischer Andachtspraxis mit ihren unterschiedlichen Formelementen erinnern und fragen, ob wir nicht auch heute eine gewisse Vielfalt spiritueller Formen brauchen.

3. Wo die Vielfalt evangelischer Andacht betont wird, stellt sich zugleich die Frage nach ihrem besonderen Profil. Schon von der historischen Kenntnis her lässt sich m.E. sagen, dass das Typische der evangelischen Andacht sich nicht erfassen lässt, wenn primär formale Gesichtspunkte gesucht werden. Es ist muss eher zu Missverständnissen führen, wenn die protestantische Frömmigkeit nur durch neun »Formelemente« charakterisiert wird: durch »Gottesdienst, Taufe, Beichte, Abendmahl, Seelsorge, Lied (Kirchenlied), Lesung, Gebet und Katechismus«.[163] Die Geschichte der Andacht lehrt uns: Das wesentliche Kriterium der evangelischen Andacht ist inhaltlicher Art: Keine Form von Andacht darf als manipulatives Mittel verstanden werden, wodurch Gott zu etwas gezwungen werden soll; genauso wenig darf Andacht – in welcher Form auch immer – als Leistung verstanden werden, mit der Menschen sich einen Anspruch auf die Gnade Gottes erwerben. Wir können gegenwärtig mit Freude zur Kenntnis nehmen, dass dieses ursprüngliche konfessionelle Kennzeichen längst nicht mehr nur die evangelische Andacht prägt, sondern dass es hierüber inzwischen einen weiten ökumenischen Konsens gibt,[164] auch wenn die persönliche spirituelle Praxis des einzelnen Christen oder einzelner Gruppen – in der evangelischen und in der katholischen Kirche – immer wieder auch manipulative oder andere gesetzliche Züge tragen mag.

Wenn wir heute Andachten gestalten, werden wir weniger danach fragen müssen, ob alle »Formelemente« in einer Andacht vereint sind, sondern ob in ihr die Botschaft von der Liebe Gottes ohne Vorbedingungen zum Zuge kommt. Dieser Inhalt macht die Andacht »evangelisch« – innerhalb und außerhalb der evangelischen Kirche.

---

[163] SEITZ, Art. Frömmigkeit II, 674–683.
[164] Vgl. LEHMANN/PANNENBERG, Lehrverurteilungen – kirchentrennend?, Bd. 1.

4. Im Rückblick auf die Jahrhunderte fällt auf, wie stark die jeweiligen Formen und Inhalte religiöser Praxis mit der jeweiligen Sozialstruktur, Kultur und Mentalität verquickt waren. Der Wandel der sozialen, wirtschaftlichen und mentalen Verhältnisse verursachte häufig auch krisenhafte Symptome in Kirche und Frömmigkeit. Dies wird bei der Geschichte der Hausandacht besonders anschaulich. Theologisch war sie innerhalb der evangelischen Kirche vom allgemeinen Priestertum aller Gläubigen her begründet worden. Die »Hausväter« sollten geistlich in die Pflicht genommen werden. Faktisch war sie aber auch eine Form, mit der eine soziale Stellung zusätzlich religiös gefestigt und Macht ausgeübt werden konnte. Aufs Ganze gesehen stützte sie die patriarchalische und hierarchische gesellschaftliche Struktur, selbst wenn mancher Hausvater sich dabei nicht nur als Gegenüber zu seiner Hausgemeinde, sondern auch als Teil von ihr verstanden haben dürfte. Es ist ebenfalls nicht zu übersehen, dass die Hausandacht in einen regelmäßigen Tages- und Wochenverlauf eingebettet war und dass sie in Großfamilien mit Dienstpersonal praktiziert wurde. Die durch die Industrialisierung verursachten Veränderungen der Familienstruktur (Klein- und Kleinstfamilien) und der Arbeitszeiten zerrütteten in ihrer Weise das alte Institut der Familienandacht. Die Kirche steht in solchen Krisensituationen immer wieder vor der Frage, ob sie den gesellschaftlichen und kulturellen Wandel akzeptieren und aus ihm die nötigen Konsequenzen ziehen soll oder ob sie weiter auf die bisherigen und oft jahrhundertelang bewährten Formen setzen darf. Die relative Wirkungslosigkeit von Löhes Reformvorschlägen spricht für sich.

Es hängt sehr stark an den sich wandelnden kirchlichen und gesellschaftlich-kulturellen Verhältnissen, dass die Andacht unterschiedliche Räume besetzt: Zunächst hat sie im Haus und in den Hauskirchen der frühen Christen ihren Raum. Dann sucht man besondere heilige Stätten auf, um seine Andacht zu verrichten. Ein Differenzierungsprozess setzt ein. Mit dem Beginn der Neuzeit wird die Andacht wieder sehr stark im Haus, in der familiären und privaten Sphäre, verankert. In den letzten Jahrzehnten kehrte sie wieder stärker zurück in die Gemeinde – nicht nur in die Kirchenräume, sondern auch in die Räume des Gemeinde-»Hauses«.

Eine Reflexion über Andacht und Spiritualität heute wird sich solchen gesellschaftlich-kulturellen und perspektivischen Fragen stellen müssen. Wir werden überlegen müssen, wie sinnvoll es ist, sich bestimmten gesellschaftlichen Trends in den Weg zu stellen. Wir werden die Frage nach dem Ort der Andacht in der Gegenwart und Zukunft aufzunehmen haben.

5. Die Geschichte der Andacht ist vielfältig mit der Geschichte des Gottesdienstes verwoben. Einerseits konnte das Nebeneinander in einer förderlichen Beziehung zueinander verstanden werden: Der Gottesdienst wurde in der Hausandacht bzw. Privatandacht vorbereitet und nachbereitet; im Gottesdienst wurde auf die nötige Andacht im Alltag, im Haus und im privaten Leben, hingewiesen. Andererseits konnte sich aus dem Nebeneinander auch leicht ein Gegeneinander entwickeln: die Privatandacht als Gottesdienstersatz; die persönliche fromme Betrachtung innerhalb eines Gottesdienstes, an dessen Geschehen der bzw. die Einzelne nicht mehr so recht Anteil hat; das Konventikel der Bekehrten, das dem öffentlichen Gottesdienst theologisch distanziert gegenübersteht ...

Offensichtlich gehört es zu einer Besinnung auf das Wesen der Andacht, eine sinnvolle Zuordnung zwischen dem großen Gottesdienst und seiner »kleinen Schwester«, der Andacht, zu suchen. Wir werden fragen müssen, worin die spezifischen Aufgaben und Chancen der jeweiligen Form bestehen.

4. Andacht im Kontext heutiger Lebenserfahrung

4.1 Die neue Offenheit für Spiritualität

Ein Sonntagabend im Sommer. Irgendwo hatte ich das Plakat gelesen mit dem Hinweis auf ein Konzert des Rundfunk-Sinfonieorchesters und des Chores des Mitteldeutschen Rundfunks: das Requiem und einige andere kleinere Stücke von Mozart sollten aufgeführt werden. Ort: die Peterskirche in Leipzig. Nur mit Mühe bekomme ich noch eine Karte und einen Platz in der dicht gefüllten Kirche. Viele junge und jüngere Menschen sind darunter. Der große Altar und der Chorraum der Kirche sind mit dem Podium für den Chor und der Fläche für das Orchester ziemlich verstellt. Aber vor dem Dirigentenpult, zum Publikum hin, stehen ein großes Kruzifix und ein hoher Leuchter mit einer Altarkerze. Bald kommen die Musiker herein, dann der Chor. Auf dem Programmzettel mahnt eine kleine Notiz, man solle von Beifallskundgebungen Abstand nehmen. Es herrscht gesammeltes Schweigen. Nun kommt der Dirigent. Bevor er zum Pult geht, stellt er sich an das Kruzifix und entzündet die Kerze. Die kleine Geste berührt mich sehr. Nie hätte ich so etwas erwartet. Es soll wohl mehr sein als ein Konzert, was hier geschieht: ein Requiem, ein Gottesdienst. Der Ort, eine große und zugleich etwas morbid wirkende Kirche, war offensichtlich mit Bedacht gewählt worden. Künstlerisch vorzüglich und atmosphärisch ergreifend dann die Musik. Ungewöhnlich die weitere Programm-Abfolge: Nach dem ersten Satz des Requiems folgen gregorianische Gesänge, von einer Schola professioneller Runkfunk-Sänger dargeboten, und Texte zum Thema Tod von modernen Dichtern und aus der Offenbarung des Johannes, aufrührend gelesen von einem durch das Fernsehen bekannten Schauspieler ... Am Ende kein Beifall, sondern schweigende Betroffenheit.

Ich bin tief bewegt von der vollendet dargebotenen Musik, aber auch von der Kombination unterschiedlicher Stücke aus Wort und Tönen und von der dem Thema angemessenen Atmosphäre.

Ich habe ein wunderbares Konzert gehört und zugleich einen Gottesdienst in tiefer Andacht miterlebt.

Warum erzähle ich dieses Beispiel? Es ist für mich ein Schlüsselerlebnis, um die These von der neuen Offenheit für Spiritualität zu verstehen und persönlich nachzuvollziehen:

- Da ist der Kirchenraum, der offensichtlich eine neue Anziehungskraft entwickelt. Vielleicht steht hinter der Wahl des Raumes nicht nur der persönliche Wunsch des Dirigenten nach einem der Musik adäquaten Ort, sondern auch die Erwartung, dass ebenso das Publikum zu diesem Anlass weniger einen nüchternen Konzertsaal, sondern lieber eine Kirche aufsuchen möchte. Man rechnet wieder mit Menschen, die weniger den bequemen (Konzert-)Sessel suchen, als vielmehr die Faszination einer stimmigen Atmosphäre des Erlebnisses. Kirchen sind nicht nur begehrte Konzerträume, sie sind auch zu Magneten des modernen städtischen Tourismus geworden. Junge Leute, die nie oder fast nie einen Gottesdienst in einer Kirche aufsuchen, bevölkern die Kirchen der Innenstädte oder der Ausflugsziele. Sie kommen in oberflächlicher touristischer Neugier, vielleicht aber auch mit einer unbewussten religiösen Erwartung. Heiner Bartz hat bereits Anfang der 1990er Jahre die Religiosität Jugendlicher in Deutschland in einer umfangreichen Studie empirisch untersucht. Auch bei kirchenfernen Jugendlichen stehen Kirchen und Dome an erster Stelle, wenn nach »Orten mit einer besonderen Ausstrahlung« gefragt wird. Als »auratische Orte« vermitteln sie Gefühle von Erhabenheit und Ehrfurcht, helfen sie zur Selbstbegegnung (»das Gefühl, daß ich mir ganz nahe bin«), Sammlung und Geborgenheit (»man vergißt alles, was draußen ist«).[1]
- Da ist die eindrucksvolle Geste: das Entzünden einer Kerze; Kruzifix und Licht; der Dirigent, der hier nicht im Mittelpunkt stehen will, sondern der bewusst ein christliches Zeichen in die Mitte stellt; Verzicht auf den sonst üblichen Beifall ... Während große Erklärungen und öffentliche Reden immer weniger Wirkung zu haben scheinen, spielen Zeichen

---

[1] BARTZ, Postmoderne Religion, Bd. 2, 58f.; Bd. 3, 65f.

und Zeichenhandlungen im persönlichen und im gesellschaftlichen Leben eine große Rolle. Soziologen und Psychologen registrieren, wie stark auch das scheinbar säkulare gesellschaftliche Leben von Symbolen und Ritualen bestimmt ist: Der moderne Sport lebt beispielsweise ebenso von einer Fülle von Symbolhandlungen wie das moderne politische Leben.[2] Häufig ist deren Herkunft aus früheren religiösen Ritualen noch deutlich zu erkennen. Die elektronischen Medien arbeiten – von der Werbung über die Präsentation der Pop- und Rockmusiker bis zu den modernen Helden in den Krimis und Katastrophenfilmen – vorzugsweise mit symbolischen Effekten, und sie sind in ihrer Weise mitbeteiligt an einer stärkeren Bedeutung des Sehens, also des Bildhaften, und an einer reduzierten Rolle des Hörens, also des Wortes, für den Menschen von heute. Gerade junge Leute kommunizieren untereinander und nach außen hin stark symbolisch, indem sie mit ihrem Äußeren, mit ihrer Kleidung, mit ihrer Frisur oder anderen Zeichen, ihre Einstellung, ihren stillen oder massiven Protest, ihre Hoffnungen oder Sehnsüchte zum Ausdruck bringen. Sie inszenieren auf diese Weise sich selbst und sie ordnen sich so einer Gruppierung zu, die ähnliche oder gleiche Symbole wählt.[3] Auch das Leben der Erwachsenen mit seiner zeitlichen Strukturierung durch die Rituale des Urlaubs bzw. des Wochenendes und der Arbeitswelt, mit seiner Fixierung auf die Statussymbole des Wohlstands, der Karriere oder der öffentlichen Anerkennung kann durchaus mit Hilfe von Symboltheorien eindrucksvoll reflektiert werden. Dabei zeigt sich, dass wir gegenwärtig sehr empfänglich sind für Gesten, für körperliche symbolische Handlungen.
- Da ist die Mischung von verschiedenen Stilrichtungen und künstlerischen Elementen: Requiem, Maurische Trauermusik, Ave Verum, Gregorianik, Offenbarung 21, Nelly Sachs, Hilde Domin. Es sind allesamt Zeugnisse aus dem jüdisch-christlichen Bereich. Und dennoch sind sie ursprünglich nicht füreinander gedacht. Eine Person hat ursprünglich Selbstständiges

---

[2] Vgl. dazu THILO, Frömmigkeit, 99–110.
[3] Vgl. RATZMANN, Jugendkultur und kirchliche Kultur.

frei zusammengestellt. Eine Collage ist entstanden: eine neue Form aus ursprünglich selbstständigen Elementen. Und die spricht ihre deutliche Sprache, deutlicher vielleicht als die alte Form, die in der Gefahr steht, nur als schöne Tradition konsumiert zu werden. Die »Collage« kann als Symbol der modernen Weltanschauung gelten. Viele suchen sich die Elemente ihrer Lebenseinstellung zunehmend aus unterschiedlichen Religionen und Philosophien zusammen. Die alten konfessionellen und weltanschaulichen Grenzen erweisen sich im Bewusstsein des Einzelnen immer weniger als lebensrelevant. Mancher und manche neigen dazu, es einmal mit dieser Einstellung bzw. mit jener Botschaft zu probieren. Die eigene Erfahrung wird so zum Kriterium dessen, was gelten soll. Collagenartig ist oft auch der Umgang mit Traditionen: Es gibt eine neue Sehnsucht, Altes zu erschließen, kennenzulernen, sich anzueignen. Aber der Respekt ist abhandengekommen, das Erbe der Väter und Mütter von A bis Z übernehmen zu müssen. Warum nicht die alte Form aufbrechen? Warum nicht einzelne Elemente gewinnen, die einem bedeutsam erscheinen? Warum nicht Altes mit Neuem konfrontieren?

- Da ist die Mischung von Zeichenhandlung, Musik und Wort. Offensichtlich ist das Wort nicht ohne Chance. Wo die Atmosphäre stimmt – im Kontext von Musik, Raum, Gemeinschaft, Thema – öffnen sich u. U. auch die Ohren und Herzen für Worte, auch für biblische Worte, deren Sinn nicht so ohne weiteres auf der Hand liegt. Es ist nicht nötig, sie zu erklären. Das Arrangement der verschiedenen Elemente schafft einen Interpretationsrahmen. Dabei ist jedes einzelne Wort, jede Wendung wichtig. Es geht nicht nur um den präzisen Sinn, den Skopus eines Textes, sondern auch um den Klang, um erschreckende und tröstende Wörter, um die Sprechmelodie. Man darf nicht vorlesen, wenn man nicht das Gefühl hat, dieser Text sei wichtig, jedes einzelne Wort sei bedeutsam. Ich habe den Eindruck, dass es in der modernen Gesellschaft nicht nur Tausende von Beispielen für die Wirkungslosigkeit von Worten gibt, sondern dazwischen auch Hinweise der Sehnsucht nach einem zutreffenden Wort, gesprochen zur richtigen Zeit und am richtigen Ort.

– Und da ist das Thema: Requiem, der Tod. An einem Sommerabend mit seiner Wärme und seinem Blühen wird vom Vergehen gehandelt. Wir leben in einer Welt, in der noch immer der Tod ferngehalten werden soll. Der moderne Mensch der westlichen Gesellschaft stirbt meist spät, im hohen Alter. Und er stirbt meist fern von den Angehörigen, im Krankenhaus. Und doch bricht der Tod plötzlich ein in der Gestalt plötzlicher Unfälle oder in einer Pandemie wie 2020/21, als die Zahlen der Corona-Toten und Infizierten zu den täglichen Nachrichten wurden. Viele leben in einer Ambivalenz zwischen der Flucht vor dem Tod, aber auch der Sehnsucht, dieses Thema nicht zu verdrängen, in der Bereitschaft, sich ihm einmal auszusetzen in vorweggenommenem Schrecken und in der Hoffnung auf Trost und Halt angesichts von Sterben und Tod. Jeder und jede weiß: Auch ich werde einmal sterben. Und viele sehen auf die Zeichen des Todes, die sich nicht nur individuell im Prozess des eigenen Alterns zeigen, sondern auch global in den tödlichen Bedrohungen unserer Welt, in den großen Umwelt- und Klimakrisen.

Neben meinem Beispiel kann die These von der neuen Offenheit vieler Menschen für Spiritualität seit den 1980er Jahren durch viele andere Erfahrungen belegt werden.[4] Diese Offenheit wird einmal erkennbar in der – oft überraschenden – Aufnahme des Begriffs »Spiritualität«. Diesen von seiner Herkunft her eindeutig christlich geprägten Begriff[5] benutzen zunehmend auch nicht-christlich eingestellte Autorinnen und Autoren, um auf eine Dimension hinzuweisen, die sie für wesentlich halten.

So gebrauchte ihn schon früh Rudolf Bahro, der ehemalige SED-Dissident und spätere engagierte Mitarbeiter der Partei »Bündnis 90/Grüne«, beim Nachdenken über die Frage, woher Rettung vor den lebensfeindlichen Tendenzen der Industriegesellschaft kommen könnte: »Wir werden gewiss

---

[4] Vgl. dazu z. B.: ROTZETTER, Neue Innerlichkeit; SCHÜTZ, Praktisches Lexikon der Spiritualität.
[5] Zu Herkunft und Bedeutung des Begriffs vgl. Kap. 4.4, 130–135, aber auch ZIMMERLING, Handbuch Evangelische Spiritualität, Bd. 2, bes. 15–17.

Aktivität brauchen, um die neue Ordnung einzurichten, mit der wir in den begrenzten irdischen Naturzusammenhang passen. Aber sehr viel kann und darf nicht mehr produktivistisch umgesetzt werden. So ist es eigentlich eine weitgehende Umwidmung des menschlichen Energieeinsatzes von den Tiefen der Person her, worauf wir noch Hoffnung setzen können. Die muss von Grund auf geschehen, nicht erst aus dem Stau der Restenergien, die keinen Auslauf mehr finden, vielmehr von der ursprünglichen Tendenz der Lebensenergie selbst her, die nach freudigem Anlass strebt. Bei genauerem Hinsehen bedeutet Spiritualität (versus Materialismus) vor allem diese Umorientierung unserer Energien von einer Praxis vornehmlich äußeren zu einer Praxis vornehmlich inneren Handelns, vom Sachobjekt zum Subjekt, von der Konstruktion zur Kommunion. Ohne spirituelle Perspektive wird sich der Oekopax-Ansatz (sc. Bahros Konzept, das sich um lebensfreundliche Umweltperspektiven und um Frieden bemüht, W. R.) doch nicht von der Logik der Selbstausrottung lösen.«[6]

Der Begriff »Spiritualität« bezeichnet in solchen Darlegungen nicht eine ausdrücklich religiöse Haltung, die sich auf Gott hin orientieren möchte, sondern eine anthropologische Zentrierung auf die Kräfte im Inneren des Menschen. Um der modernen Macherideologie zu entkommen, möchte sich Bahro dabei an den »ältesten Weisheiten der Menschheit« orientieren, die eine solche Spiritualität atmen. Die christlichen und außerchristlich-religiösen Überlieferungen sollen anthropologisch interpretiert und als allgemeine philosophisch-ethische Wahrheiten ausgelegt werden.[7] Die begriffliche Offenheit gegenüber »Spiritualität« ist ein ambivalentes Phänomen: Einerseits wird ein religiöser Begriff nicht-religiös vereinnahmt. Andererseits ist bemerkenswert, wie aus der Sorge um das Überleben der Menschheit viele Nichtchristen ihre relative Nähe zu den Überlieferungen des Christentums und anderer Religionen und zu deren frommer Praxis entdecken.

---

[6] BAHRO, Logik der Rettung, zitiert bei ROTZETTER, Neue Innerlichkeit, 13f.
[7] Auch andere Lebensbereiche, denen neue Aufmerksamkeit gewidmet werden soll, werden mit dem Begriff »Spiritualität« in Verbindung gebracht, wie z. B. die Körpererfahrung, vgl. dazu CAMPBELL/MCMAHON, BioSpiritualität.

Hinter den Erfahrungen, dass Menschen heute für den Begriff Spiritualität, aber auch für spirituelle Zeichen und Begegnungen offen sind, stehen verschiedene geistesgeschichtliche Bewegungen, die eine solche Offenheit bis zu einem gewissen Grade erklären können. Dabei spielen ausdrücklich religiöse Anliegen nicht immer eine Rolle:

Seitdem die neue Physik mit Einsteins Relativitätstheorie und der Entwicklung der Quantentheorie das strikte Subjekt-Objekt-Schema und das mechanistische Denken in Frage gestellt hatte, haben die Stimmen zugenommen, die für eine neue Kunst der Wahrnehmung der Wirklichkeit eintreten, in der z. B. auch die Meditation als »Schule der Wahrnehmung, des Kommenlassens der Wirklichkeit« ihren wichtigen Platz einnimmt.[8] C. F. von Weizsäckers naturwissenschaftlich-philosophische Überlegungen haben entscheidend dazu beigetragen, dass sich die kirchennahe Bewegung des »konziliaren Prozesses« formieren konnte, in dem die heutigen globalen politischen Fragen auch als Glaubensfragen verstanden und behandelt wurden. »Frieden, Gerechtigkeit und die Bewahrung der Schöpfung« sind hier die drei immer wiederkehrenden Leitmotive. Man möchte Menschen zusammenführen, die durch Traditionen und Bekenntnisse getrennt sind, die sich aber gemeinsam diesen Zielen verpflichtet wissen. Auch Mystik und Politik sind hier nicht mehr, wie so oft, getrennt, sondern sie bilden eine faszinierende Einheit. Bei vielen Christen und Christinnen unterschiedlicher Konfession sorgen die verschiedenen ökologischen Krisen dafür, dass der Glaube nicht mehr allein als innere Einstellung, sondern als leibhaftes Phänomen verstanden und die Mitgeschöpflichkeit des Menschen mit der Natur neu wahrgenommen wird. Auch gegenwärtige Naturwissenschaftler, wie z. B. Brigitte und Thomas Görnitz, plädieren für »Spiritualität« und definieren sie als »Wahrnehmung der Einheit von Wirklichkeit und Anerkennen des Geistigen als Realität«.[9]

Bereits Ende der 1980er Jahre wurde die charismatische Bewegung, die »größte Frömmigkeitsbewegung in der Geschichte« (Michael Welker), weltweit auf über 300 Millionen Anhänger geschätzt. Ihre Mitgliederzahl hat

---

[8]   VON WEIZSÄCKER, Wege in der Gefahr, 264f.
[9]   GÖRNITZ/GÖRNITZ, Naturwissenschaft und evangelische Spiritualität, 89–110.

seitdem deutlich zugenommen, vor allem in Afrika und Lateinamerika.[10] Ihre Anhänger betonen, dass sie in ganz neuer Weise die Wirklichkeit und Gegenwart des Geistes Gottes erfahren hätten. Sie wollen die christlichen Gemeinden aus dem Geist des Gebetes heraus erneuern. Die charismatische Bewegung ist in mehr als 230 Ländern und in allen größeren Konfessionen zu Hause, selbstverständlich auch in den deutschsprachigen evangelischen Kirchen. Oft neigen ihre Anhänger allerdings dazu, eigene charismatisch geprägte Gemeinden zu gründen.

Seit den 1980er Jahren hat sich, aus der Hippieszene und Protestgruppen erwachsend, die New Age-Bewegung (Neues Zeitalter) entwickelt. Deren Anhänger gehen davon aus, dass wir gegenwärtig in einer epochalen Wendezeit leben, in der wir zum Umdenken aufgefordert sind. An die Stelle des früheren wissenschaftlich-technischen mechanistischen Denkens müsse ein ganzheitliches Weltbild treten. Der einzelne Mensch müsse sich als »Teil eines kosmischen Ganzen verstehen, der in einem permanenten Prozess der Bewusstseinserweiterung ein neues Tiefenwissen von der Welt erlange, die für ihn dadurch eine Wiederverzauberung erfahre«[11]. Gesucht wird nach einem höheren Bewusstsein und nach Vernetzungen von bisher als unversöhnlich erfahrenen Gegensätzen (z. B. zwischen Mensch und Natur, Mann und Frau, westlicher und östlicher Spiritualität, Geist und Fleisch, begrifflichem Denken und Intuition). Die klassische christliche Lehre wird stark kritisiert: Ein personales Gottesbild wird abgelehnt und eher ein pantheistischer Glaube an dessen Stelle gesetzt. Die Bewusstseinsveränderung, die man erreichen möchte, wird als eine neue Art der Erlösung, als Selbsterlösung, verstanden. Denkvorstellungen aus dem Christentum, aus dem Buddhismus, aber auch aus spekulativ-abergläubischen Denkgebäuden, z. B. aus der Astrologie, werden zu einer neuen Einheit zusammengefügt und finden ihre Anhänger.[12]

Der neuen Offenheit für Spiritualität kann man an unterschiedlichen Stellen in der gesellschaftlichen Kultur begegnen. Buchhandlungen bieten Regale mit Büchern für »Spiritualität« oder »Esoterik« an. Die mittelalterliche christliche Gregorianik erfreut

---

[10] Weitere Zahlen und Belege bei WELKER, Gottes Geist, 20–27; ausführliche Analysen bei ZIMMERLING, Charismatische Bewegungen.
[11] FROHNHOFEN, Art. New Age, Sp. 929.
[12] Vgl. RUPPERT, New Age, Endzeit oder Wendezeit?

sich großer Beliebtheit bei den Käufern diverser CDs. Alte Messgesänge der Frührenaissance werden mit Saxophon zu einer neuen reizvollen musikalischen Mischung versetzt. An Musik zur »Meditation« ist in den Regalen kein Mangel. Volkshochschulen und private Unternehmungen bieten Körperübungen an, durch die man zu sich selbst kommen und in denen man sich selbst erfahren kann. Bekannte Autorinnen und Autoren publizieren Übungsprogramme, mit deren Hilfe wir unsere Sinne schärfen und zur Wahrnehmung des Wesentlichen, der Tiefe, angeleitet werden sollen.[13]

Wir sehen, dass der Begriff »Spiritualität« heute weit über die kirchlichen Sprachgrenzen hinaus angewandt wird und dass sich mit ihm oft Sehnsüchte, Überzeugungen und Praktiken verbinden, die über die traditionellen religiösen und konfessionellen Grenzen hinausgreifen. Darin liegt seine Chance, spirituell suchende Menschen zum Dialog mit spezifisch christlichen spirituellen Einsichten einzuladen. Aber er ist ein »Container-Begriff«,[14] in den alles Mögliche und Unmögliche »eingelagert« werden kann. Er kann schnell diffus werden und braucht gelegentlich Definitionen und Grenzziehungen. Die neue Offenheit für »Spiritualität« stellt die christlichen Kirchen deshalb vor wichtige denkerisch-theologische Aufgaben. Es geht darum, den christlichen Glauben heute so zu interpretieren, dass er auch von denen verstanden werden kann, die ihn nicht kennen, ihn aber auch so zu beschreiben, dass er unterscheidbar und identifizierbar bleibt. Und zugleich geht es um die praktische Frage, wie das spirituelle Leben in den Kirchen und Gemeindegruppen so gestaltet werden kann, dass Menschen, die in einer neuen Weise dafür offen sind, sich eingeladen fühlen und innerlich angerührt werden. Ich gehe davon aus, dass wir hier noch einen langen Lernprozess vor uns haben.

---

[13] BEHRENDT, Ich höre, also bin ich.
[14] So ZIMMERLING, Handbuch Evangelische Spiritualität, Bd. 1, 18.

4.2 Spiritualität und Säkularität

Die neue Offenheit für Spiritualität ist unübersehbar. Aber sie zeigt sich in einer Zeit, in der in jedem Jahr neue Höchststände bei den Austrittszahlen aus den beiden großen Kirchen in Deutschland gemeldet werden. 2019 beispielsweise sind 270.000 bisherige Gemeindeglieder aus der evangelischen und 272.771 aus der römisch-katholischen Kirche in Deutschland ausgetreten.[15] Deutschland, aber auch viele andere Länder in West- und Nordeuropa erleben eine Zeit der massiven Entkirchlichung. Diese zeigt sich als Mitgliederschwund und als zunehmender Einflussverlust der Kirchen in der Öffentlichkeit. Den Kirchen fällt es immer schwerer, ihre christlichen und konfessionellen Traditionen an die nachwachsende Generation weiterzuvermitteln. Zudem wird über Glauben im Lebensalltag immer seltener gesprochen.[16] Auf vielen Ebenen scheint sich nicht Religiosität, sondern Säkularität durchzusetzen. Wie ist dieses Nebeneinander von spiritueller Offenheit, Entkirchlichung und massiver Säkulariät zu verstehen?

Die kultur- und religionssoziologischen Fachleute deuten diese Phänomene unterschiedlich. Für *die einen* sind die genannten Zahlen und Beispiele keine Beweise dafür, dass die Menschen der Gegenwart und Zukunft nichtreligiös wären. Vielmehr betrachten sie sie als Hinweise darauf, dass sich (nur) eine Transformation des Religiösen ereignet. Gestützt auf die Grundüberzeugung, dass die gegenwärtige und kommende Gesellschaft immer stärker durch Individualisierung, also durch persönliche Entscheidungen des Menschen, geprägt sei, und dass dadurch bisher fraglos überlieferte Lebensanschauungen, Normen und vorgegebene Organisationsformen des Lebens in Frage gestellt würden, verstehen sie auch die Entkirchlichung nicht als Säkularisierung, also Abkehr von jeglichem religiösen Denken und Verhalten, sondern als Beispiel für die sich durchsetzende individuelle religiöse Entscheidung der Menschen. Die früher selbstverständlich

---

[15] https://www.kirchenaustritt.de
[16] PICKEL, Zwischen Säkularisierung und Pluralisierung, 49–63, Zitat: 55; DERS., Religiosität in Deutschland und Europa, 37–74.

geltende Autorität der Kirchen wird von der Gesellschaft nicht mehr fraglos akzeptiert und ihre bisherigen Privilegien werden in Frage gestellt. Auch kirchliche Angebote müssten sich nun im Rahmen des weltanschaulich-religiösen Pluralismus bewähren und auf dem »Religions-Markt« durchsetzen.

Aber *andere* Fachleute widersprechen dieser Deutung und halten sie für unzureichend. So betrachtet der Leipziger Religionssoziologe Gert Pickel die Säkularisierung nach wie vor als einen wesentlichen Schlüsselbegriff, um die gegenwärtigen weltanschaulichen Tendenzen und Einstellungsveränderungen zu verstehen. Auffällig sei nicht nur eine Transformation des Religiösen, sondern zugleich eine »Diffusion persönlicher Glaubensvorstellungen und individueller Religiosität«.[17] Pickel geht, gestützt auf empirische Untersuchungen, davon aus, dass sich individueller Glaube allein, ohne Stützung durch andere gleichgesinnte Gläubige, schwer entwickeln und durchsetzen kann. In Ostdeutschland, aber auch an anderen Orten in Deutschland und in Europa müsse man zunehmend von einer »forcierte(n) Säkularität« (Monika Wohlrab-Sahr)[18] sprechen. Man könne hier erkennen, dass eine massive gesellschaftliche Abkehr von den Kirchen zu einer Abkehr von Religion überhaupt, zu einer Säkularisierung, führen kann, vielleicht sogar zwangsläufig führt. Jedenfalls scheint es ihm vorstellbar, dass das stark säkularisierte Ostdeutschland »der europäische Normalfall der Zukunft«[19] werden könnte.

Spirituelle Offenheit, mitunter vielleicht sogar Neugier auf der einen Seite, aber zugleich weitgehende Entfremdung von jeglicher religiösen Sprache und Symbolkenntnis auf der anderen – was bedeutet das für die Gestaltung von Andachten in einer so geprägten Gesellschaft?

Wenigstens zwei besondere Herausforderungen stellen sich dabei: Die *eine* besteht in der formalen Offenheit dieser spirituellen Form. Da sie mitunter nicht nur in offiziellen kirchlichen Räumen stattfinden und da ihre Gestaltung weitgehend frei und an

---

[17] PICKEL, Zwischen Säkularisierung und Pluralisierung, 55.
[18] WOHLRAB-SAHR et al., Forcierte Säkularität.
[19] PICKEL, Zwischen Säkularisierung und Pluralisierung, 53.

der jeweiligen Situation orientiert erfolgen kann, können sie zu offenen Angeboten werden. Hier können auch Menschen Zugang finden, denen traditionelle kirchliche Gottesdienste und Veranstaltungen fremd und unzugänglich erscheinen. Die Friedensgebete, wie sie 1989/90 in der damaligen DDR stattgefunden haben, boten formal allen Interessenten einen leichten Zugang. Man fand sich in ihnen zurecht, ohne alte kirchliche Bräuche verstehen zu müssen. Ähnliches kann in bestimmten Lebenssituationen auch heute gelingen, die Menschen unterschiedlicher Prägung – Christen und Nichtchristen – gemeinsam bewältigen müssen, wie z. B. ein großes Unglück, eine kollektive Krise.

Die *andere* betrifft die Sprache, die gesprochen wird. Hier, am Treffpunkt von spirituell suchenden und ganz säkular geprägten Menschen, aber auch innerhalb kirchlicher Gruppen oder christlicher Familien, entsteht ein Sprach- und Hörraum besonderer Art. Hier ist Gelegenheit, die »säkulare Schweigespirale«[20] zu unterbrechen, die unseren Alltag bestimmt, und neu Sprache zu finden für den Glauben. Diese Chance kann auf zweierlei Weise verspielt werden: *Entweder* indem man lebensferne dogmatische Formeln repetiert, die unverständlich bleiben. Wer eine Andacht leitet, steigt nicht auf eine hohe Kanzel, sondern redet in räumlicher Nähe zu den Mitfeiernden. Hier ist kein Platz für »Sonntagsreden«, sondern hier wird vom Glauben mitten im Alltag gesprochen. *Oder* indem man sich um eine spezifisch christliche Glaubenswahrheit herumdrückt und nur das ausspricht, was alle schon längst wissen. In einer säkularisierten Welt ist solch eine »Selbstsäkularisierung« christlicher Rede eine ständige Gefahr.[21] Es gilt Sprache zu finden für den Glauben – in Worten und gelegentlich in Zeichen. Wenn es gut geht, wird hiermit ein Glaubensgespräch eröffnet, das sich nach der Andacht fortsetzt und das die üblich gewordene Sprachlosigkeit des Glaubens heilsam unterbricht.

---

[20] A. a. O., 55.
[21] Dieser Begriff ist von Wolfgang Huber seit 1999 in das kritische Nachdenken über Kirche und Kirchenreform eingebracht worden. Vgl. u. a. HUBER, Kirche in der Zeitenwende, bes. 69–73.

4.3 Konturen heutiger Lebenserfahrung

Es ist sicher umstritten, ob sich allgemeine Gesichtspunkte zur gegenwärtigen Lebenserfahrung aufstellen lassen. Zuviel ist dagegen einzuwenden: Hat nicht jeder und jede eine eigene Biographie? Ist nicht jede Persönlichkeit ganz eigengeprägt? Durchlebt nicht jede ihr eigenes Schicksal? Auch wenn alle diese Fragen zu bejahen sind, auch wenn es immer riskant bleibt, allgemeine Angaben zusammenzutragen, ist dies dennoch sinnvoll, weil es bei aller Individualität des Erlebens eben immer wieder auch Phänomene einer kollektiven gesellschaftlichen Erfahrung gibt. Vor allem von soziologischer Seite her werden solche gesellschaftlichen Trends und typischen menschlichen Einstellungen analysiert und auf den Begriff gebracht. Ich möchte wesentliche Momente in den gegenwärtigen Lebenserfahrungen vieler Menschen in drei knappen Überschriften zusammenfassen und dabei zugleich an wichtige soziologische Studien erinnern, in denen diese herausgearbeitet worden sind. Und ich möchte dabei nach Konsequenzen für das Verständnis und die Gestaltung von Andacht fragen.

Erste Erfahrung: Leben im Risiko
Seit der Corona-Pandemie 2020/21 bestimmte die Angst vor Infektion und das Bemühen um Schutz vor dem heimtückischen Virus das tägliche Leben. Die Nachrichten in den Medien wurden von den Infektionszahlen ebenso beherrscht wie die Alltagsgespräche der Menschen und oft sogar deren nächtliche Träume. Viele Menschen versuchten, durch Einhaltung der dafür bestimmten Hygieneregeln sich und andere vor Infektionen zu schützen. Die Qualität der Politik und der Politiker wurden daran gemessen, ob sie das Risiko minimierten, denen die Menschen ausgesetzt sind, oder nicht. Diese Erfahrungen einer weltweiten Pandemie wirkten in vielem wie ein Beleg für die Thesen, die der Soziologe Ulrich Beck in seinem Buch »Risikogesellschaft« bereits Mitte der 1980er Jahre aufgestellt hat.

Er geht darin davon aus, dass in der gegenwärtigen Stufe der wissenschaftlichen und industriellen Entwicklung die Produktion von Konsumgütern und das Erzielen eines gesellschaftlichen Reichtums zunehmend mit schwer zu beherrschenden Risikofaktoren verbunden ist. Die Zeichen einer immer unübersehbarer werdenden ökologischen Bedrohung (»überall kichern Schad- und Giftstoffe und treiben wie die Teufel im Mittelalter ihr Unwesen«[22]) sind eng verschränkt mit drastischen Veränderungen im politischen und sozialen Gefüge, die ebenfalls als Bedrohung erlebt werden: der deutliche Individualisierungsschub, das Zerbrechen vieler traditioneller Lebensformen wie Ehe und Familie, eine dem Markt konforme Mobilität des Einzelnen, eine verstärkte Macht weniger Wissender und der Medien. Auch die gravierenden Auswirkungen einer Pandemie in einer globalisierten Welt lassen sich als Folgen dieser gesellschaftlichen Veränderungen begreifen. Deshalb kommt es in dieser Gesellschaft, in der man den Risiken nicht ausweichen kann, darauf an, mit der eigenen Angst und Unsicherheit umgehen zu können. Beck nennt das Vermögen, Gefahren ertragen und in Ängsten leben zu können, eine nötige »Schlüsselqualifikation« des Menschen in der Risikogesellschaft. Und er fragt, wie Menschen diese Grundkompetenz zum Leben in den Gefährdungen lernen können: »Wie können wir die Angst bewältigen, wenn wir die Ursachen der Angst nicht bewältigen können?«[23] Es ist ihm klar: Die Menschen in der Risikogesellschaft brauchen eine Gewissheit, ein Vertrauen, eine Hoffnung, die sie auch dann leben und kämpfen lässt, wenn realisierbare Konzepte gegen die Ursachen solcher Gefährdungen nicht zur Verfügung stehen. Die Erfahrungen der Corona-Pandemie der Jahre 2020/21 haben Becks Überlegungen in einer Weise bestätigt, wie das vorher kaum vorstellbar schien.

Es ist hier nicht der Ort, um eine ausführliche Auseinandersetzung mit Becks provozierender Analyse vorzunehmen. Vielleicht sind manche Thesen effektvoll überzogen. Aber ich möchte mich in meiner Kritik auf einen Punkt beschränken. Ulrich Beck verweist auf die nötige Schlüsselqualifikation des Lebens von heute: in Ängsten leben zu können. Er weiß, dass solche Kompetenzen nicht einfach zur Verfügung stehen, sondern dass sie erworben, erweitert, fester gegründet werden müssen, wenn sie zureichen sollen. Er denkt vor allem an pädagogische Institutionen, die zur Ausbildung dieser Qualifikationen herausgefordert sind. Doch

---

[22] BECK, Risikogesellschaft, 97.
[23] A. a. O., 101.

dabei ignoriert er den Beitrag, den die Religionen für den Umgang mit Ängsten immer schon geleistet haben. Und er übersieht, dass seine Frage nach dem inneren Halt in den Ängsten im Grunde auf die religiöse Dimension des Lebens abzielt. Der christliche Glaube ist, wenn er nach seinem Beitrag zum Leben im Risiko gefragt wird, nicht bei einem fremden, ihm aufgenötigten, sondern bei seinem ureigenen Thema. Von Jesus Christus selbst wird im Johannesevangelium das Wort gesprochen: »In der Welt habt ihr Angst; aber seid getrost, ich habe die Welt überwunden« (Joh 16,33). Die Botschaft Jesu ist im Kern eine Einladung, ihm und seinem Vater zu vertrauen. Dabei geht es nicht um eine naive, blinde Vertrauensseligkeit, sondern um ein sehendes Vertrauen, das die Augen vor den Gefahren nicht verschließt, das sich aber durch sie nicht fixieren lässt.[24]

Solches Vertrauen aus Glauben, solcher Vertrauensglaube, bleibt allerdings theoretisch, wenn er nicht auch seine praktische Gestalt findet. Und er verflüchtigt sich, wenn er nicht immer wieder erneuert wird. »Alles, was man wirklich will, worauf man wirklich hofft und woran man mit seinem Herzen glaubt, braucht seine Gestalt. Das Christentum gibt es nicht als reine Idee, als abstrakte Hochschätzung bestimmter Gedanken. Unsere großen Wünsche brauchen Einübungen, Aufführungen, Inszenierungen, Verleiblichungen und Versinnlichungen. Ich kann mich nur selbst erkennen in dem, was ich glaube und hoffe, wenn ich meinem Glauben und meinen Hoffnungen eine Gestalt gebe.«[25] Die Gottesdienste an Sonn- und Feiertagen oder an bestimmten Höhepunkten des Lebens und die kleinen Gottesdienste im Alltag des täglichen Lebens, die Andachten, sind in einer risikoreichen Zeit als Aufführungen des Gottesvertrauens zu uns Menschen und unseres Vertrauens zu Gott lebensnotwendig. Sie gewähren eine begrenzte Zeit, um mitten im alltäglichen Stimmengewirr der Katastrophenmeldungen Gottes Stimme zu hören, und sie geben Formen vor, um ihm zu antworten. Mit ihren Worten und Liedern, mit ihren Gesten und Gebeten

---

[24] Vgl. dazu die eindrucksvolle biblische Interpretationen zum Thema in STRUNK, Vertrauen, 11–62.
[25] STEFFENSKY, Feier des Lebens, 39.

können wir uns einüben in eine Haltung, drohende Gefährdungen zu ertragen. Mit ihnen wird eine Gegenwelt der Hoffnung auf die Überwindung der Gefahren inszeniert – über alle menschlichen Möglichkeiten hinaus.

Zweite Erfahrung: Auf der Suche nach dem schönen Leben
Die Corona-Krise war für viele Menschen nicht nur deswegen schwer zu ertragen, weil sie sich vor dem scheinbar allmächtigen Virus ängstigten, sondern weil der üblich gewordene Freizeitsektor weitgehend lahmgelegt wurde: Gegenseitige Besuche, Urlaubsreisen, gemütliche Abende in Gaststätten oder Übernachtungen in schönen Hotels, Wellness-Zeiten in Saunen und Spaßbädern, Konzerte und Tanzveranstaltungen – vieles, an das man sich gewöhnt hatte, war plötzlich verschlossen. Das »schöne Leben« jenseits von Arbeit und familiär-häuslichen Pflichten war nicht mehr möglich. Und so wuchsen, je länger die Pandemie durch Lockdowns bekämpft wurde, Ungeduld und Aggressivität vieler Menschen. Fast selbstverständlich war es dabei für viele, schöne Erlebnisse vorwiegend vom Funktionieren öffentlicher Kultur- und Freizeiteinrichtungen zu erwarten. Allerdings entdeckten gleichzeitig manche Familien, dass es im Nahbereich der Wohnung, im Garten oder im nahen Wald, beim Hören und Beobachten von Singvögeln oder beim Spielen an einem kleinen Bach durchaus viel Schönes zu erleben gibt, das man in der Zeit vor Corona manchmal ignoriert hatte. Mit solchen Erfahrungen wurden Thesen bestätigt, die schon in den 1990er Jahren der Soziologe Gerhard Schulze formuliert hatte. In seinem Buch »Die Erlebnisgesellschaft«[26] beschäftigte er sich mit der Frage, wie Menschen subjektiv, von innen her, gegenwärtig ihr Leben verstehen und zu gestalten versuchen. Seine These ist, dass sich seit den 1980er Jahren die Lebensauffassungen erkennbar gewandelt haben und dass an die Stelle einer außenorientierten, z. B. einer dienenden, einer Sache untergeordneten Lebensauffassung zunehmend das »Projekt des schönen Lebens« getreten sei.

---

[26] SCHULZE, Die Erlebnisgesellschaft.

Dabei verweist er darauf, dass die Menschen der Erlebnisgesellschaft nicht mehr um das bloße Sattwerden, um das bloße materielle Überleben kämpfen müssten. Ihnen genügte es daher nicht mehr, nur äußerlich etwas erreicht zu haben, z. B. ein Auto zu besitzen, das einem eine schnelle Mobilität gewährt. Es gehe ihnen zugleich auch um die innere Erlebnisqualität, also z. B. um das Fahrgefühl. Schöne Erlebnisse werden nicht, wie es bisher der Fall war, als schöne Begleiterscheinungen des Lebens begrüßt. Vielmehr stehen sie nun im Mittelpunkt des Lebens. Sie sind dessen hauptsächlicher Zweck. »Erlebnisorientierung ist eine umfassende Einstellung, die in den täglichen Freuden und im Konsum expliziter Erlebnisangebote nur besonders manifest wird, aber weit darüber hinausreicht. Sie kann das ganze Leben erfassen, auch die Partnerbeziehung, die Elternrolle, den Beruf, die Teilnahme am politischen Leben, das Verhältnis zum eigenen Körper, die Beziehung zur Natur.«[27] Diese Einstellung ist eng mit der Marktwirtschaft verkoppelt: Der auf Erlebnisse orientierte Mensch sucht nach Produkten und Angeboten, die ihm die gewünschten Genüsse verschaffen. Er fürchtet vor allem die Langeweile. So haben die Kultur- und Produktanbieter leichtes Spiel und konstruieren ihm – gegen gute Preise – sein jeweiliges »Disneyland«, das ihm auf die Dauer aber keine Befriedigung, sondern bald wieder einen Überdruss verschafft. Der aber heizt seinerseits wieder die Phantasie der Tourismus- und Zerstreuungsbranche, der Konsum- und Unterhaltungsindustrie an, die immer wieder neue Genüsse versprechen.

Ist Schulzes Blick auf unsere Gesellschaft berechtigt? Sicher berücksichtigt er zu wenig, dass es auch in der modernen Überflussgesellschaft der westlichen Länder Menschen gibt, die nach wie vor Mühe haben, ihren äußeren Lebensunterhalt zu sichern. Aber für den groß und beherrschend gewordenen Mittelstand in den westlichen Industrieländern trifft Schulzes Analyse wohl zu, dass sie ihr Leben gern nach den Maßstäben der von ihm beschriebenen »Erlebnisrationalität« organisieren. Davon ist auch die Religiosität des Menschen mitbetroffen. So gerät auch das kirchliche Angebot schnell unter Druck, ob es denn dem Erlebnis-Bedürfnis des Menschen von heute entspricht. Gottesdienste und Andachten werden schnell daraufhin befragt, ob sie denn »etwas bringen« oder ob sie »Spaß machen«.

---

[27] SCHULZE, Die Erlebnisgesellschaft, 42.

Darf man gottesdienstliche Feiern so beurteilen? Die Erlebnismentalität des modernen Zeitgenossen, an der wir selbst mehr oder weniger Anteil haben, kann man nicht pauschal als unchristlich abweisen. Gott hat uns die wunderbare Welt und unser eigenes Leben geschenkt, dass wir es genießen und dass wir staunend seine Güte wahrnehmen können. Wenn Gottesdienste und Andachten als Feiern des Vertrauens gelingen sollen, dann darf in ihnen auch anderes geschehen, als dass nur geredet wird: »Der Protestantismus hat im Laufe seiner Geschichte wenig gestalterische Kraft bewiesen. Sein Hauptmittel ist die Rede gewesen, die Predigt. Und darin sind wir gute Erben dieser protestantischen Kultur, dass wir glauben, das Heil liege hauptsächlich in der Beredung. Aber wir müssen auch schweigen, hören, lesen, fasten, segnen, Blumen aufstellen, beichten; in vielen Gesten uns unsere Hoffnungen wiederholen«[28]. Die Geschichte der christlichen Spiritualität kennt viele Gestaltungsformen, um den Glauben einzuüben und seine Botschaft zu »erleben«. Auch die Traditionen der protestantischen Liturgie und Andachtspraxis sind, wie wir im 3. Kapitel sehen konnten, methodisch reicher, als man gemeinhin annimmt. Es ist unverkennbar, dass sich auch in der evangelischen Kirche – wie man in vielen Gemeinden, aber auch auf den großen Kirchentagen beobachten kann – Tendenzen zur religiösen Erlebnisorientierung zeigen. Der Theologe Peter Bubmann nennt dabei »vitalistisch-ekstatische Erlebnisse«, die den Körper mit einbeziehen; »spielerisch-schöpferische« Formen religiösen Erlebens; Elemente »kommunikativ-solidarischer« Erfahrungen, d. h. intensive Gruppen- und Gemeinschaftserlebnisse; Formen »seelsorgerlich-heilenden« und »religiös-spirituellen« Erlebens.[29] Auch Andachten können Gelegenheiten sein, den Glauben ganzheitlich zu erleben, ihn zu feiern und nicht nur von ihm zu hören. Jesus selbst steht mit seiner Art, das Evangelium nicht nur anzusagen, sondern in der Tischgemeinschaft zu feiern, dafür ein. Er hat das Reich Gottes nicht nur verkündigt, sondern er hat es heilend-berührend den

---

[28] STEFFENSKY, Feier des Lebens, 39.
[29] BUBMANN, Religion in der Erlebnisgesellschaft, 144–148.

Bedürftigen zugewendet. Er und seine Jünger kannten Visionäres ebenso wie das Schweigen oder die laute Festfreude.

Aber alle Formen geistlicher Besinnung sollten zugleich der kritischen Frage standhalten können, ob sie den Menschen für Christus (und damit auch für Gott, für den Heiligen Geist, für das Evangelium) öffnen und ob sie ihn vom Mitmenschen weg oder zu ihm hinführen. Wo keine andere Autorität gefeiert wird als das zu sich selbst gekommene Ich, dort wird man von *christlicher* Spiritualität nicht mehr reden können. Peter Zimmerling ist Recht zu geben, wenn er die Rechtfertigungslehre als »diakritisches Prinzip« herausstellt. Denn »sie bewahrt des religiöse Subjekt bzw. die religiöse Gemeinschaft vor spiritueller Überanstrengung und befreit beide zur Entfaltung ihrer spirituellen Potentiale«.[30] So werden wir auf der Hut sein müssen, wenn Veranstaltungen kein höheres Ziel verfolgen, als die Menschen durch eine entsprechende Musik oder durch Drogen in einen tranceartigen Zustand zu versetzen, in dem jeder nur bei sich und seinem persönlichen Glücksgefühl ist. Christliche Andacht will nicht autistisch isolieren, sondern sie will verbinden: mit Christus und mit den Mitmenschen, und zwar mit den Mitfeiernden und mit denen, an die ich mich neu gewiesen weiß.

Dritte Erfahrung: Zwischen ständiger Beschleunigung und Lockdown
Spätestens seit dem Einzug der Digitalisierung in viele Bereiche der Gesellschaft wird es immer offenkundiger, dass wir in einer Zeit leben, die von einer zunehmenden Beschleunigung des Lebens geprägt wird. Die Lockdowns zur Bekämpfung der Corona-Pandemie können auf diesem Hintergrund als eine überaus erstaunliche Maßnahme eingeschätzt werden. Es war und ist alles andere als selbstverständlich, dass sich viele Industrieländer zu einer solchen Maßnahme bereitfanden, damit die Gesundheitssysteme nicht kollabierten und die Infektionszahlen zurückgehen konnten. Das Erstaunliche dieser Maßnahmen – die plötzliche Unterbrechung der ständigen Beschleunigung – blieb dabei meist unbeachtet, weil dieses Stilllegen wesentlicher Bereiche des öffentlichen Lebens von vielen krisenartigen Erscheinungen

---

[30] ZIMMERLING, Handbuch Evangelische Spiritualität, Bd. 2, 36f.

begleitet war: von wirtschaftlich schwerwiegenden Folgen für Künstlerinnen, für Geschäftsinhaber oder ganze Branchen, aber auch von psychischen für einzelne Kinder oder Familien usw.

Der Soziologe Hartmut Rosa hat die Veränderungen der Zeitstrukturen in der Moderne präzise untersucht[31] und auf die verschiedenen Formen von Beschleunigungsprozessen hingewiesen, die Mensch und Gesellschaft prägen:
– Auf die technische Beschleunigung, die man als zielgerichtete Steigerung der Geschwindigkeit der Transport-, Kommunikations- und Produktionsprozesse am offensichtlichsten messen und nachweisen kann. Simple Beispiele können dafür die Produktionszeit eines Autos heute im Vergleich zur Herstellungsdauer von vor 60 oder gar 90 Jahren sein, die Schnelligkeit, mit der heute eine Nachricht per E-Mail von Dresden nach New York geschickt wird im Vergleich zu einem Brief noch vor zwanzig Jahren. Bei allen Vorteilen dieser Beschleunigungsprozesse: Sie bringen es mit sich, dass sich die konkreten Räume, in denen Menschen zu Hause sind und in denen sie ein Stück Sicherheit und Identität erfuhren, mehr und mehr zusammenziehen, dass sie weniger wahrgenommen werden und an Bedeutung verlieren.[32]
– Die Beschleunigung des sozialen Wandels, die unauflöslich mit den technisch-kommunikativen Veränderungen verbunden ist. »Einstellungen und Werte ebenso wie Moden und Lebensstile, soziale Beziehungen und Verpflichtungen ebenso wie Gruppen, Klassen und Milieus, soziale Sprachen ebenso wie Praxisformen und Gewohnheiten verändern sich anscheinend in immer kürzeren Raten.«[33] Erfahrungen, aus denen Menschen vor uns ihr Leben gestaltet haben, oder auch unser praktisches Alltagswissen, das wir uns nach und nach erworben haben, gelten immer schneller als überholt. Geschichte scheint entbehrlich zu werden; nur die Gegenwart zählt. Und auch die bisher tragenden gesellschaftlichen Institutionen wie Parteien und Gewerkschaften, Kirchen und Kulturen, ja selbst Ehe und Familie werden immer weniger als lebenslang oder lange Zeit tragende Stützen angesehen, sondern geraten in den Sog der ständigen Veränderung. Die hohen Scheidungszahlen weisen ebenso

---

[31] ROSA, Beschleunigung.
[32] ROSA, Beschleunigung und Entfremdung, 20f.
[33] A.a.O., 22.

darauf hin wie die hohe Zahl der politischen Wechselwähler und die Dauerkrise vieler politischer Parteien.[34]
- Die Beschleunigung der Lebenstempos, die oft als Empfindung von Zeitknappheit wahrgenommen wird. Viele Menschen fühlen sich getrieben, unter Zeitdruck gesetzt und gestresst. Sie haben den Eindruck, mit dem modernen Leben nicht mehr mitzukommen. Zeitforscher stellen fest, dass für die täglichen Handlungen immer weniger Zeit aufgewendet wird, also für Essen, Schlafen, Spielen, Spazierengehen, für Gespräche mit dem Partner bzw. der Partnerin oder Familiengespräche. Eine solche Beschleunigung des allgemeinen Lebenstempos, die viele als belastend, als Stress, erfahren und die sich auch in den vielen Burnout-Erkrankungen niederschlägt, ist eigentlich paradox, weil die spätmodernen Beschleunigungsprozesse doch dem Ziel dienen sollten, dem Menschen mehr freie Zeit zu ermöglichen![35]

Hartmut Rosa geht davon aus, dass sich die Zwänge zur ständigen Beschleunigung des Lebens in der Spätmoderne zu einer »Diktatur« verbunden haben, der sich kaum ein Mensch entziehen kann, und dass »die Beschleunigung (zumindest in den westlichen Gesellschaften) nicht mehr die Ressourcen bereit (stellt) für die Realisierung der Träume, Ziele und Lebenspläne der Individuen sowie für die politische Gestaltung der Gesellschaft im Einklang mit Ideen der Gerechtigkeit, des Fortschritts, der Nachhaltigkeit etc.; vielmehr verhält es sich genau andersherum: Die Träume, Ziele und Lebenspläne der Individuen werden verwendet, um die Beschleunigungsmaschine am Laufen zu halten.«[36]

Interessant ist, dass der Soziologe Hartmut Rosa nicht bei dieser kritischen und nüchternen Analyse stehenbleibt. Er setzt vielmehr der totalitär wirkenden Beschleunigung der Gesellschaft, die vom unerbittlichen kapitalistischen Wettbewerb und Leistungsmotiv angetrieben wird, eine Alternative entgegen: die Entwicklung von Räumen der »Resonanz« in der individuellen Lebensgestaltung wie auch in den Strukturen des gesellschaftlichen Lebens. Es geht ihm um ausgesparte Orte und Zeiten, in

---

[34] A.a.O., 22–26.
[35] A.a.O., 26–33.
[36] A.a.O., 117f.

denen nicht Besitzergreifung und Nutzbarmachung das Verhältnis zu anderen Menschen oder Objekten aus der Welt bestimmen, sondern die auf gegenseitige Beziehung und auf deren Qualität ausgerichtet sind.[37] Dabei räumt er der Religion, nicht zuletzt den christlichen Kirchen, eine wichtige Rolle als »Resonanzraum« ein. Bei Religiosität geht es im Kern nach Rosa um »die existentielle Antwortbedürftigkeit des Menschen auf der einen und das Versprechen ihrer potentiellen Erfüllung auf der anderer Seite«.[38] In besonderer Weise dienen Gottesdienste aller Art diesem Anliegen, also auch Andachten in ihrer unterschiedlichen Gestalt.

In einer »Beschleunigungsgesellschaft« können Gottesdienste und Andachten schnell unter Druck geraten, weil hier Zeit und Aufmerksamkeit gefordert wird, ohne dass ein nachweisbares »Produkt« zustande kommt. Aber ihnen kommt – nach Aussage des Soziologen Rosa – dennoch eine hohe Bedeutung zu, weil sie mit einem Menschen rechnen, der »als auf ein Du hin geschaffen« wurde und der hier Raum für sein »Resonanzverlangen« findet.[39] Gerade das Gebet als »Form des hörenden und antwortenden Redens« sollte hierbei seinen besonderen Platz haben.[40] Wer andächtig wird, entzieht sich der Beschleunigungsmaschinerie – jedenfalls für eine bestimmte Zeit. Er nimmt sich Zeit für Gott und für sich selbst.

4.4 »Spiritualität« oder »Frömmigkeit«?

Etwa seit den 1970er Jahren hat sich der Begriff »Spiritualität« fest etabliert, und zwar nicht nur im katholischen, sondern auch im evangelischen Schrifttum und sogar, wie wir gesehen haben, in Publikationen nichtreligiöser Art. Er scheint positive Konnotationen auszulösen, während der Begriff »Frömmigkeit« viele eher an etwas Veraltetes, an eine verengte Religiosität

---

[37] ROSA, Resonanz, 281–298.
[38] A. a. O., 446.
[39] A. a. O., 440; unter Anspielung auf Martin BUBERS Ich-Du-Philosophie.
[40] A. a. O., 440.

zu erinnern scheint. »Spiritualität« hat Konjunktur. Wie ist diese sprachliche Entwicklung zu verstehen? Welche Bedeutung eignet den Begriffen? Inwiefern ist es sachgemäß, beide Begriffe eher synonym zu verwenden, wie ich es bisher in diesem Buch getan habe?

Zunächst zum Begriff »Spiritualität«.[41] Er ist vermutlich aus dem Französischen (»spiritualité«) in die deutsche Sprache eingewandert. Hier war er schon seit dem 17. Jahrhundert in unterschiedlicher Weise im Gebrauch, um die geistliche Haltung und Praxis des Christen zu bezeichnen. Dem französischen Wort liegt das lateinische Wort »spiritualitas« zugrunde, das in der mittelalterlichen Theologie gelegentlich verwendet wird – entweder eher im technisch-juridischen Sinne zur Bezeichnung von »geistlichen« Personen (im Unterschied zu »weltlichen« Personen) oder auch im religiösen Sinne: »Bemühe dich, daß du in der Spiritualität (spiritualitas) voranschreitest«.[42] H.-M. Barth kommentiert diesen Satz mit dem Hinweis: »Daß dieser früheste bekannte Beleg Pelagius oder doch einem seiner Schüler zugeschrieben wird, mag hellhörig machen.«[43] Mit dem lateinischen Adjektiv »spiritualis« übersetzte man im Kirchenlatein des Mittelalters den griechischen neutestamentlichen Begriff »pneumatikós«, der seinerseits deutlich auf »pneuma«, auf den Heiligen Geist, bezogen ist. Das Neue Testament kennt allerdings auch mehrere andere Begriffe, um die gemeinte Sache der geistlichen Existenz eines Christen zu bezeichnen. Wer das Wort »Spiritualität« verwendet, sollte um diese Zusammenhänge wissen: Es geht eigentlich nicht nur um eine intellektuell eindrucksvolle oder ethisch vorbildliche »Geistigkeit« des Menschen, sondern um ein Leben, aus dem Heiligen Geist. Der Begriff signalisiert diese Beziehung zwischen dem einzelnen Menschen und dem Gottesgeist. Außerdem wird so zugleich auf den Geschenkcharakter des Glaubens verwiesen: Es geht um eine Handlung, in der Gott Menschen mit seinem Geist erfüllt,

---

[41] Vgl. neben den im Folgenden angegebenen Titeln vor allem: Evangelische Spiritualität, hrsg. v. d. Kirchenkanzlei der EKD; ZIMMERLING, Evangelische Spiritualität; DAHLGRÜN, Christliche Spiritualität, bes. 99–153.
[42] Nach BARTH, Spiritualität, 10f.
[43] A. a. O., 11.

bzw. um eine Haltung, zu der Menschen durch den Geist Gottes ermutigt werden. Allerdings dürfen wir diese begrifflichen und inhaltlichen Zusammenhänge nicht einfach voraussetzen.

In der deutschen Sprache stellen sich bei dem Wort »Geist« ebenso viele schwierige Assoziationen ein wie bei »Spiritualität«: Der erste Begriff wird schnell mit »Gespenst« oder »Intellektualität« in Verbindung gebracht; beim zweiten kann man an »Spiritualisierung«, »Spiritismus« oder gar »Spirituosen« erinnert werden.[44] Es ist also sehr damit zu rechnen, dass »Spiritualität« als ein schillernder und vielleicht gerade deshalb innerkirchlich und außerkirchlich reizvoller Begriff empfunden wird. Mit ihm wird die »etwas andere Frömmigkeit« angezeigt, zu der man sich am Anfang des 3. Jahrtausends herausgefordert sieht: eine ganzheitliche, ökumenische, konfliktorientierte und plurale Frömmigkeit.[45] Blickt man sich unter den theologischen Veröffentlichungen um, dann wird in der Regel die Bezugnahme auf den Heiligen Geist betont: Für Karl Rahner ist Spiritualität »Leben aus dem Geist«. Eine EKD-Arbeitsgruppe bezeichnete damit »das wahrnehmbare geistgewirkte Verhalten des Christen vor Gott«. Es finden sich aber auch stärker anthropologisch klingende Definitionen (G. Stachel: »sich der Tiefe öffnen«), die auch Nichtchristen ermutigt haben könnten, diesen Begriff zu übernehmen.[46]

»Frömmigkeit ist ... ein belastendes Wort. Es klingt brav und gesetzlich«, so in einer kirchlichen Synodalvorlage 1978.[47] Nach Robert Leuenberger gehört dieser Ausdruck zu den »gefährlich gewordenen Wörtern der theologischen Umgangssprache. Wer sich heute für sein theologisches Mitreden vonseiten der Fachgenossen das Epitheton ›fromm‹ gefallen lassen muss, steht damit unter dem Zeichen vorwissenschaftlicher Harmlosigkeit und dürfte als erledigt gelten.«[48] Die theologische Kritik an Frömmigkeit und an den »Frommen« ist alt. Schon der religiöse Sozialist Hermann Kutter hat gegen das Leben der Frommen eingewandt, Jesus gehe es im Unterschied zu deren Auffassung

---

[44] A.a.O., 10.
[45] Vgl. LUIBL, Spiritualität, 42–65.
[46] Zitiert nach SCHÜTZ, Art. Spiritualität, 1171f, und BARTH, Spiritualität, 14f.
[47] Zitiert nach HEIMBROCK, Frömmigkeit als Problem, 18–32, Zitat: 18.
[48] LEUENBERGER, Frömmigkeit als theologisches Problem, 110–118, Zitat: 110.

nicht nur um das innere, sondern um das ganze Leben. Auch Karl Barth hat sich in seinen Bänden der Kirchlichen Dogmatik immer wieder gegen den »frommen Menschen« und die »sich selbst genügende Frömmigkeit« gewandt.[49] Die Begriffe »fromm« bzw. »Frömmigkeit« sind in ihrer geschichtlichen und gegenwärtigen Bedeutung nicht eindeutig.

»Fromm« leitet sich vom althochdeutschen »fruma« (Nutzen) und vom mittelhochdeutschen »vrum« (nützlich, förderlich, brauchbar) ab. Noch zur Zeit Schillers und Goethes konnte »fromm« im moralischen Sinne gebraucht werden: Ein frommer Mann war ein rechtschaffener, tapferer, ehrlicher, tüchtiger Mensch. In diesem Sinne hat auch Luther den Begriff bei seiner Bibelübersetzung verwendet (»Ei, du frommer und getreuer Knecht!«, Mt 25,21; »Es frommt nicht alles«, 1Kor 6,12). Aber nicht zuletzt dadurch, dass er »dikaios«, also einen nicht nur ethischen, sondern zugleich auch religiösen Begriff mit »fromm« wiedergab (»Fürwahr, dieser ist ein frommer Mensch gewesen«, Lk 23,4), nahm die Bezeichnung zunehmend eine religiöse Färbung an. Fromm sein bedeutete nun: gottesfürchtig – im ganzheitlichen religiösen und ethischen Sinn leben. Hinter Luthers Übersetzungsentscheidung steht seine Grundüberzeugung, dass der Glaube nicht nur in einer besonderen Veranstaltung gepflegt und sektoral für den Menschen bedeutungsvoll sei, sondern dass er sich im ganzen Leben einer Person als »vernünftiger Gottesdienst« (Röm 12,2) auszuwirken hätte. Zunehmend entfiel die ethische Bedeutung. Der Begriff wurde mehr und mehr »entweltlicht« (M. Seitz). Durch die pietistischen Einflüsse wurde er stärker mit intensiver religiöser Emotion beladen. Als dann die »entschieden Frommen« das Wort für ihre religiöse Art okkupierten, gewann es bald einen absonderlichen Klang. Es wurde gelegentlich zum Schimpfwort, das außerdem noch mit der Nebenbedeutung von »lammfromm« i. S. von »gutmütigdümmlich, völlig fügsam, vertrauensselig« belastet wurde. Am Ende dieser Entwicklung wird »fromm« zu einer Bezeichnung für einen wertlosen Glauben, zu einer wenig ernstzunehmenden »konturlosen persönlichen Seelengestimmtheit« einiger merkwürdiger Außenseiter.[50] Erstaunlicherweise hat

---

[49] KUTTER, Wahres Christentum, 13; BARTH, Kirchliche Dogmatik I/1, 222, 228; IV/1, 21, zitiert nach LEUENBERGER, Frömmigkeit als theologisches Problem, 110.
[50] Die Begriffsgeschichte hat SEITZ, Art. Frömmigkeit, 676f., plastisch aufgearbeitet.

an dieser Geschichte der zunehmenden Entleerung des Begriffes auch Friedrich Schleiermacher nichts ändern können, der die Frömmigkeit zum Fundament seines ganzen theologischen Systems erhob und der als deren Wesen bestimmte, »daß wir uns unsrer selbst als schlechthin abhängig, oder was dasselbe sagen will, als in Beziehung mit Gott bewußt sind.«[51] Hier ist die Frömmigkeit wieder weit als existenzielle Befindlichkeit des Gottesbewusstseins, als »schlechthinniges Abhängigkeitsgefühl«, verstanden, das sich sowohl in ausdrücklichen religiösen Akten, wie z. B. Andachten, wie auch in einem entsprechenden Lebenswandel ausdrückt. In verschiedenen Veröffentlichungen aus den 1950er und 1960er Jahren finden sich eindrucksvolle Versuche, das Wesen christlicher Frömmigkeit in ihrer sachgerechten Orientierung auf die Welt zu erkennen. So versteht Dietrich von Oppen die »Sachlichkeit« der Welt gegenüber als Ausdruck von Frömmigkeit.[52] Hans Jürgen Schultz meint, die Frömmigkeit heute müsse statt Dispenses von der Welt ein »weltlicher Vollzug« sein; statt »Pflege des eigenen Inneren« äußere sie sich in der »Verantwortung für den anderen«.[53] Doch wird in solchen Neuinterpretationen Frömmigkeit tendenziell nicht zur bloßen ethischen Gesinnung, ohne dass die Gottesbeziehung dabei noch eine tragende Rolle spielt?

Die nuancenreiche Begriffsgeschichte und die verschiedenen theologischen Interpretationen machen es uns nicht leicht, zu entscheiden, wie wir uns heute den Begriffen »Frömmigkeit« und »fromm« gegenüber verhalten. Sollen wir sie als historischen Ballast betrachten und weglegen? Sollen wir auf sie zugunsten des Spiritualitätsbegriffes verzichten? Ich halte das nicht für richtig. Wir müssen zwar damit rechnen, dass diese Bezeichnungen schnell missdeutbar sind. Aber sie können, wie ihre Begriffsgeschichte lehrt, in ihrer Weise auf die enge Verbindung von Glauben und Leben hinweisen.

»Spiritualität« oder »Frömmigkeit«? Mein Vorschlag ist, dass beide Bezeichnungen synonym verwendet werden dürfen, wobei jeder Begriff seine eigenen Bedeutungsnuancen enthält und

---

[51] SCHLEIERMACHER, Der christliche Glaube, zitiert bei HEIMBROCK, Frömmigkeit als Problem, 19.
[52] VON OPPEN, Der sachliche Mensch, 15.
[53] SCHULTZ, Frömmigkeit in einer weltlichen Welt, 7.

seine spezifischen Verstehenschancen eröffnet: »Spiritualität« erinnert an die Herkunft des Glaubens von Gottes Geist, an den Geschenkcharakter der christlichen Existenz. Da der Begriff durch alle Konfessionen und auch durch Nichtchristen in Anspruch genommen wird, bietet er besondere Chancen zum Gespräch über die fundamentalen Fragen des Glaubens und des menschlichen Lebens überhaupt. »Frömmigkeit«, eine Bezeichnung, die bis zu Martin Luthers Bibelübersetzung zurückführt und die mit dem deutschen Protestantismus eng verbunden ist, hält vor allem die Seite des ganzheitlichen Lebens im Glauben fest. »Er meint, was ›frommt‹, das heißt christlich gesprochen, ernsthafte Nachfolge, tapferes Bekennen oder Treue zur Gemeinde.«[54] Weil dieses Wort ganz auf die menschliche Einstellung konzentriert ist, bietet es sich an, mit ihm auch fragwürdige religiöse Einstellungen kritisch zu benennen. Den Begriff »Spiritualität« dagegen kann man eigentlich nur positiv verwenden. Denn wo sich der Mensch nur selbst auf den Sockel hebt und der Gottesbezug verdunkelt wird, verdient eine solche Haltung nicht mehr das Prädikat »spirituell«. Inhaltlich geht es immer um »den äußere Gestalt gewinnenden gelebten Glauben«.[55]

4.5 Evangelische Spiritualität

In diesem Buch geht es um Andacht als Problem und als Gestaltungsaufgabe. Das ist nicht nur eine historische oder eine methodische, sondern auch eine theologische Frage: Was dürfen wir – unter evangelischer Perspektive – heute theologisch von einer Andacht erwarten? Was unterscheidet eine solche Veranstaltung von einem bloßen kulturellen Erlebnis oder von einer Bildungsunternehmung? Worauf kommt es inhaltlich an, wenn wir uns auf den Grund des Glaubens besinnen?

Mit dem Begriff »evangelische Spiritualität« soll nach dieser Zielbestimmung und nach normativen Markierungen gefragt

---

[54] WÖLBER, Spiritualität, 55–77, Zitat: 56.
[55] ZIMMERLING, Handbuch Evangelische Spiritualität, Bd. 1, 18.

werden. Dabei ist »evangelisch« nicht in einer engen konfessionalistischen Weise zu verstehen. Es könnte sein, dass manche katholische Christen möglicherweise noch besser »evangelisch« – im Sinne der hier zu beschreibenden »evangelischen Spiritualität« – empfinden und glauben als viele Mitglieder der evangelischen Kirchen. Aber es wäre unsinnig, jede konfessionelle Perspektive zu missachten oder als überholt zu schelten. Noch leben wir in einer durch Konfessionen geprägten kirchlichen Welt. Was bedeutet dann: evangelische Spiritualität, Andacht im Geist solcher Frömmigkeit?

Der Versuch von Manfred Seitz, Grundzüge evangelischer Frömmigkeit von neun »Formelementen« her zu bestimmen,[56] ist deswegen problematisch, weil diese Formelemente auch in anderen Konfessionen vorkommen. Eine solche formale Bestimmung kommt also schnell an ihre Grenze. Deshalb sollte das, was evangelische Spiritualität heute ist, wohl eher unter inhaltlichen Gesichtspunkten bedacht werden. Woran ist dann zu denken? Ich möchte dabei auf fünf zentrale Begriffe bzw. Begriffspaare verweisen: auf die Bedeutung des *Wortes* (a), auf die Bedeutung der *Rechtfertigung* (b), auf das Verhältnis von *Amtsträgern und Laien* (c), auf die *Vielfalt* der Formen und Inhalte (d) und auf die unverzichtbare Rolle einer entsprechenden *Lebensgestaltung*. Weitere Formelemente oder Inhalte sind damit nicht ausgeschlossen.[57]

a) Das Wort
Evangelische Frömmigkeit erwächst aus der Verkündigung des Wortes Gottes. Nur wenn Gottes Wort gepredigt, gelehrt oder weitergesagt wird, kann der Glaube als Geschöpf solchen Wortes entstehen und wachsen. Auch die Sakramente werden als eine Gestalt des Wortes geschätzt. Wort und Sakrament dienen nach der Confessio Augustana (Art. 5) als Mittel, durch die Gott den Heiligen Geist gibt, der seinerseits den Glauben wirken

---

[56] SEITZ, Art. Frömmigkeit, 678.
[57] Vgl. die neun Kennzeichen der evangelischen Spiritualität bei ZIMMERLING, Handbuch Evangelische Spiritualität, Bd. 2, 36–42.

kann.[58] Evangelische Frömmigkeit ist deshalb von Anfang an mit der Bibel als dem Buch eng verknüpft, die dieses Wort enthält. Von Luthers genialer Bibelübersetzung über die Hochschätzung der dieses Gotteswort reflektierenden protestantischen Theologie bis zu den zahlreichen evangelischen Erbauungsschriften und zur Welt der evangelischen Kirchenmusik mit ihren meist wortgebundenen Liedern, Motetten, Kantaten und Oratorien zieht sich dieser Strom evangelischer Spiritualität mit seiner Priorität des Wortes. Er hat nicht nur die spirituelle Landschaft innerhalb der evangelischen Kirchen, sondern auch die kulturelle Mentalität und die Künste in ihrem jeweiligen Kontext direkt oder indirekt mitgeprägt.

Zur klassischen evangelischen Andacht gehört es folgerichtig, dass in ihr ein biblischer Text, sei es ein längerer Abschnitt oder eine kurze »Losung«, gelesen und möglichst auch ausgelegt wird. Dabei haben die Reformatoren die Heilige Schrift gegen die »frommen« menschlichen Erfindungen von Heiligenlegenden oder unbiblischen Dogmen in Anschlag gebracht. Sie wurden dabei von der Überzeugung geleitet, dass der Sinn dieser biblischen Texte nicht verschlüsselt ist, sondern klar erkannt werden kann. Sie lasen sie von Christus her und auf Christus hin, suchend nach dem, »was Christum treibet«. Die Berufung auf das Bibelwort ermöglichte ihnen Unabhängigkeit von menschlichen Autoritäten: vom römischen Klerus, von der religiösen Macht des Papstes.

Heißt das für uns heute, evangelische Andacht sei immer Schriftauslegung? Einerseits möchte ich mit Ja antworten: Denn das »Denken an« Gott findet hier seinen sachgemäßen Grund. In diesem Buch werden Gottes Art und Wille, seine Geschichte mit Israel, seine Offenbarung in Christus und seine Berufung der Gemeinde grundlegend bezeugt. Deshalb ist es sinnvoll, möglichst oft biblische Texte direkt in die Andacht einzubeziehen: sie zu lesen und zu bedenken, sie auszulegen oder von ihnen her zu beten. Das ist auch deswegen nötig, weil die Bibel selbst immer mehr zum unbekannten Buch geworden ist. Unter den evangelischen Christen sind viele Texte kaum noch vertraut.

---

[58] Die Bekenntnisschriften der evangelisch-lutherischen Kirche, 58.

Diese Situation der Bibelunkenntnis, so bedauerlich sie ist, bietet zugleich die Chance des neuen Hörens. Mit ihren fundamentalen Erzähltexten will sie den Hörer einbeziehen in ein Grundgeschehen des Glaubens. Mit ihren elementaren kurzen Sprüchen kann der Glaube auf eine konzentrierte Formel gebracht werden. Das alles heißt: Ja, evangelische Andacht soll biblische Texte einbeziehen und sie zur Geltung bringen.

Andererseits möchte ich aber auch mit Nein antworten: Evangelische Andacht darf sich nicht von einer Art Bibelfetischismus leiten lassen, als ob durch die Benutzung der Heiligen Schrift automatisch gesichert sei, dass nun Gottes Wort zu den Menschen käme. Es muss nicht immer ein biblischer Text gelesen und ausgelegt werden. Vielleicht beschäftigt uns in einer Gemeinde-Gruppe gegenwärtig eine Fragestellung, die wir in der Andacht aufnehmen wollen. Wir finden aber keinen dazu passenden biblischen Text. Es ist möglich, dass wir dennoch schriftgemäße[59] Worte finden, auch ohne dass ausdrücklich ein biblischer Text herangezogen wird. Vielleicht lassen wir uns eher von mehreren biblischen Impulsen und Motiven leiten. Die evangelische Andachtsgeschichte kennt, wie wir gesehen haben, viele Beispiele solchen Bemühens um schriftgemäße Verkündigung, auch wenn dabei auf die direkte Auslegung einer biblischen Perikope verzichtet wurde.

Die evangelische Bezogenheit auf das Wort muss keinesfalls bedeuten, dass viele Worte gemacht werden. Billige Quasselei kann das Wort Gottes eher verdecken und ihm schaden, als dass sie ihm diente. Wir leben, umgeben und beansprucht von vielen Worten, die von den Medien, in der Werbung oder in Bildungsinstitutionen auf uns einwirken wollen. Wir haben deshalb ein Gespür dafür entwickelt, wer uns etwas mit vielen Worten einreden, wer sich nur selbst darstellen und wer uns ein wirklich wichtiges und hilfreiches Wort sagen will. Aus der spirituellen Orientierung auf das Wort sollte eine geistliche und kulturelle Verantwortung für das Wort erwachsen. Wer in Gottesdiensten und Andachten, wer im Gespräch Worte finden will, mit denen

---

[59] Vgl. zur Unterscheidung von Textbindung und Schriftbindung bei der Verkündigung WINTZER, Textpredigt und Themapredigt, 83f.

Christus selbst zu uns kommen kann, der sollte lernen, Worte zu finden, die zu ihm passen, Formulierungen, die der biblischen Botschaft angemessen und für die Hörer verständlich sind. Evangelische Andacht ist, recht verstanden, eine hohe Schule des sorgsamen Umgangs mit dem Wort.

Die Priorität des Wortes darf ebenfalls nicht pauschal die Bedeutung von Gesten und symbolischen Handlungen in Frage stellen, die Menschen bei einer Andacht praktizieren. Luther hat um die Bedeutung leiblicher Gesten gewusst und sie praktiziert. Das Kreuzschlagen war ihm ebenso vertraut wie das Knien beim Beten. Er hat aber solche Zeichen nicht gesetzlich festschreiben wollen, sondern er hat sie unter die Freiheit des Evangeliums gestellt. Er wusste, dass es letztlich nicht am perfekten Knien oder am untadeligen Kreuzschlagen liegt, ob Gottes Wort wirklich gehört wird. Vielleicht hat er in seiner Sorge, solche Zeichen könnten magisch missverstanden werden, oftmals die anthropologische Bedeutung solcher Handlungen zu geringgeachtet. Sie haben ihren tiefen Sinn darin, dass wir uns nicht nur mit unserem Verstand, sondern auch mit unserem Leib und mit unseren Sinnen, ganzheitlich, auf das Wort Gottes einstellen. Sie können uns helfen, uns zu konzentrieren, gesammelter zu hören, emotionaler und sinnbildlicher zu verstehen.

Ebenso darf die Wortorientiertheit evangelischer Andacht auch nicht gegen die Verwendung von Symbolen in der Verkündigung ausgespielt werden. Jesus hat nicht nur zahlreiche Sprachsymbole (Gleichnisse) verwendet, wenn er verkündigte, sondern er hat selbst zeichenhaft gehandelt und auch auf diese nonverbale Weise mit den Menschen, z. B. mit Kranken und Ausgestoßenen, kommuniziert und die Botschaft von Gottes Reich zu den Menschen »transportiert«. Die moderne Kommunikationsforschung weiß inzwischen, dass dort, wo Menschen miteinander in Beziehung treten, immer zwei Kommunikationsebenen betroffen sind: die stärker rationale Ebene des Wissens um eine Sache, des Interesses für einen Inhalt einerseits und die eher emotionale Ebene der Stimmung, der Einstellung, der

Beziehung andererseits.[60] Symbole können u.U. dazu beitragen, Inhalte verständlich zu vermitteln und eine Sache auch rational besser zu begreifen. Ihre Domäne aber ist die Beziehungsebene.[61] Durch sie werden stärker die Gefühle erreicht und in die Begegnung mit einer Botschaft hineingenommen.

Die evangelische Spiritualität verliert durch solche Öffnungen gegenüber symbolischen Handlungen und durch die Unterscheidung von Textbezug und Schriftbezug nicht ihr Profil der Wortorientiertheit. Sie befreit sich nur von dem – geschichtlich verhängnisvollen – Irrtum, als sei der Glaube vorwiegend eine Sache vieler frommer, biblischer oder gelehrter Worte. Sie rechnet damit, dass der Glaube allein dort entstehen oder wachsen kann, wo Christus einen Menschen erreicht. Wortorientierung heißt im Kern Christusorientierung, denn er – Jesus Christus – ist selbst das Wort Gottes. Aus solcher Bezogenheit auf das Gotteswort Jesus Christus und auf das Buch, in dem das ursprüngliche Zeugnis von Christus enthalten ist, erschließt sich der evangelischen Spiritualität immer wieder ein kritisches Potential: Alle Worte, die in Andachten oder Predigten gesprochen oder in spirituellen Betrachtungen geschrieben werden, alle historisch überkommenen Gesten, die Menschen in ihrer praxis pietatis vollziehen, und alle neu konzipierten Symbole, mit denen eine Botschaft sinnenfällig veranschaulicht werden soll, bleiben prinzipiell überprüfbar und korrigierbar. Sie können das lebendige Wort Gottes nicht ersetzen. Sie stehen nicht an Christi Statt. Sie sind »nur« Kommunikationsmittel für das Wort Gottes, für Christus selbst.

b) Rechtfertigung

Luthers zentrale theologische Entdeckung war die Erfahrung von der freien Gnade Gottes: Gott ist uns gnädig, ohne dass wir dazu etwas tun können oder sollen. Er spricht uns, die wir in

---

[60] Paul WATZLAWICK, Janet H. BEAVIN und Don D. JACKSON sprechen von analoger und digitaler Kommunikation; WATZLAWICK et al., Menschliche Kommunikation, 61–68.

[61] Zum umfassenden Problem des Verständnisses von Symbol und Ritual und zu den weiteren Funktionen des Symbols in der Kommunikation des Evangeliums vgl. nach wie vor JETTER, Symbol und Ritual.

unserer Sünde verloren sind, gerecht und nimmt uns als seine Kinder an. Im Art. 4 des Augsburgischen Bekenntnisses wird diese reformatorische Entdeckung als spirituelle Grunderfahrung des evangelischen Christen festgehalten: »... daß wir Vergebung der Sünde und Gerechtigkeit vor Gott nicht durch unser Verdienst, Werk und Genugtuung erlangen können, sondern daß wir Vergebung der Sünde bekommen und vor Gott gerecht werden aus Gnade um Christi willen durch den Glauben ...«[62]

Doch so unumstritten die historische Bedeutung der Rechtfertigungsbotschaft für das Zeitalter der Reformation war, so schwierig scheint es zu sein, dieses zentrale Paradigma evangelischer Frömmigkeit auch heute zu verstehen und spirituell in Anspruch zu nehmen. Hinter Luthers verzweifelter Frage, wie er einen gnädigen Gott finde, steht die Grundangst der westlich-mittelalterlichen Frömmigkeit, unter der Macht und Last der Sünde zu leben und für sie von Gott zeitlich und ewig bestraft zu werden. Die Reformatoren teilten diese Sünden- und Strafangst jener Zeit. Deshalb war das Evangelium für sie zentral die Botschaft der Befreiung von der Sünde, und »diese Botschaft richtete sich in ihrem Verständnis eben an den unter dem Bewußtsein seiner Schuld leidenden und nach Versöhnung mit Gott suchenden Menschen«.[63] Leider ist die Botschaft der Rechtfertigung, also der Befreiung von »Sünde, Tod und Teufel«, in der Folgezeit zu lange einseitig aus der Perspektive des seiner Schuld bewussten und unter ihr leidenden Menschen verstanden und verkündigt worden, und zwar auch dann, als sich die Grundängste wandelten. Man hat dann kirchlicherseits durch die Predigt des Gesetzes eine Bußgesinnung zu erzeugen versucht, ungewollt aber gerade die scharfe Kritik an einer übersteigerten normativen oder pietistischen Bußmentalität provoziert, wie sie z.B. Nietzsche oder Siegmund Freud vorgetragen haben.[64] Heißt das, dass der Rechtfertigungsglaube heute spirituell unbrauchbar geworden ist? Das gewiss nicht. »Man muß sich jedoch klarmachen, daß die Sprache der Bußfrömmigkeit nur das zeitbedingte

---
[62] BSLK 56, Textfassung hier nach: EG 808.
[63] PANNENBERG, Christliche Spiritualität, 11, vgl. auch ZIMMERLING, Beichte.
[64] PANNENBERG, Christliche Spiritualität, 11–13.

Kleid dieser Konzeption christlicher Freiheit war und ihre Ausstrahlung in der Folgezeit oft eingeengt hat ... Die Konsequenz dieser ganzen Entwicklung ist, daß der zentrale Gedanke der Reformation, der Gedanke der Freiheit eines Christenmenschen durch Teilhaben an Jesus Christus, heute nur bewahrt werden kann, indem er von der Bußfrömmigkeit abgelöst wird.«[65]

Die evangelische Rechtfertigungsbotschaft ist die Zusage der Freiheit, die aus der Bindung an Christus erwächst. Im Glauben an Christus können wir freikommen von den vielfältigen Ängsten und Sinnlosigkeitserfahrungen, die uns heute bewegen. Manchmal werden es auch Gefühle der persönlichen Schuld und des Hinein-Verflochtenseins in schuldhafte Zusammenhänge sein, die uns bewegen. Oft werden es Sorgen um andere sein, die uns nahestehen. Häufig stehen wir vor der Auswegslosigkeit der globalen Risiken, und wir fühlen uns gelähmt von der Macht des Bösen mit seinen scheinbar nicht zu unterbrechenden Teufelskreisen. Evangelische Spiritualität darf sich mit diesen Ratlosigkeiten, Ängsten und Hoffnungslosigkeiten dem anvertrauen, von dem in dieser Lage Befreiung und wieder neues Vertrauen kommen. Die Hoffnung aus der Befreiung von den Ängsten darf nicht mit der naiven Harmlosigkeit derer verwechselt werden, die vor dem realen Bösen die Augen verschließen. Evangelische Andacht nimmt das Bedrohliche ernst; sie wird kaum machbare Lösungen parat haben, aber sie kann die Fixierung auf die Angst vor dem Bösen unterbrechen.

Wer Andachten gestaltet, sollte m. E. nicht den Versuch machen, allein über das persönliche Schuldgefühl einen Zugang zum Evangelium zu bahnen. Aus dem ursprünglich reformatorischen Ansatz würde so ein dogmatisiertes methodisches Gesetz, das in sich nicht beanspruchen darf, evangelisch oder reformatorisch zu heißen. Es geht vielmehr darum, die realen Fragen und Befürchtungen aufzunehmen und auf sie hin das Evangelium der Freiheit zu beziehen.

---

[65] PANNENBERG, Christliche Spiritualität, 23f.

c) Amtsträger und Laien

Evangelische Frömmigkeit lebt aus dem Bewusstsein, dass nicht nur speziell ausgebildete und ordinierte Amtsträger (Pfarrer und Pfarrerinnen, Pastoren und Pastorinnen, Prädikanten und Prädikantinnen) die Urkunde des Glaubens, die Bibel, zu lesen und auszulegen verstehen, sondern dass das Aufgabe und Gabe eines jeden Christen ist. Sie geht davon aus, dass der gläubige Mensch keinen Vermittler zu Gott oder Christus braucht, sondern dass jede Person unmittelbar Zugang zu ihm hat, weil Gott selbst in Christus dies ermöglicht hat. Durch die Taufe sind alle zu »Priestern« des neuen Bundes ordiniert. Luther ist von diesem Grundsatz im Prinzip nie abgewichen, er hat aber seit dem Konflikt mit den Radikalreformatoren die Überzeugung vom allgemeinen Priestertum aller Gläubigen stärker mit der Ausbildung eines evangelischen Verständnisses vom geistlichen Amt verbunden. Alle öffentliche Verkündigung und die Verwaltung der Sakramente wurden nun den ordinierten Amtsträgern übertragen.

Bei der Gestaltung der evangelischen Landeskirchen führte dieser neue Amtsbegriff in seiner Kombination mit obrigkeitlichen Pflichten der Pfarrer gegenüber ihrem Landesherrn dazu, dass die geistliche Rolle der Gemeindeglieder wenig erkennbar wurde. Die evangelischen Kirchen entwickelten sich weithin zu Pastorenkirchen. Die protestantische Geistlichkeit bildete de facto einen neuen Klerus, der die geistliche Kompetenz der Gemeinde in der Regel wenig beachtete. Dennoch ist der Grundsatz vom allgemeinen Priestertum in der Geschichte wenigstens im häuslichen Bereich des Einzelnen – mit seinen Chancen und Schwächen – zur geschichtlichen Entfaltung gekommen. Der »Hausvater« des 16. und 17. Jahrhunderts ist nicht nur Symbol einer patriarchalischen Ständegesellschaft, sondern zugleich auch einer geistlichen Berufung des Laien.[66] Immer wieder sind gerade die Andachten – später oft nicht mehr im »Haus«, sondern in Vereinen, Gemeindegruppen, Krankenstationen, auf Campingplätzen oder im Parlament – Räume der Erprobung für Laien,

---

[66] Der Begriff »Laie« wird von mir positiv i.S. seiner Ursprungsbedeutung »dem Volk Gottes (laos) zugehörig« verstanden.

biblische Texte auszuwählen und auszulegen und ihr persönliches, auf ihren Alltag bezogenes Zeugnis zu geben. Die Bedeutung des evangelischen Laien darf nicht nur an seiner Rolle im öffentlichen Gottesdienst abgelesen werden, sondern sie wird oft besser erkennbar in ihrer Funktion innerhalb der Alltagsfrömmigkeit und bei den geistlichen Zusammenkünften im Alltag.

In den letzten Jahren und Jahrzehnten sind freilich – sieht man von den evangelikalen Gruppen einmal ab – im deutschen Protestantismus die Tendenzen unübersehbar geworden, dass sich Gemeindemitglieder mehr und mehr scheuen, Andachten in Gemeindegruppen zu halten. Auch diese kleine Form des Gottesdienstes wird gern den Pfarrpersonen übertragen. Diese Tendenzen stehen im Kontrast zur Übernahme hoher Verantwortung vieler Laien in ihrem beruflichen Alltag und zum Grundgefühl der Emanzipation in ihren Glaubens- und Lebensfragen. Hans-Martin Barth vermutet, dass für diesen Prozess die wissenschaftliche Exegese verantwortlich sei. Sie habe »eine verheerende Wirkung insofern ausgeübt, als sie dem Nicht-Fachmann den Mut genommen hat, sich der biblischen Botschaft in eigener Initiative und Verantwortung zu vergewissern«.[67] Mehrere Faktoren wirken vermutlich zusammen: u. a. der theologisch-exegetisch als kompliziert empfundene christliche Glaube; die zunehmende Mentalität, für jedes Teilgebiet des gesellschaftlichen Lebens Spezialisten in Anspruch zu nehmen; das Erlöschen überlieferter christlich-spiritueller Formen und die Zunahme religiöser Sprachlosigkeit in einer stark säkularisierten Gesellschaft – selbst bei Kirchenmitgliedern.

Auch wenn die kirchlich angestellten Fachleute gegenwärtig und zukünftig Andachten zu gestalten haben, wird es darauf ankommen, diese Aufgabe auch als Tätigkeit der Laien festzuhalten bzw. wiederzugewinnen. Es geht nicht nur um eine Entlastung der Pfarrerinnen und Pfarrer, der Diakone und Gemeindehelferinnen. Es geht vielmehr um die Frage, ob dem Einzelnen, wenn er religiös nur »konsumiert« und nicht »produziert«, nicht entscheidende Erfahrungen und wesentliches Wissen verloren gehen. Es ist klar: Wer sich selbst als Bibelausleger und Vorbeter

---

[67] BARTH, Spiritualität, 55.

betätigen will, der muss sich selbst mit dem Text und seinen Fragen auseinandergesetzt haben. Der muss dem Kerygma des Textes selbst begegnet sein. Wenn Laien sich für eine geistliche Besinnung nicht zuständig fühlen, dann verbirgt sich dahinter bei manchem ein Defizit an eigener existenzieller Begegnung mit dem Wort Gottes. Die Übernahme einer eigenen aktiven Rolle der Mitgestaltung von Andachten kann deshalb dazu helfen, sich selbst mit fundamentalen Texten und wichtigen Themen des Glaubens auseinanderzusetzen. Doch nicht nur für den einzelnen Christen lohnt sich solche geistliche Aktivität. Sie dient auch der Gemeinde. Sie braucht die in solcher Andachtsrede ausgesprochene Glaubenserfahrung des Laien. Sie braucht seine Sprache und seine Art der Verknüpfung bestimmter Themen mit seiner Praxis. Die Verkündigung verarmt, wenn sie nur noch professionell betrieben wird.

Die pietistischen oder charismatischen Gemeinden und Gruppen sind hierin zweifellos vorbildlich, dass sie Laien Mut machen und ihnen die Fähigkeit zutrauen, ihre Glaubenserfahrung weiterzugehen, selbstständig die Bibel auszulegen und mit anderen zu beten. Es wäre gut, wenn auch die Theologinnen und Theologen in den evangelischen Landeskirchen die Andachten nicht nur als ihre eigene Aufgabe sehen, sondern stärker die Möglichkeiten ergreifen würden, Laien dazu zu ermutigen und zu befähigen, Andachtsteile zu übernehmen bzw. ganze Andachten zu leiten. Das setzt voraus, dass Pfarrer und Pfarrerinnen Hilfestellungen geben, wie mit den Ergebnissen der wissenschaftlichen Exegese umzugehen sei, welchen Stellenwert die Exegese bei der Auslegung eines biblischen Textes für eine Andacht hat und wie biblische Texte sachgemäß in die heutige Situation zu übertragen sind. Wer die geistlich verantwortliche Mitarbeit von Gemeindemitgliedern will, muss bereit sein, sich selbst zurückzunehmen und auch andere Maßstäbe gelten zu lassen als die eigenen.

d) Vielfalt
Protestantischer Lebensstil ist individuell bestimmt. Das ist kein Zufall, sondern bis zu einem gewissen Grade Folge der auf den Einzelnen zielenden Botschaft von der Rechtfertigung. Wo das Individuelle erlaubt wird, entsteht Vielfalt.

Luther kannte zur Genüge den Segen und die Last der persönlichen geistlichen Besinnung mit ihren Anfechtungen und Tröstungen. Zugleich haben die Reformatoren den einzelnen Gläubigen geistlich nie isoliert gedacht, sondern immer auch als Teil der Gemeinschaft gesehen: als Glied der Ortsgemeinde, als Teil der Hausgemeinde usw. Dennoch ist frömmigkeitsgeschichtlich der Impuls von der Unmittelbarkeit des Einzelnen zu Gott isoliert worden. Es hat sich eine evangelische Mentalität entwickelt, in der man sich als unabhängig von der Gemeinde und von kirchlichen Ansichten und Strukturen versteht und in der man selbst bestimmen will, wie und wann und ob man an gemeinschaftlichen Formen partizipiert. Dieser Typus der evangelischen Subjektivität hat bald auch seine säkularisierten Nachfolger gefunden. Nun sollte keine andere Autorität mehr gelten als das eigene Ich, als die eigene Empfindung oder Meinung. Es hat zwar immer wieder Gegenbewegungen gegeben, die die Gemeinschaftsbezogenheit der evangelischen Spiritualität unterstreichen und die den Einzelnen deutlich in Strukturen christlicher communio einbinden wollten, wie z.B. im Pietismus mit seinen »collegia pietatis«. Diese Bestrebungen haben aber, aufs Ganze gesehen, immer nur eine Minderheit erreicht. Die Mehrheit ließ und lässt sich nicht dauerhaft in kommunikative Strukturen einbinden.

Die Gefahren des individualisierten Christentums liegen auf der Hand: Der eigene christliche Glaube kann verblassen. Die Individualität wird nicht mehr auf Gott bezogen. Das eigene Ich wird zur alles überragenden Instanz. Aber auch das gemeinschaftlich gelebte Christentum unterliegt spezifischen Gefahren: Schnell wird das eigene spirituelle Verhalten als allgemein normativ verstanden. Man igelt sich in der eigenen frommen Gruppe ein und findet nicht mehr zur kritischen Distanz gegenüber der eigenen Thematik, der eigenen Sprache und Gruppenatmosphäre.

Es ist wichtig, dass Individuum und Gemeinschaft im Blick auf die Andachtspraxis nicht als Alternativen verstanden werden, sondern als produktive Spannung. Es muss dann Andachtsformen verschiedener Art geben, die entweder eher auf die Kommunikation in der überschaubaren verbindlichen Gruppe setzen oder die stärker mit einer zufälligen oder begrenzten Begegnung rechnen, die der einzelnen Person Distanz lässt. Andachten im Rundfunk, Betrachtungen in der Tageszeitung oder ein meditatives Angebot in einer Citykirche mit Orgelmusik und einer Ansprache haben deshalb ebenso ihr Recht wie die Morgenandacht auf einer Freizeit oder auf einer Kirchenvorstandssitzung.

Es ist deutlich: Unterschiedliche Gestalten der Andacht ergeben sich nicht nur als Folge unterschiedlicher Anlässe und Räume. Vielfalt ist eine Kategorie grundsätzlicher Art. Weil evangelische Frömmigkeit nicht nur kirchlich-hierarchisch oder kirchlich-kommunitär verfasst ist, sondern dem einzelnen Christen, seinen Erfahrungen, seinen individuellen Zugängen und Möglichkeiten Raum lässt, muss sie sich in vielen Formen entwickeln. Weil vom allgemeinen Priestertum aller Gläubigen ausgegangen wird, dürfen sich Gruppen in der Gemeinde mit einem spezifischen geistlichen Profil ausbilden. Im Gegensatz dazu herrscht in vielen Gemeinden spirituell eine gewisse Uniformität, erzeugt durch eine noch immer alles bestimmende Tradition oder die andere Tendenzen abwehrende Herrschaft einer Gruppe oder eines Pfarrers. Das andere spirituelle Bedürfnis der Jugendlichen, charismatisch beeinflusster Gemeindeglieder oder zugewanderter Gruppen wird ignoriert und in die private Sphäre abgedrängt. Spirituelle Vielgestaltigkeit ist ein geistlicher Reichtum, der nicht von vornherein als »Wildwuchs« oder Sektiererei verdächtigt werden darf. Nur so kann die Gemeinde, die Ortsgemeinde oder eine kirchliche Region, Heimat für die unterschiedlichen Christen in ihrem Gebiet sein.

Wenn man versucht, die Vielgestaltigkeit evangelischer Spiritualität ordnend zu beschreiben, kann man deren unterschiedliches inhaltliches Hauptanliegen als Kriterium benutzen. Von diesem Gesichtspunkt her hat eine Arbeitsgruppe der EKD schon Ende der 1970er Jahre drei typische Gruppen beschrieben, in denen evangelische Frömmigkeit Gestalt annimmt: in einer bibelorientierten-evangelistischen, in einer liturgisch-meditativen und in einer emanzipatorisch-politischen Spiritualität.[68] Mit

---

[68] Evangelische Spiritualität, vorgelegt von der Arbeitsgruppe der EKD; vgl. kritisch dazu MILDENBERGER, Evangelische Spiritualität, 309–316.

diesen drei Gruppierungen lassen sich noch immer die deutlichsten Frömmigkeitsprofile in den evangelischen Kirchen Deutschlands in der Gegenwart zutreffend benennen. Aber diese Gruppierungen zeigen sich in vielen unterschiedlichen Ausprägungen: Zur ersten Gruppe wären auch die charismatisch geprägten Christen zu zählen, die zugleich in ihrer Weise stark liturgisch interessiert sind. Zu bestimmten Zeiten, z. B. vor und während der politischen Wende 1989/90 in Deutschland und Europa oder unter dem Eindruck von Katastrophen oder Kriegsgefahr bestimmten die politischen Fragestellungen auch die Zusammenkünfte der biblisch oder liturgisch Interessierten. Die liturgisch-meditative Frömmigkeit kann für Gregorianik und klassische Kirchenmusik aufgeschlossen sein, aber auch für Sacro-Pop oder Taizé.

Ein anderes Ordnungsprinzip evangelischer Spiritualität lehnt sich an psychologische Kategorien an. So unterscheidet Axel Denecke, allerdings primär auf den Prediger bzw. die Predigerin bezogen, eine ordnungs- und normenorientierte von einer freiheitsbetonten, einer Erkenntnis und Wissen betonenden und eine auf Hingabe und Liebe zentrierte Frömmigkeit.[69] Andreas Ebert und Richard Rohr entwickeln ein auf neun charakteristische »Gesichter der Seele« bezogenes »Enneagramm«, mit dem auch neun unterschiedliche Glaubenseinstellungen markiert werden.[70] Richard Bents und Rainer Blank schlagen, von der Typologie der Jung-Schule herkommend, vier verschiedene menschliche Grundprofile vor, von denen her sich unterschiedliche Frömmigkeitsausprägungen ergeben.[71] Wenn psychologische Kategorien für spirituelle Fragestellungen herangezogen werden, bedeutet das nicht, dass das Evangelium als bloßes psychisches Produkt betrachtet wird. Aber wir haben nüchtern damit zu rechnen, dass jede Persönlichkeit – aufgrund ihrer Biographie und psychischen Struktur – das Evangelium in einer ganz spezifischen Weise versteht. Dabei neigen wir dazu, nur die

---

[69] DENECKE, Persönlich predigen. Dabei stützt Denecke sich auf tiefenpsychologische Kategorien von Fritz Riemann, vgl. RIEMANN, Die Persönlichkeit des Predigers.
[70] ROHR/EBERT, Das Enneagramm.
[71] BENTS/BLANK, Persönlichkeit und Spiritualität.

Informationen durch unsere Wahrnehmungsfilter hindurchzulassen, die uns in dem bestätigen, was wir schon immer als richtig erkannt und als zutreffend erfahren haben. Wenn das so ist, dann steckt in den psychologisch orientierten Typologien zugleich auch die Aufforderung, den jeweils anderen Typ nicht zu ignorieren, sondern sich auch seiner Wahrheit zu stellen.

Schließlich wäre es denkbar, unterschiedliche Frömmigkeitsstile kultursoziologisch bzw. religionssoziologisch von verschiedenen »Milieus« abzuleiten, wie sie z. B. von Gerhard Schulze beschrieben worden sind. Auch unter evangelischen Christen lassen sich bestimmte Merkmale gelebter Spiritualität bis zu einem gewissen Grade aus der Tatsache erklären, dass einige dem »Niveau-Milieu« konservativ Gebildeter, dem »Harmonie-Milieu« pflichtorientierter konventionsbestimmter Arbeitnehmer, dem »Integrationsmilieu« aufgeschlossener Normalbürger, dem »Selbstverwirklichungsmilieu« linksliberaler junger Intellektueller bzw. dem »Unterhaltungsmilieu« einfacher Leute zugehören.[72]

Vielgestaltigkeit ist ein geistlicher Reichtum. Sie kann dann zum Problem werden, wenn sie zur völligen Unverbindlichkeit und Relativität aller Wahrheiten führt. Es muss in allen unterschiedlichen Formen spiritueller Praxis immer um die Feier des Vertrauens Gottes zu uns Menschen und unseres Vertrauens zu Gott gehen. Es gibt Grenzen für die Kommunikationsform Andacht. Gelegentlich werden diese überschritten, und anstelle einer Andacht findet eher ein ästhetisch-musikalisches Erlebnis statt, die Vorbereitung einer politischen Aktion oder eine etwas selbstgefällige Darstellung der Gefühle und Gedanken einer Person. Solche Grenzüberschreitungen können das geistliche Leben in seiner Substanz gefährden. Sie sind dann Beispiele für eine gefährliche Tendenz zur »Selbstsäkularisierung« der Kirche.[73] Aufs Ganze gesehen halte ich allerdings diese Gefahr noch immer für geringer als das Problem einer kirchlich-spirituellen Uniformität, die den Reichtum spiritueller Vielfalt verhindert.

---

[72] SCHULZE, Die Erlebnisgesellschaft, 277–334.
[73] Vgl. oben, Kap. 4, Anm. 21.

e) Christliche Lebensgestaltung

Evangelische Frömmigkeit kann sich nicht allein mit spirituellen Veranstaltungen begnügen, sie lebt vielmehr in der Spannung von Kontemplation und Aktion, von »Beten und Tun des Gerechten unter den Menschen« (D. Bonhoeffer). Für Luther gibt es im Grunde keine Trennung zwischen dem geistlichen Leben, das sich in Kirchen oder Gemeindehäusern, zu bestimmten freigehaltenen Zeiten des Singens, Hörens und Betens ereignet, und dem Alltagsleben, in dem Menschen ihrem Beruf nachgehen. Er hat auch das ganz alltägliche berufliche Tun als »Gottesdienst« verstanden. Die veranstalteten geistlichen Formen sind dazu da, um Menschen immer wieder neu ihres Vertrauens zu Gott und seines Vertrauens zu uns zu vergewissern. Aus dieser hier erneut bewusst gemachten Zuwendung Gottes folgt dann die Bereitschaft, das Leben aus Glauben und in der Liebe zu führen. Frömmigkeit schließt das Bemühen ein, im täglichen Leben »Früchte des Glaubens« zu bringen. Dieser Aspekt evangelischer Spiritualität darf nicht exklusiv-konfessionell verstanden werden. Der Zusammenhang zwischen Glauben und Leben ist ein allgemeines christliches Motiv. Wenn ich ihn hier nenne, dann vor allem deswegen, weil man die protestantische Frömmigkeit mit ihrer Betonung des Glaubens und der Rechtfertigung gelegentlich beargwöhnt hat, ihr seien die Fragen der christlichen Lebensgestaltung weniger wichtig. Doch das ist nicht der Fall.

Wenn geistliche Besinnung und christliche Lebensgestaltung als Dimensionen evangelischer Spiritualität eng zusammengehören, dann sollten auch die Zeiten spiritueller Besinnung zum Bedenken der uns umgebenden Lebenswirklichkeit genutzt werden: »Im Gespräch mit Gott, im Gebet wird die Welt nicht hinter sich gelassen, sondern die Wahrnehmung der Welt in all ihrem Schrecken vor Gott gebracht. So haben die Erfahrungen der Aktion in der Kontemplation ihren Ort, wie umgekehrt Aktion ohne das sie ausrichtende Denken und Beten des Glaubens ziellos wird und rasch ermüdet. Dies hilft auch die falsche Alternative von politisch und fromm zu überwinden. Nur aus gelebter Frömmigkeit heraus erwächst die Freiheit und die Fähigkeit, sich angesichts der großen Herausforderungen, der Komplexität unserer Situation, den vielen Ernüchterungen dafür einzusetzen, dass in unserer Gesellschaft Leben bewahrt, Recht geschaffen und Liebe geübt wird. Und umgekehrt kann nur der, der sich hinausgewagt hat, für Recht und Versöhnung eingetreten ist und dabei auch verletzt worden ist, in der Tiefe verstehen, was es heißt, immer wieder neu in der Frömmigkeit zu einem von Gott her versöhnten und ermutigten Menschen zu werden.«[74]

Evangelische Frömmigkeit will weder einen weltlosen Glauben noch eine glaubenslose Weltgestaltung. Sie zielt vielmehr auf die ganze im Glauben gegründete Lebenspraxis. Das heißt aber nicht, dass die Konsequenzen, die »Früchte« des Glaubens »anschaulich, beobachtbar oder verfügbar zu machen« wären.[75] Gegen eine solche Mentalität des Beweisen- und Abrechnenwollens sperrt sich der christliche Glaube selbst, der in der Mitte seiner Lehre nicht die Selbstrechtfertigung des Menschen, sondern die Befreiung von solchen Zwängen, seine Begnadigung durch Gott stellt.

Unsere Andachten sollten nicht Burgen sein, in die man sich aus allen Problemen des täglichen Lebens hineinflüchten kann, sondern eher so etwas wie Rastplätze. Man erhält für eine Zeit ein Dach über den Kopf, eine Scheibe Brot, einen Becher Wein. Man darf sich setzen und zur Ruhe kommen. Man wird für eine Zeit aus der Atmosphäre der Hektik, des persönlichen Leistungsdrucks, aus Gedanken der Mutlosigkeit oder Verzweiflung herausgenommen. Man lässt sich stärken für die kommenden Schritte. Was unterscheidet Fluchtburgen von Rastplätzen? Oberflächlich geurteilt, mögen sie sich oft ähneln. Aber es gibt Unterschiede. Vielleicht ist es manchmal nur ein kleines Wort, ein konkreter Name im Gebet, eine kleine vieldeutige Metapher in der Ansprache, wodurch uns deutlich wird, dass wir nicht fliehen, sondern rasten, dass wir jetzt Kraft sammeln und bald wieder die unterschiedlichen Aufgaben auf uns warten.

---

[74] TRACK, Versöhnte und versöhnende Frömmigkeit, 33.
[75] A. a. O., 22.

4.6 Andacht: Der kleine Gottesdienst im Alltag

Im »Handbuch der Liturgik« wird die Andacht den »kleinen Formen« des Gottesdienstes zugeordnet.[76] Der Autor Friedemann Merkel fügt hinzu, dass man vielfach von einem »kurzen Wortgottesdienst« sprechen könne, dessen Mitte eine Kurzpredigt als Auslegung eines Bibelabschnittes bilde. Diese Andachten seien meist »kasuell, das heißt durch besondere Situationen innerhalb der Gemeinde oder ihrer Gruppen veranlaßt. Sie sind bestimmt durch Tageszeiten: Morgen- oder Abendandacht, durch den Ablauf der Woche (Wochenbeginn, Wochenschluß), durch besondere Zielgruppen (Schul-, Krankenhaus-Andachten), durch das Kirchenjahr (Advents-, Passionsandachten) oder durch die Medien (Rundfunk- und Fernsehandachten). Vor allem begegnen sie uns als Bestandteil kirchlicher Gruppenarbeit.«[77] Die Zuordnung der Andachten zu den kleinen Gottesdienstformen ist korrekt. Sie sind kleine Gottesdienste. Es geht in ihnen letztlich um nichts Anderes als in den »großen« Gottesdiensten: um die Kommunikation mit Gott, um die Erneuerung des Vertrauens unter Gottes Zuwendung.

Allerdings fehlen mir in dieser Einordnung der Andacht unter die Gottesdienstformen drei wesentliche Komponenten, die in aller Regel für alle unterschiedlichen Andachtssituationen gleichermaßen gelten:

a) Dieser kleine Gottesdienst findet im Alltag statt: an einem Wochentag, oft in einem eher säkularen Raum, zeitlich direkt umgeben von anderen alltäglichen Verpflichtungen. Seine besonderen kommunikativen Bedingungen ergeben sich deshalb weithin aus der jeweiligen konkreten Situation: In einer Krankenhaus-Andacht wird selbstverständlich vom Glauben so gesprochen, dass die Ängste und Fragen der leichter oder schwerer Erkrankten mit aufgenommen werden und dass die zuhörenden Patienten sich verstanden fühlen. Die Gestaltung der Andacht wird aber zugleich von den

---

[76] MERKEL, Die Andacht, 898–903.
[77] A.a.O., 898.

besonderen Bedingungen des Redens von Gott mitten im Alltag bestimmt. Inwiefern? Welche Bedeutung kommt dem »Alltag« dabei zu?

Die Andacht unterbricht den Alltag. Das gilt für die »kleinen Gottesdienste« ebenso wie für die großen am Sonntag oder Festtag.[78] Der Alltag ist hier Bezeichnung für die Mühen des Lebens, für die Probleme und Sorgen, für die ungelösten Aufgaben und die täglichen Ängste. Das, was uns innerlich beschäftigt und besetzt, was uns gefangen nehmen und unfrei machen will, wird unterbrochen. Eine neue Perspektive tut sich auf: Wir sind nicht allein mit unseren Befürchtungen und Zwängen. Gott meldet sich zu Wort.

Fulbert Steffensky hat diesen elementaren Vorgang, wie beispielsweise unser Wort durch ein biblisches Wort unterbrochen wird, so geschildert: »Nehmen wir an, es liest jemand regelmäßig die Tageslosung. Die Losung des Tages, an dem ich dies schreibe, heißt: ›Vernichten wird er den Tod auf ewig‹. Nehmen wir an, ein Leser dieser Losung kann vor Trauer kaum aus den Augen sehen. Nehmen wir an, er kommt mit seiner Arbeit nicht zurecht. Nehmen wir an, er liest gerade in einer Zeitung, dass in der Bundesrepublik zehntausend Tonnen Nervengas in einsatzbereiten Artilleriegranaten lagern. Vielleicht ist von seinem eigenen und dem allgemeinen Unglück die Kraft seiner Hoffnung verbraucht. Nun tritt ihm dieses fremde Wort entgegen: ›Vernichten wird er den Tod auf ewig‹. Der Mensch hat sich dieses Wort nicht ausgesucht. Es paßt nicht zu seiner Situation. Die würde ihm höchstens einen Klagepsalm erlauben... Dieses Wort, das er sich nicht selbst ausgesucht hat, bewirkt etwas sehr Wichtiges: Es widerspricht seinen Vermutungen. Es stört das Vorwissen, das er von sich und der Welt hat. Es bringt den Leser in Zwiespalt mit sich selbst. Es verhindert die Abgefundenheit mit dem, was er schon immer wußte. Er gerät in Distanz zu sich selbst. Der Hoffnungslosigkeit ist ein Bein gestellt.«[79]

---

[78] Die Kategorie der »Unterbrechung« hat Eberhard JÜNGEL unter Aufnahme von Gedanken Schleiermachers für die Theologie des Gottesdienstes eingeführt, vgl. seinen Aufsatz: Der Gottesdienst als Fest der Freiheit.
[79] STEFFENSKY, Feier des Lebens, 38f.

Das fremde biblische Wort unterbricht uns in unseren hoffnungslosen Gedanken. Das mag für eine Predigt im sonntäglichen Gottesdienst ebenfalls gelten. Aber es ist eine spezifische Chance der Andacht, dass sie solche Unterbrechung in direkter Weise, mitten im Alltag, ermöglicht. Da ruhte der Blick eben noch auf der Zeitung mit den alltäglichen Unglücksmeldungen, und nun lese ich dieses andere Wort. Da sitzt mir der Schock der letzten Mitteilung meines Chefs noch in den Knien, und nun werde ich durch eine ganz andere Botschaft und eine mir vertraute Gemeinschaft wieder aufgerichtet. Jetzt ist Zeit, kurz zu rasten und mich zu stärken, bevor der Weg weitergeht.

b) Der kleine Gottesdienst der privaten oder der Gruppenandacht kennt keine feste Liturgie, sieht man von den festen Stundengebetsformen ab, die auch in der evangelischen Kirche bisweilen praktiziert werden: Mette, Vesper und Komplet. Es gibt zwar eine Tradition, Andachten in der Abfolge von Lied, Psalmgebet, biblischer Lesung, Auslegung, Gebet, Vaterunser und Segen zu gestalten.[80] Aber schon durch die jeweiligen Situationen legt es sich nahe, von diesem Schema oft abzuweichen. Wenn eine Andacht zu Beginn oder am Ende einer Gruppenversammlung gehalten wird, muss man sich meist auf wenige Elemente beschränken. Vor allem mit Kindern wird eine Andacht schlecht gelingen, in der es nur verbal zugeht und in der nichts gemeinsam betrachtet oder getan wird. Vielleicht verfolgen wir aber auch generell bestimmte Ziele, die uns eine veränderte Form nahelegen.
Der liturgische Freiraum bei den Andachten kann dazu verführen, alle Gestaltungsfragen zu vernachlässigen und sich ausschließlich auf eine verkündigende Rede vorzubereiten. Aber die hier gegebene liturgische Freiheit will nicht die liturgische Ignoranz fördern, sondern sie will im Gegenteil zu situationsangemessener liturgischer Kreativität einladen. In einer

---

[80] So die Ordnung der Andacht in EG 781. Die Ausgabe für Bayern und Thüringen bietet mehrere Formen für unterschiedliche Situationen an, deren Grundform aber dieser traditionellen Abfolge entspricht (Nr. 718–726).

Andacht darf man nicht nur persönlicher und riskanter reden als im Gemeindegottesdienst, hier kann man auch leichter verschiedene liturgische Möglichkeiten ausprobieren. Hier finden der Leiter bzw. die Leiterin einen spirituellen Spiel-Raum für ihre vorüberlegten gestalterischen Einfälle, und hier bleiben Freiräume für die Gruppe, die hier gemeinsam Andacht hält, und für deren spontanes Hören, Reden oder Tun. Der katholische Theologe Hans Bernhard Meyer weist zurecht darauf hin, dass liturgische Elemente, die sich hier bewähren, u.U. auch in die »großen Gottesdienste« übernommen werden könnten, die weniger als Experimentierfeld geeignet sind.[81]

c) Wenn die Andachten als »kleine Gottesdienste« bezeichnet werden, dann soll damit nicht deren minderer Rang gegenüber der vollen Messform betont werden, sondern vielmehr deren spezifische Chance. Oft neigen wir dazu, das Kleine als das Unbedeutende und weniger Wichtige zu sehen. Der »kleine Gottesdienst« ist nicht weniger bedeutsam, sondern er kann auf andere Weise Bedeutung erlangen. In ihm muss keine volle gottesdienstliche Liturgie gefeiert werden. Vielmehr kann ein Aspekt des Gottesdienstes besonders betont werden, wie z.B. das Gebet, der Segen oder das Lied, das gemeinsam gesungen und betrachtet wird. Seine Chance ist die der Auswahl aus der Fülle eines umfangreichen spirituellen Geschehens. Wenn wir Andacht halten, konzentrieren wir uns auf *einen* Aspekt. Da begegnen wir intensiv *einem* Gedanken oder *einer* Handlung. Theologisch mag es richtig sein, wenn man die Bedeutung des Gemeindegottesdienstes mit Wort und Sakrament höher einstuft. Betrachtet man die verschiedenen spirituellen Formen anthropologisch, unter der Frage, was denn einem Menschen hilft, sich im Glauben zu vergewissern, dann kann es manchmal sein, dass die Konzentration einer Andacht mehr bewirkt als der Reichtum der liturgischen Fülle.

---

[81] MEYER, Andachten und Wortgottesdienste, 173f.

4.7 Zur Perspektive der Andacht

Die Andacht hat, wie wir im Kap. 3 gesehen haben, eine wechselvolle Geschichte durchlaufen, in denen sie unter sich ständig verändernden religiösen und gesellschaftlich-kulturellen Herausforderungen immer neue Schwerpunkte und Gestaltungsformen gefunden hat. Auch heute hält dieser Prozess an. Bei aller Reduktion der traditionellen Kirchlichkeit zeigen sich auch spirituelle Aufbrüche und die Suche nach heute angemessenen Formen geistlicher Besinnung. Deshalb vermute ich: Die Andacht hat in der gegenwärtigen und künftigen kirchlichen Situation durchaus eine Perspektive. Vielleicht wird ihre Bedeutung in den künftigen Jahrzehnten sogar zunehmen. Worauf gründe ich meine Vermutung?

Die Kirche in Deutschland und in den wohlhabenden Ländern Westeuropas befindet sich seit dem Beginn dieses Jahrhunderts in einer spürbaren Phase des Rückbaues. Bei allen Unterschieden zwischen den Ländern und Kirchen nehmen meist die Mitgliederzahlen ab, und den Kirchen droht Einflussverlust und Rückgang ihrer religiösen Vitalität. Schon aus finanziellen Gründen müssen manche Aktivitäten eingestellt und viele Stellen für Pfarrerinnen und Pfarrer und andere Mitarbeitende reduziert werden. Kleine Gemeinden werden zusammengeführt, und viele kirchliche Aktivitäten können nur noch auf regionaler Ebene stattfinden. Dazu gehören oft auch Gottesdienste, die nicht mehr so oft vor Ort stattfinden können.[82]

Unter diesen ernüchternden Rahmenbedingungen kann aber der Andacht eine steigende Bedeutung zukommen. Dabei denke ich an zwei unterschiedliche Andachtsformen:

a) Die Zahl der liturgisch von der Tradition geprägten Sonntagsgottesdienste wird vermutlich eher zurückgehen. Aber es wird die Zahl der Veranstaltungen zunehmen, in denen aktuelle Probleme kirchlicherseits aufgegriffen und zum Anlass

---

[82] Vgl. u. a. PICKEL/SAMMET, Religion und Religiosität, bes. 166–190. Von der notwendigen Regionalisierung ist bereits im Reformpapier »Minderheit mit Zukunft« deutlich die Rede.

spiritueller Besinnung und freier gestalteter liturgischer Feier gemacht werden. Die besondere Betroffenheit durch spezielle Ereignisse, z. B. durch einen Krieg oder eine andere Katastrophe, motiviert viele nicht nur dazu, allgemein gesellschaftlich-politisch zu reagieren, sondern auch nach spiritueller Bewältigung zu fragen. Eindrücklichstes Beispiel dafür sind die Friedensgebete vor und nach der Friedlichen Revolution.[83] Formal waren es Andachten, die stattfanden, wenn auch mit oft riesigen Teilnehmerzahlen. Dass so viele Menschen teilnahmen, lag vor allem an der besonderen gesellschaftlich-politischen Situation damals. Man erwartete hier wahrhaftige und orientierende Worte. Und liturgisch bestand die Stärke dieser Andachten darin, dass sie in ihrer Einfachheit wenig voraussetzten und von Vielen mitgefeiert werden konnten.

Auch gegenwärtig können massive wirtschaftliche oder politische Probleme, z. B. Massenentlassungen und Firmenschließungen, gelegentlich dazu führen, dass Friedensgebete oder ähnliche Versammlungen in Kirchen stattfinden. Zu den Vorteilen dieser Zusammenkünfte[84] gehört, dass sie ein Problem thematisieren, das viele bewegt. Außerdem setzen sie liturgisch wenig voraus. Man kann teilnehmen, ohne gregorianisch singen zu können oder beim liturgischen Verhalten Fehler zu machen. Jeder und jede darf kommen, ob er bzw. sie Christ ist oder nicht.

Viele Friedensgebete folgten etwa folgender Ordnung:
1. Begrüßung
2. Kyrie (mit Reflexionen zur vergangenen Woche, Zeitungszitaten, Erlebnissen, Gesehenem und Gehörtem)
3. (evtl.) Lied
4. Lesung (freier oder biblischer Text)
5. Freie Gestaltung (häufig als Meditation bzw. Predigt verstanden; u. U. auch Gespräch, Fürbitte, Selbstbesinnung, Buße, Bild, Spiel, Information)

---

[83] Vgl. dazu: DIETRICH/SCHWABE, Freunde und Feinde; BRONK, Der Flug der Taube und der Fall der Mauer; GEYER, Nikolaikirche; Roscher, Liturgie.
[84] Vgl. FECHTNER/KLIE, Riskante Liturgien.

6. (evtl.) Lied
7. Friedensgebet (im Wechsel gesprochen)
8. Vaterunser
9. Geste der Gemeinsamkeit (ähnlich wie das »Zeichen des Friedens« in der Abendmahlsfeier)
10. Informationsaustausch (Berichte, Planungen, Einladungen, Termine).[85]

Die Friedensgebete setzen dabei stark auf die aktive Mitarbeit von »Laien«, die ja vom Alltag besonders betroffen sind. Der Kyrie-Teil mit seinen »Zeugnissen der Betroffenheit«, eine Sequenz, in der Einzelne ihre Erlebnisse schildern, in der sie ihre Ängste und Befürchtungen thematisieren, lebt aus den Erfahrungen der mitarbeitenden Laien. Aber auch die Gesamtgestaltung wird häufig von aktiven Gruppen getragen, die sachkundig und engagiert in der jeweiligen Problematik zu Hause sind. Politisches und Spirituelles gehen dabei eine spannungsvolle Verbindung ein. Gesellschaftliche Probleme, die alle bewegen, werden nicht nur den Parteien und Politikern überlassen, sondern aus der Perspektive einzelner Betroffener thematisiert und in den Mittelpunkt von Gebet und Besinnung gestellt.

Wir gehen gesellschaftlich nicht problemlosen Zeiten entgegen. Vielmehr melden sich die künftigen Herausforderungen schon heute unübersehbar an: der künftige globale Kampf um Wasser und Energie, die weltweite Klimakrise mit ihren dramatischen Folgen, die ungerechte Verteilung von Besitz weltweit, immer wieder aufflammende Kriege und Flüchtlingsströme. Es ist gut, wenn die Kirche offene Andachtsformen bereithält, die als »Orte gegen die Angst« und »Tankstellen des Vertrauens« in den Konflikten der Zukunft bereitstehen.

b) Eine andere Form der Andacht ist die Besinnung in der kleinen Gruppe. Es wird in der künftigen kirchlichen Wirklichkeit

---

[85] Ordnung von Pfarrer Christoph WONNEBERGER, in: DIETRICH/SCHWABE, Freude und Feinde, 101f.

an vielen Orten wohl nur kleine Gemeinden geben, die kein umfangreiches Programm kirchlicher Veranstaltungen aufstellen und durchführen können. Größere Gottesdienste, Kirchenkonzerte und Feste werden hier eher auf regionaler Ebene stattfinden als vor Ort. Es wird nötig sein, dass diese kleinen Gemeinden sich nicht nur mit sich selbst begnügen, sondern dass sie auch die Verbindung zu anderen Christen suchen und gelegentlich in der größeren Schar singen und beten, hören und handeln. Dennoch wird unter solchen Bedingungen der Andacht in der kleineren Gruppe vor Ort eine höhere Bedeutung zukommen. Hier trifft sich nicht nur ein kleiner Kreis der Superfrommen. Vielmehr wird sich die kleine und vielleicht durchaus vielstimmige Gemeinde vor Ort in solchen Gruppenandachten, die in Kirchen, Gemeindehäusern oder auch Wohnungen stattfinden mögen, manifestieren und konstituieren. Es wird dann normal sein, dass solche Zusammenkünfte oft von Nichttheologen geleitet werden, von einzelnen Christen, die in den kleinen Gemeinden in ihrer Weise Verantwortung übernommen haben und die dazu ermutigt und theologisch qualifiziert worden sind.

2. Teil:

Andacht gestalten

5. Die persönliche Andacht und die gemeinsame Andacht

Andachten wollen so etwas sein wie Rastplätze in der Zeit. Wir wollen uns stärken lassen für das Kommende. Wir wollen uns besinnen auf den Grund unseres Lebens. Wir strecken uns aus nach dem, an dem wir unser Vertrauen erneuern und stärken können. Solche Zielvorstellungen, wie sie ausführlicher im vorangegangenen 4. Kapitel beschrieben sind, dürfen nicht nur schöne theologische Theorie bleiben, sondern sie sollten auch in praktischen Gestaltungsversuchen inspirierend und motivierend wirken. Wer Gottesdienste oder Andachten gestaltet, steht dabei immer vor einem Widerspruch. Einerseits wissen wir: Ob es zu einer Erneuerung des Lebensvertrauens kommt, ob Gott selbst in dem, was wir Menschen gestalten, gegenwärtig wird und suchenden Menschen begegnet, haben wir nicht in der Hand. Eine Gottesbegegnung können wir nicht manipulativ erzwingen. Sie ist und bleibt ein Wunder, das von Gott selbst bewirkt wird. Andererseits nimmt Gott unseren menschlichen Dienst in Anspruch, um sein Wort zu verkündigen und Zeichen seines Reiches zu setzen. Deshalb darf man die Frage angemessener Andachtsgestaltung nicht vernachlässigen. Auch wenn wir letztlich nicht in der Hand haben, was geistlich geschieht, sollten wir dennoch alle Formen geistlicher Besinnung kompetent zu gestalten suchen.

Mein Interesse liegt vor allem darin, in diesem zweiten Teil Gestaltungshinweise für die Andacht in Gruppen zu geben. Dennoch möchte ich die persönliche Andacht dabei nicht völlig übergehen, zumal sie mit der gemeinsamen Andacht verwandt und zugleich von ihr unterschieden ist.

Wir haben die Andacht historisch sowohl als Form der religiösen Praxis des Einzelnen wie auch als gemeinsamen Vollzug in einer Gruppe, z.B. in der einer feiernden Hausgemeinschaft, kennengelernt. Auch in der Gegenwart gibt es viele Christen, die einmal am Tag eine persönliche Besinnung, eine »stille Zeit« halten. Sie lesen einen Abschnitt aus der Bibel und eine dazu angebotene Auslegung. Sie betrachten den biblischen Text unter bestimmten existenziellen Fragestellungen, wie es seinerzeit Martin Luther mit dem »vierfachen Kränzlein« empfohlen hatte. Sie bedenken ihre persönlichen Fragen und Probleme, aber auch viele Nöte um sie herum im Gebet.[1]

Auf dem christlichen Büchermarkt kann man dazu viele Hilfsmittel erwerben. Neben den Herrnhuter »Losungen«, zu denen es auch knappe Besinnungen gibt,[2] werden weitere biblische Auslegungen angeboten, die jedes Jahr neu erscheinen und sich auf den fortlaufenden Bibelleseplan für das jeweilige Jahr beziehen.[3] Andere, meist ältere Auslegungshilfen sind nicht fest auf ein bestimmtes Kalenderjahr bezogen; sie schlagen aber für jeden Tag des Jahres ebenfalls einen Bibeltext und eine geistliche Erklärung vor. Ordnungsprinzip ist dabei in der Regel das Kirchenjahr.[4] Oder man hat die Texte unter thematischen Gesichtspunkten, wie z. B. »Frieden«, »Gerechtigkeit«, »Erlösung«, geordnet.[5] Andere gedruckte Andachten rechnen mit einem Leser, der nicht täglich Zeit für eine persönliche Besinnung findet. Deshalb bieten sie Auslegungen zu den Wochensprüchen an.[6] Wieder andere Andachtsbücher lösen sich stärker vom Kirchenjahr und vom traditionellen System »Bibeltext mit Auslegung«. Sie bieten statt dessen verschiedene Kurztexte an, zu denen neben Gedichten, Liedversen und knappen Gebeten oft auch Verse aus der Heiligen Schrift gehören, die miteinander in einer

---

[1] Viele gute praktische Hinweise zur Andacht in Gruppen oder allein finden sich bei SCHÖNFUSS, Fromm und frei, 58–103.
[2] Unter dem Titel »Licht und Kraft. Losungskalender« gibt Thomas Gauger in Verbindung mit der Herrnhuter Brüdergemeine Andachten über Losung und Lehrtext heraus. 2021 erschien der 109. Jahrgang im Aue Verlag, Möckmühl, und Verlag Ernst Kaufmann, Lahr.
[3] Beispiele aus dem Erscheinungsjahr 2020: Mit der Bibel durch das Jahr 2021, hrsg. v. Franz-Josef Bode u.a.; Bibel für heute 2021, hrsg. v. Matthias Büchle u.a.; Neukirchener Kalender, hrsg. v. Hans-Wilhelm Fricke-Hein.
[4] Vgl. z. B. WAGNER, Auf dem Weg des Friedens.
[5] So z. B. bei MORGNER, Ein gutes Wort für jeden Tag.
[6] So z. B. SCHUMANN, Gottes Gabe ist es. Wochenspruchauslegungen finden sich auch im Internet, z. B. von der Religionspädagogin Martina STEINKÜHLER: https://www.martina-steinkuehler.de/wochenandachten.

thematischen Korrelation stehen.[7] Auch zahlreiche Gebetbücher[8] oder Veröffentlichungen mit geistlichen Essays oder Gedichten[9] können als Hilfsmittel für die persönliche Andacht dienen. Schließlich bietet auch das Evangelische Gesangbuch (EG) mit seinem Gebetsteil hilfreiches Material für die Gestaltung des persönlichen geistlichen Lebens.[10]

Es wäre unsinnig, die individuelle Andacht als Konkurrenz zu den Formen einer gemeinsamen Andacht in der Gruppe zu verstehen. Es dürfte in der Regel eher so sein, dass Menschen, die die persönliche Andacht pflegen, sich auch dafür einsetzen, mit anderen zusammen einen solchen »kleinen Gottesdienst im Alltag« zu feiern. Jede Form hat ihre spezifischen Chancen und Grenzen. Die besondere Chance der persönlichen Andacht sehe ich in der hier möglichen geistlichen Intimität. Alle persönlichen Fragen, Hoffnungen oder Sorgen, auch solche, die ich anderen Menschen gegenüber nicht aussprechen würde, haben hier ihren Platz. Ich darf sie dem mitteilen, der schon längst »meine Gedanken von ferne« kennt und »alle meine Wege« sieht (Ps 139): Gott. Vor ihm können wir uns nicht verstecken (Gen 3,8–10), und wir brauchen es auch nicht, weil er uns liebt. Wichtig ist, dass eine solche persönliche Andacht nicht nur als bloße Pflichtübung schnell erledigt wird, sondern dass wir Gelegenheit haben, uns wirklich zu konzentrieren. Der moderne mobile alltägliche Lebensrhythmus, Radio und Fernsehen, das häufig klingelnde Telefon machen es zu einer komplizierten Aufgabe, individuelle Bedingungen für eine Zeit der persönlichen Konzentration, der persönlichen Offenheit und der Hörbereitschaft auf die Stimme Gottes in einem Text zu finden. Der frühe Morgen eignet sich in der Regel eher als der späte Abend, wenn die Kräfte schon ziemlich verbraucht sind. Hilfreich ist es, wenn die

---

[7] So z. B. BRINKEL, Dem Leben auf der Spur; SCHORLEMMER, Das soll dir bleiben; ähnlich auch: DENNERLEIN/ROTHGANGEL, Evangelischer Lebensbegleiter.
[8] Wichtig ist vor allem der »Klassiker« ZINK, Wie wir beten können, der immer wieder, zuletzt 2018, aufgelegt wurde.
[9] So z. B. Gedichte und Betrachtungen von Kurt MARTI, Jörg ZINK oder Ulrich SCHAFFER. Auch im Internet finden sich zahlreiche Gebetsvorlagen.
[10] EG 812–952.

Zeit dafür fest eingeplant wird. Die persönliche Andacht macht ein gehöriges Maß an Selbstdisziplin erforderlich.

Findet eine Andacht in der Gruppe statt, sei es in der Familie oder in der Gemeinde, dann hängt nicht mehr alles von meiner eigenen momentanen Initiative ab. Die Andacht ist als Veranstaltung bzw. als Teil einer Zusammenkunft schon länger fest geplant worden. Absprachen mit anderen sind getroffen worden. Aufgaben wurden verteilt. Ich habe persönlich diese oder jene Verpflichtung übernommen. Doch der Unterschied zur persönlichen Andacht liegt nicht nur auf diesen Ebenen der Organisation und Motivation. Er ist vor allem darin zu suchen, dass nun mehrere Personen zusammentreffen und in dieser Gemeinschaft geistliche Besinnung suchen. Jede Gruppe, auch wenn man miteinander sehr vertraut ist, schränkt die Intimität ein. Man wird sich kontrollierter äußern, wenn andere zuhören. Man achtet darauf, nicht aus der Rolle zu fallen. Aber die Gemeinschaft begrenzt nicht nur die Intimität, sondern eröffnet ganz spezifische Chancen: Geistliches Leben kann sich nun kommunikativ gestalten. Die Gruppe hört gemeinsam, schweigt gemeinsam, singt gemeinsam. Man tauscht sich aus über die eigenen Erfahrungen und Überzeugungen. Man vollzieht gemeinsam bestimmte Gesten und Handlungen. Eine Teilnehmerin gibt einem alten Text ihre Stimme und verhilft ihm so zu einem neuen Klang. Ein anderer spricht ein Gebet, und er findet dabei stellvertretend für manchen Mutlosen und Gebetsmüden in der Gruppe die richtigen Worte.

Wenn es so ist, dass die Kommunikation miteinander die besondere Chance von Andachten in der Gruppe darstellt, dann hat das auch Auswirkungen auf die Gestaltung solcher Besinnungen. Wir wären dann nicht gut beraten, wenn die Teilnehmer nur zum innerlichen schweigenden Mitvollzug eingeladen würden und alle Impulse nur von einem Sprecher und Vorbeter kämen.[11] Wir sollten vielmehr danach suchen, welche anderen Elemente der Kommunikation auch zum Träger desjenigen Geschehens werden können, das wir als Andacht bezeichnen. Dabei spielen die jeweiligen situativen Gegebenheiten eine wichtige Rolle.

---

[11] Vgl. dazu auch das Beispiel einer »Andacht als Videokonferenz«, Kap. 10.1.

6. Die Rahmenbedingungen

6.1 Der Anlass

Wir halten Andacht, um uns unseres Glaubens zu vergewissern. Wir wollen rasten und Kraft für das Kommende sammeln. Die Anlässe dazu können unterschiedlicher Art sein:

- Das Kirchenjahr will in jedem Jahr an die wichtigsten Ereignisse der christlichen Heilsgeschichte erinnern: Geburt Jesu, Kreuz und Auferstehung Jesu, das Kommen des Heiligen Geistes, Schöpfung, Wiederkunft Christi. In der gegenwärtigen marktwirtschaftlichen und erlebnisorientierten Kultur spielen zwar die hohen kirchlichen Feiertage eine wichtige Rolle. Aber diese Feste werden primär kommerziell benutzt; der ursprüngliche Sinn der einzelnen christlichen Festtage wird immer mehr verdrängt. Besonders schwer haben es die Festzeiten, die von der nötigen Umkehr des Menschen (Bußzeiten im Advent, Buß- und Bettag[1]) und vom Leid (Passionszeit) reden. Spezielle kirchliche Angebote in diesen geprägten Zeiten sind deshalb unverzichtbar. Es ist sinnvoll, dass es in den Gemeinden über die Gottesdienste und kirchenmusikalischen Konzerte hinaus auch spezielle Andachten gibt, z. B. zur Advents- oder Passionszeit, die solche nötige Erinnerung des Heils wachhalten. Dabei bieten sich eher die Kirchen als die Gemeindehäuser an. Diese Andachten sind nicht zuerst für einzelne feste Gemeindegruppen gedacht, sondern für alle, die sich dazu einladen lassen. Es wäre schön, wenn die Ausgestaltung jeweils von einem Gemeindekreis übernommen werden könnte.
- Es kann gesellschaftliche oder globale Ereignisse geben, die bei vielen eine besondere Betroffenheit auslösen, wie die politischen Ereignisse vor und nach der Wende 1989/1990 in Deutschland, der Irakkrieg, einzelne terroristische Anschläge,

---

[1] Es ist kein Wunder, dass ausgerechnet der Buß- und Bettag außerhalb Sachsens zugunsten den Pflegeversicherung geopfert wurde.

und die auch nach einer Vergewisserung im Glauben fragen lassen. Es ist sinnvoll, wenn die Kirche in diesen Situationen Orte der geistlichen Besinnung anbietet. Dabei versammelt sich nicht eine feste kirchliche Gruppe. Vielmehr sind alle Menschen, seien sie Christen oder nicht, eingeladen. Die Vorbereitung sollte eine Gruppe übernehmen, in der besonders betroffene Personen aktiv einbezogen sind.

- Anlass für eine Andacht kann sein, dass man zu einer Gemeindegruppe gehört. Man trifft sich, um Geselligkeit zu erleben, um sich zu unterhalten oder um zu einem Thema zu arbeiten. Zu Beginn oder am Ende findet eine Andacht statt. Deren Funktion hängt einmal mit der Identität des jeweiligen Kreises zusammen. Vielleicht könnte Vieles von dem, was für ihn typisch ist, auch außerhalb der Kirche angesiedelt sein: Geselligkeit pflegen, feiern, bestimmte Themen besprechen. Aber durch die Praxis der Andacht vergewissert sich eine Gruppe ihrer religiösen bzw. kirchlichen Identität. Das bedeutet: Wer hier zusammenkommt, trifft sich nicht nur miteinander, sondern sucht auch nach der Kommunikation mit Gott. Außerdem können Andachten in Gruppen helfen, für religiöse Fragen Sprache zu finden. Während viele Diskussionen in den Gruppen oft an der Oberfläche des natürlich-menschlichen Wissens und der alltäglichen Erlebnisse bleiben, wird jetzt durch bestimmte Lieder, durch biblische Texte und durch das gemeinsame Gebet ein Sprachraum eröffnet, in dem es leichter fällt, Worte des Glaubens zu hören oder zu sprechen.
- Andachten können auch zu bestimmten biographischen Anlässen stattfinden. So halten viele Pfarrerinnen oder Pfarrer anlässlich des Geburtstags eines älteren Gemeindegliedes eine Hausandacht mit dem Jubilar und der mitfeiernden Gemeinschaft. Auch Krankheiten oder Behinderungen des Alters können gelegentlich die Ursache dafür sein, dass – sozusagen als Ersatz für den unmöglich gewordenen Besuch des Gottesdienstes in der Gemeinde – nun eine Andacht in der Wohnung gehalten wird.

Es gibt viele unterschiedliche Anlässe, um miteinander Andacht zu halten. Jeder Anlass ist zweifellos legitim. Es kommt aber darauf an, die jeweiligen kommunikativen Bedingungen und die unterschiedlichen Motivationen zur Teilnahme im Blick zu haben, wenn diese Zusammenkünfte vorbereitet und durchgeführt werden. Der Anlass bestimmt den Inhalt stark mit. Oft wird man von ihm her das Thema, den Text, die Lieder und Gebete wählen. Oder vorgegebene Texte werden mit dem Anlass, z. B. mit dem Geburtstag eines alten Gemeindegliedes oder mit dem politischen Ereignis, das so viel Betroffenheit ausgelöst hat, deutlich in Beziehung gesetzt. Viele Andachten tragen ein »kasuelles Gesicht«, sind kleine »Kasualien im Alltag«. Deshalb ist es wichtig, dem Anlass sein ihm gebührendes Gewicht zu geben und die Verkündigung auf diesen »Kasus« zu beziehen.

6.2 Die Zeit

Andachten sind von der Zeit abhängig. Dies gilt zunächst grundsätzlich: Wer keine Zeit hat, kann nicht andächtig werden. In einer Zeit, in der das Non-Stop regiert, ist es schwer, sich Zeit zu nehmen.[2] Aber wie kann das geschehen, dass wir keine Zeit haben? Gott hat sie uns reichlich zum Geschenk gemacht. Wer nimmt sie uns eigentlich? Wieso gestatten wir es, dass sie uns genommen wird? Wer ist eigentlich der Herr über unsere Zeit? Es kann sein, dass wir bei der Selbstbesinnung auf unsere so knappe Zeit entdecken, von welchen Motiven und Zwängen wir beherrscht werden. Sich Zeit nehmen für gestaltete Spiritualität, das heißt auch: Den Herren über meine Zeit den Kampf ansagen. Zeit für Andacht kann ein Beleg für Freiheit sein.

Natürlich muss auch jede Andacht mit den Grenzen der jeweiligen Zeit leben. Wir müssen wissen, wie viel Zeit wir uns in dieser oder jener Situation nehmen können. Wenn eine lange Tagesordnung im Kirchenvorstand zur Behandlung ansteht, dann ist es nicht sinnvoll, die Sitzung durch eine längere Andacht an

---

[2] Vgl. zum Zeitproblem aus philosophischer und pädagogischer Sicht: GEIẞLER, Zeit leben.

ihrem Beginn zusätzlich zu belasten. Ein gemeinsames Lied, ein kurzer Text oder ein kurzes Gebet sind hier besser am Platz als eine ausführliche biblische Auslegung. Besonders ungeschickt wirkt es, wenn angesichts der vielen noch zu verhandelnden Tagesordnungspunkte der Pfarrer bzw. die Pfarrerin innerlich unter Druck geraten und die in üblicher Länge verfasste Ansprache hastig heruntersprechen. Wer in einer Andacht spricht, sollte davon überzeugt sein, Wichtiges zu sagen zu haben. Sonst sollte er bzw. sie lieber schweigen. Wenn es aber wichtig ist, dann braucht es auch seine Zeit.

Andachten sind von der Zeit abhängig, weil alles Leben, das biologische ebenso wie das spirituelle, in einem Rhythmus geschieht:[3] im Rhythmus des Tages mit den Stunden des Morgens, des Tageshöhepunktes, des Abends und der Nacht; in der Abfolge einer Woche; im Rhythmus eines Jahres mit seinem biologischen Kreislauf des Werdens und Vergehens und in der Abfolge der Daten der Heilsgeschichte, die dem Kalenderjahr mit dem Kirchenjahr zugeordnet worden sind; im Rhythmus des Aufwachsens und Alterns einer menschlichen Biographie.

Es gehört zu den alten Weisheiten gestalteter Spiritualität, diese Rhythmen zu beachten. Am Morgen sind wir erwacht mit neuen Kräften. Jeder Morgen spiegelt etwas vom Wunder der Auferstehung: Wir konnten wieder neu aufstehen. Der Tag liegt vor uns wie ein unbeschriebenes Blatt Papier. Wir freuen uns auf das, was kommen wird, und wir ängstigen uns zugleich vor diesem und jenem. Es ist gut, für die neuen Kräfte Gott zu danken. Wir können uns seiner Nähe vergewissern. Die Bitte um seine Hilfe für uns und für andere nimmt uns manche Angst. Am Abend möchten wir loslassen, was uns noch immer beschäftigt. Was wir versäumt und was wir falsch gemacht haben, lässt uns nicht los. Es ist gut, Gott alles anzuvertrauen und ihn um Vergebung zu bitten. Jeder Abend bringt die Erfahrung, dass die Zeit begrenzt ist, dass Leben endet und dass das Licht von der Finsternis abgelöst wird. Es ist gut, an die Grenzen des Lebens zu denken, an unser eigenes Altern und Vergehen. Und es hilft uns,

---

[3] Vgl. dazu HELD/GEISSLER, Von Rhythmen und Eigenzeiten. Zum Kirchenjahr vgl. BIERITZ, Das Kirchenjahr.

uns dessen zu vergewissern, der nicht vergeht, sondern der ewig derselbe ist und der uns Anteil gibt an seiner Ewigkeit.

In der Gegenwart sind solche Erfahrungen überlagert durch den Dauer-Betrieb auf allen Ebenen und Kanälen. Aber dennoch ruht in uns Menschen noch immer die Sehnsucht nach einem Rhythmus, der uns und unserer Welt wirklich entspricht. Dies gilt in gleicher Weise für den Tagesrhythmus, für das Jahr mit seinen Themen wie auch für den Rhythmus einer persönlichen Biographie vom Kindes- und Jugendalter über die verschiedenen Phasen des Erwachsenenlebens bis zum Alter.[4] Manchmal bringt uns erst eine Krise zum Bewusstsein, dass wir die hilfreichen Lebensrhythmen übersehen oder missachtet haben. Andacht, die sich in den natürlichen Rhythmus der Zeit stellt, scheint auf den ersten Blick eine wenig moderne Veranstaltung zu sein. Sie bewahrt aber in ihrer Weise ein Humanum, das auch der Mensch der »modernisierten Moderne« dringend braucht. Auch er braucht Rastplätze in der Zeit – für seinen Leib und für seine Seele. Auch er braucht Zeiten, in denen sein Lebensvertrauen erneuert wird.

Eine besondere Aufmerksamkeit, nicht zuletzt bei jungen Menschen, finden Formen spiritueller Besinnung zu ungewohnten Zeiten. So wird die Feier der Osternacht für viele attraktiv. In der »heiligen Nacht« vom 24. zum 25. Dezember finden Mitternachtsandachten einen ungewöhnlichen Zuspruch. An anderen Orten wird eine Nacht des Friedens oder der Passion inszeniert. Hinter dieser Offenheit für die besondere Zeit stehen sicher unterschiedliche Motive, möglicherweise bei einigen auch eine oberflächliche Erlebnissucht. Vielleicht zeigt sich in ihr aber auch die Suche nach dem »ganz anderen«: nach einer Begegnung mit dem Heiligen, das man sich kaum mehr im leistungsorientierten und durchrationalisierten Alltag mit seinen Zeiten, sondern eher in dem anderen, also sakralen Raum und in der ganz anderen Zeit vorstellen kann.

---

[4] Zur Frage der Entwicklung des Glaubens in den verschiedenen Lebensetappen vgl. u. a. NIPKOW, Grundfragen der Religionspädagogik, Bd. 3, und FOWLER, Glaubensentwicklung.

6.3 Die Gruppe

Die Gruppen, mit denen wir Andachten feiern, sind unterschiedlich: Hauskreise, in denen man sich sehr genau kennt; Freizeiten, in denen man für eine bemessene Zeit zusammenlebt; eine Arbeitsgruppe, die Papiere verfasst und Beschlüsse vorbereitet, die aber ihr Zusammensein auch geistlich versteht; eine Gruppe, die sich regelmäßig zum Pilgern trifft und dabei auch Andachten hält. In vielen Gemeindegruppen begegnen sich Menschen mit unterschiedlicher Frömmigkeit, mit verschiedener Nähe zu Kirche und Gemeinde, Personen aus unterschiedlichen sozialen Milieus und Altersstufen, Christen mit verschiedenen kulturellen Interessen und politischen Überzeugungen. Andere sind relativ homogen zusammengesetzt. Doch wenn eine Gruppe miteinander Andacht hält, bedeutet das immer: Die mehr oder weniger unterschiedlichen Individuen vergewissern sich in dem einen Grund des Glaubens, der sie trotz aller Unterschiede miteinander verbindet. Sie hören, sie singen und beten gemeinsam zu dem einen Herrn. Das heißt nicht, dass besondere Wünsche Einzelner oder individuelle Erfahrungen und Ansichten anderer hier keinen Platz hätten. Bestimmte subjektive Einsichten können dargestellt, ein besonderes Erlebnis einer Person kann erzählt werden. Aber es ist hier nicht der Ort, um Konflikte zu vertiefen, sondern bei aller Unterschiedlichkeit eher nach dem Verbindenden zu suchen.

Andachten in Gruppen bieten die besondere Chance, geistliche Besinnungen kommunikativ zu gestalten. Doch die häufig üblichen traditionellen Formen der Andacht berücksichtigen diese Chance des gruppenbezogenen geistlichen Lebens in der Regel nur unzureichend: Gemeinschaft ist hier weithin auf das gemeinsame Hören und Singen beschränkt. Vielfach bieten aber die überschaubaren Gruppen und die zur Verfügung stehenden Räume weitere kommunikative Möglichkeiten, die auch für das gemeinsame geistliche Leben genutzt werden können: gemeinsames Lesen und Beten, Austausch in der Gruppe, aktive Teilnahme an symbolischen Aktionen usw. Zwar wird nicht jeder Kreis für jede Methode zu begeistern sein. Aber es wird viele Gruppen geben, die den geistlichen Reichtum einer kommunikativ gestalteten Andacht noch nie so recht wahrnehmen konnten, weil sie noch nie entsprechende Erfahrungen gesammelt haben. Kommunikative Formen können allerdings nur gelingen, wenn es keine massiven Beziehungsprobleme zwischen den Gruppenmitgliedern gibt.

Ebenso kann jede Form der Andacht, also auch die eher monologische, erschwert werden, wenn Gruppe und Leiter Vorbehalte gegeneinander haben. Diese können aus theologisch oder politisch unterschiedlichen Meinungen resultieren. Oder man hat in einer konkreten Situation negative Erfahrungen mit dem oder der anderen gesammelt, die nicht aufgearbeitet sind. Wo solche Konflikte schwelen, könnten der Leiter bzw. die Leiterin nicht nur mit Menschen-, sondern sogar mit Engelszungen predigen und beten – es würde wenig ankommen. Wenn Andacht in Gruppen gelingen soll, müssen gravierende Probleme zwischen den Gruppenmitgliedern einerseits und zwischen Leitung und Gruppe andererseits überwunden sein. Es ist normal, dass dort, wo Menschen miteinander leben, Beziehungsschwierigkeiten auftauchen. Auch in christlichen Gruppen, in Kirchgemeinden, Kinder- und Jugendgruppen ist das so, wie wir wissen. Deshalb gehört zur spirituellen Kompetenz eines Leiters von christlichen Gruppen zugleich auch immer ein bestimmtes Maß an kommunikativer Sachkenntnis. Wer geistliches Leben in Gruppen fördern will, sollte Wege suchen, Konflikte nicht zuzudecken und zu verharmlosen, sondern sie zu erspüren, sie offenzulegen und konstruktiv zu bearbeiten – aber nicht in einer Andacht, sondern bei anderen passenden Gelegenheiten. Dann wird man auch wieder miteinander singen, beten und die Schrift auslegen können.

6.4 Die Leiterin/der Leiter

Viele Menschen scheuen sich, eine Andacht zu leiten. Dabei spielen verschiedene Gründe eine Rolle:

Manche bezweifeln, dass sie über ein ausreichendes Maß an Glaubensgewissheit und kirchlich-biblischem Wissen verfügen, das sie zu einer Glaubensrede legitimieren könnte. Solche generellen Selbstzweifel wird man einer Person nicht einfach ausreden können und sollen. Aber es geht bei einer Andacht nicht darum, dass sich der Leiter bzw. die Leiterin in den Mittelpunkt stellen und dass sie selbst die zentrale Botschaft des Glaubens formulieren müssen. Sie ist ihnen im Bibeltext, in einem Liedvers oder Bild schon vorgegeben. Es geht »nur« darum, zu dieser vorgegebenen objektiven Botschaft Zugänge zu bahnen, eigene Fragen oder Empfindungen, eine eigene oder eine fremde Erfahrung hinzuzustellen. Wer eine Andacht leitet, soll das objektiv vorgegebene Evangelium subjektiv bezeugen, aber er oder sie muss nicht selbst das Evangelium sein. Und das subjektive Zeugnis darf auch suchend und tastend ausfallen, und es kann auch das Aussprechen von Fragen und Zweifeln einschließen.

Manche haben einen bestimmten Pfarrer oder eine Gemeindepädagogin vor Augen, die sie als Leiter bzw. Leiterin oft erlebt haben. Unbewusst gehen sie von der Vorstellung aus, dass sie auch so rhetorisch geschickt oder geistlich eindrucksvoll reden müssten wie sie. Ein biographisch starkes Vorbild kann das Vertrauen auf die eigenen Fähigkeiten blockieren. Aber es wäre nichts verkehrter, als bestimmte Vorbilder kopieren zu wollen und die eigenen Stärken und Eigenheiten zu unterdrücken. Eine Gruppe durchschaut es bald, wenn eine Leitungsperson nicht authentisch sie selbst ist, sondern sich nur in eine fremde Rolle hineinbegibt, die nicht zu ihr passt. Jeder und jede leitet mit den jeweils eigenen Mitteln.

Generell sind wir es gesellschaftlich immer weniger gewöhnt, im Alltag über Glaubensfragen zu sprechen. Auch deshalb mag die Scheu zunehmen, eine Andacht zu leiten. Es gilt also, eine kulturelle Hemmschwelle zu überwinden. Aber wer den Schritt wagt, kann dabei darauf setzen, dass die mehr oder weniger vertraute Gruppe und das Arrangement der verschieden Einzelelemente einer Andacht einen geschützten Sprechraum bilden, in dem es leichter fällt, persönliche Worte des Glaubens zu sprechen.

Wer Andachten leiten will, braucht also ein bestimmtes Maß an Selbstreflexion und Selbstklärung im Blick auf die – bisher meist ungewohnte – Rolle. Darüber hinaus kann es hilfreich sein, wenn sich anfangs auch ein weiteres Gruppenmitglied bereiterklärt, als Co-Leiter zur Verfügung zu stehen. Die Leitungsrolle kann geteilt werden: Der eine legt den Text aus. Die andere bereitet sich auf Gebet und Lieder vor. Nach einiger Zeit haben beide eine Portion Sicherheit gewonnen und trauen es sich auch allein zu. Wichtig ist, zu sich selbst zu stehen. Ich darf das sagen, was ich in einem Text entdeckt habe. Auch meine Fragen an einen Bibeltext haben hier Platz. Und ich kann und darf so reden, singen und beten, wie ich es kann. Wenn mir das freie Beten nicht liegt, kann ich ein gutes schriftliches Gebet suchen. Wenn ich selbst Schwierigkeiten habe, ein Lied anzustimmen, bitte ich eine Person aus der Gruppe.

Vielleicht wird jemand eher zur Übernahme einer Andacht bereit sein, wenn er oder sie sich weniger am Modell einer monologischen Andachtsrede orientiert, sondern wenn er oder sie sich an anderen methodischen Möglichkeiten orientiert. Vielleicht wird ein Bibeltext mit zwei anderen Texten konfrontiert, die zum Bibeltext einen sprechenden Kontrast bilden. Vielleicht wird nur von einem persönlichen Erlebnis erzählt, das inhaltlich mit dem Text in Korrelation steht. Vielleicht wird die Gruppe angeregt, sich selbst zu äußern.

Was gehört zur Leitungsaufgabe? Es geht um die vorher zu erledigende Vorbereitung auf eine Andacht, um die Festlegung einer festen Struktur des Ablaufs mit ihren verschiedenen Teilen und um Absprachen mit denen, die eine Teilfunktion übernehmen sollen. Die Leitenden müssen dafür sorgen, dass das nötige »Material«, z. B. Bibeln und Liederbücher, bereitliegt. Sie sind auf jeden Fall verantwortlich für die Eröffnung und den Schluss der Andacht und für die Teile, die sie selbst übernommen haben. Wer leitet, muss also manches selbst tun, ist aber nicht der einzige Akteur, sondern mitunter auch eher Moderator und Koordinator.

Während ein Prädikant oder eine Pfarrerin traditionell einen besonderen Platz einnehmen – als Vorbeter am Altar, als Predigerin von der Kanzel herab, sitzt die leitende Person einer Andacht in einer Gruppe mit den Teilnehmenden meist in einer Runde oder an einem Tisch. Sie sollte sich zwar einen Platz suchen, von dem aus sie alle Teilnehmer leicht im Blick haben kann. Aber sie hat keinen hervorgehobenen »Ehrenplatz« und meist auch kein separates Lesepult. Dieser Platz neben den anderen ist eine besondere Chance bei Andachten mit Gruppen: Denn Leiter und Teilnehmende kommen sich räumlich nahe, und umso mehr sollten die Leitenden deshalb auch in ihren Worten der Gruppe nahekommen. Die Forderung, nicht nur dogmatische Richtigkeiten, sondern möglichst verständliche, auf die Hörer bezogene Sätze zu sprechen, gilt natürlich für jeden Gottesdienst und für jede Predigtvorbereitung. Aber bei Andachten in überschaubaren Gruppen kommt es noch mehr darauf an, aus der Nähe zu den Teilnehmerinnen und Teilnehmern heraus zu sprechen als beim großen Gemeindegottesdienst. Gerade hier sind eine größere Nähe und ein höheres Maß an persönlicher Zuwendung möglich. Oft spüren wir es als Leitende, dass wir hier ein Stück unseres »geistlichen Gesichts« zeigen dürfen. In Gruppen, in denen man sich kennt und in denen man einander vertraut, wird die Leitungsperson oft persönlicher, suchender oder auch riskanter reden und verfahren können als sonst.

Eine Andacht leiten: Das ist zweifellos eine anspruchsvolle Aufgabe für Hauptamtliche und Ehrenamtliche gleichermaßen. In einer Kirche mit immer weniger Hauptamtlichen wird es immer mehr zu einer ehrenamtlichen Tätigkeit. Das ist nicht nur wichtig, um die weniger werdenden Hauptamtlichen zu entlasten oder zu ersetzen, sondern auch deswegen, weil so verschiedene Personen mit ihrer jeweiligen Art, mit ihrer jeweiligen Lebenserfahrung und mit ihrer Art des Glaubens die Verkündigung bereichern. Und vielleicht spüren sie es gelegentlich selbst, dass das Sprechen über den eigenen Glauben ihnen selbst guttut.

6.5 Der Raum

Wenn wir nach gestalterischen Möglichkeiten für Andachten in Gruppen suchen, dann spielt der Raum, in dem die Teilnehmenden zusammenkommen, eine fundamentale Rolle. Ein Zimmer mit einem Arbeitstisch in der Mitte ermöglicht andere Formen der Kommunikation als ein Kirchenraum. Es wäre unsinnig, um den Sitzungstisch herum gregorianische Wechselgesänge anzustimmen. Es ist ebenso unpassend, einen hohen gotischen Chor vor allem zur Diskussion zu nutzen. Wir brauchen ein Gespür für die Atmosphäre und die jeweiligen kommunikativen Chancen eines Raumes.

Die unterschiedlichen Räume, die wir in unseren Gemeinden haben, eröffnen uns verschiedene spirituelle Möglichkeiten, die wir nutzen sollten. Um einige Beispiele anzuführen:

- Ein kirchlicher Jugendkreis zeigt wenig Bereitschaft zur thematischen Arbeit und geistlichen Besinnung. Er ist vor allem an Geselligkeit miteinander interessiert. Alle Versuche des Leiters, die Abende mit einer Auslegung des Losungstextes, mit Gebet und Lied zu eröffnen bzw. zu beschließen, wirken verkrampft. Es ist zu spüren, dass die Jugendlichen diese Anstrengungen eher schweigend ertragen, als dass sie sie von sich aus innerlich mitvollzögen. Vielleicht bietet sich der in der unmittelbaren Nähe des Gemeindehauses gelegene Kirchenraum an, um die Abende mit einer Meditation im Altarraum der Kirche zu beenden. Der halbdunkle Kirchenraum, erleuchtet nur von wenigen Kerzen, die Töne einer Gitarre oder einer Flöte, wenige konzentriert gesprochene Worte, ein Gebet mit gemeinsam gesungenen Kyrie-Rufen, könnten einen Teil der Jugendlichen atmosphärisch faszinieren und zur eigenen aktiven Mitbeteiligung motivieren.
- In einem früheren Predigerseminar, Ausbildungsort für Vikarinnen und Vikare zwischen dem Ersten und dem Zweiten theologischen Examen, gab es keinen Andachtsraum. Man begann am Morgen im Arbeitsraum, um den großen Tisch herumsitzend, mit einer Morgenandacht. Üblich war, dass ein Teilnehmer bzw. eine Teilnehmerin einen kurzen biblischen Spruch auslegte. Die Mehrheit der jungen Theologinnen und Theologen im Predigerseminar tat sich schwer mit dieser Form einer Kurzpredigt. Sie passe nicht in diesen Raum, wo auch sonst viel im Gespräch gearbeitet würde, sagten sie. Außerdem fühle man sich im Kreis der kritisch zuhörenden Professionellen unter einem unguten Leistungsdruck. Nach einigen Diskussionen vereinbarten sie, künftig regelmäßig gemeinsame Gespräche über einen biblischen Text zu halten.

Mit dieser anderen Form geistlicher Besinnung sammelte man bald gute Erfahrungen.

- Auf einer Familienfreizeit soll der Tag mit einer Abendandacht abgeschlossen werden. Doch es gelingt schwer, die Kinder nach dem Abendessen noch einmal im Aufenthaltsraum zu sammeln. Sie sind nach dem langen Tag müde. Außerdem stehen im Raum viele Dinge, die nicht zur Sammlung, sondern zur Ablenkung dienen: die heute gebastelten Figuren, die gestern gemalten Bilder. Man entschließt sich gemeinsam, die Abendandachten in die nahe gelegene Kirche zu verlegen. Es tut offenbar auch den Kindern gut, am Ende des Tages in diesen anderen Raum zu wechseln, zunächst der Orgel zu lauschen und dann eine geistliche »Gute Nacht-Geschichte« zu hören.
- Für den Wandertag einer Gemeindegruppe hatte man eigentlich geplant, den Tag mit einer Abendandacht in einer Kirche der Nachbargemeinde abzuschließen. Durch ein Missverständnis stand die Kirche nicht dazu zur Verfügung. Daraufhin entschloss man sich, die Andacht auf einer nahegelegenen Wiese vor einer eindrucksvollen uralten Eiche abzuhalten. Die Gruppe lagerte sich auf mitgebrachten Decken im Kreis und stand zum Singen des Schlussliedes und zum Empfang des »Reisesegens« am Ende auf. Die große Eiche bildete das natürliche Zentrum des so entstandenen Raumes, so dass auch von dort aus die Lesungen und weiteren Worte vorgetragen wurden. Die Stimmen der Gruppe mischten sich mit dem Gezwitscher der Vögel. So wurde es eine besondere Abendandacht, die lange im Gedächtnis haften blieb und die im darauffolgenden Jahr bewusst wiederholt wurde.

Räume ermöglichen oder behindern eine spezifische Art der Kommunikation. Der eine Raum ermöglicht Predigt, Wechselgesang, Meditation. Aber er erschwert Gespräch und persönliches Kennenlernen. Ein anderer Raum ist geeignet für persönliche Begegnung, Diskussion oder Aktion. Aber er löst keinerlei Gefühle von Ergriffensein oder Ehrfurcht aus, die für viele mit Gottesdienst oder Andacht verbunden sind. Räume haben eine Dienstfunktion für geistliches Geschehen. Dass dies so ist, liegt daran, dass sie selbst auch Botschaften aussenden. Sie »predigen« in ihrer Weise von dem, was sie prägt: vom Gebet, von der Ausrichtung nach »oben«, von der Begegnung mit anderen, von Konzentration oder Entspannung, von Macht oder Bescheidenheit, von Reichtum oder Armut, von Disziplin und Sauberkeit oder von Nachlässigkeit und Schlamperei. Es kann sein, dass der Raum etwas Anderes predigt, als wir selbst im Rahmen einer Andacht sagen wollen. Solche Widersprüche sollten wir aufspüren und möglichst vermeiden, indem wir zu unserer Art der Andacht den dazu nötigen Raum wählen.

Wenn Andachten in Gruppen besonders aus den gemeinsamen kommunikativen Möglichkeiten leben, dann bedeutet das – relativ unabhängig von den unterschiedlichen Räumen – generell: Wir sollten eher im Kreis oder im Halbkreis sitzen als nebeneinander. Wenn wir dabei nicht nur die Gemeinschaft untereinander erleben, sondern wenn wir uns auch der Gemeinschaft mit Gott vergewissern wollen, dann ist es hilfreich, wenn uns ein Zeichen in der Mitte des Kreises auf das Zentrum aller Andacht, auf Gott, hinweist: ein Kreuz, eine Kerze, Blumen. Die Andacht braucht nicht unbedingt den besonderen religiösen Raum, so sehr er seine besonderen Chancen hat. Sie kann auch in der Natur bzw. im Wohn- oder Arbeitsraum stattfinden, wie es beispielsweise während des Lockdowns in der Corona-Pandemie gelegentlich notwendig wurde. Die Alltagsräume bieten die Chance, leichter an den alltäglichen Vollzügen und Themen anzuknüpfen und diese spirituell aufzunehmen. Aber gerade hier ist es hilfreich, den besonderen Charakter dieser Art von Kommunikation zusätzlich durch kleine Zeichen kenntlich zu machen: Das Anzünden der Kerze oder das Anschlagen einer Klangschale sind Signale des Beginns. Ein kleiner Augenblick des Schweigens beendet die gemeinsame Besinnung.

7. Einzelelemente und Gesamtgestaltung

7.1 Die klassischen liturgischen Elemente (Lied, Psalm, Lesung, Gebet, Segen)

So unterschiedlich Andachten sein mögen, so sehr gleichen sich Andachten mit Gruppen in der Regel darin, dass sie nicht nur aus einem Verkündigungsteil bestehen, sondern auch aus anderen Elementen, die zum Verkündigungsteil hinführen bzw. die ihm folgen. Die traditionelle Abfolge besteht aus Lied, Psalmgebet, biblischer Lesung mit Auslegung, Gebet, Vaterunser, Segen und Schlusslied. Das alte Schema hat sich wohl nicht zufällig herausgebildet, sondern hinter ihm stehen spirituelle Erfahrungen vieler Jahrhunderte.

Das Lied
Lieder, zu Beginn gesungen, dienen zur emotionalen, geistlichen und u. U. auch thematischen Einstimmung auf das Geschehen. Singend stellen sich die Teilnehmer auf das ein, was jetzt geschieht. Sie öffnen sich der Begegnung mit Gott. Die Lieder dienen aber auch zur Herstellung von Gemeinschaft: Durch die gleiche Melodie, der alle folgen, den gleichen Text und den gleichen Rhythmus wird eine Übereinstimmung zwischen allen Teilnehmern erreicht. Im Lied findet eine Vereinigung besonderer Art statt: Die Liedtexte sind vielfach Gebete. Ohne dass die Teilnehmer sich dies deutlich bewusstmachen, werden sie singend in eine Haltung der Anbetung eingeführt. Zu solchem singenden Beten kann es mithilfe von Musik unterschiedlicher Liedgattungen kommen – durch alte Kirchenlieder ebenso wie durch Neue Geistliche Lieder, durch Lobpreisgesänge, Gospel oder Taizé-Melodien.

Nicht immer steht ein Instrument zur Verfügung, das den Gesang stützen und verschönern kann. Umso wichtiger ist es, dass eine Person aus der Gruppe als »Kantor« die ausgewählten Lieder anstimmen und stimmlich anführen kann. Welche Lieder ausgewählt werden, hängt ganz von der Gruppe, der jeweiligen Andachtsart und der Leitungsperson ab. Im formal relativ freien

Rahmen einer Andacht lassen sich bisher unbekannte Lieder gut einführen und einüben, ohne dass dabei der Eindruck einer »Singstunde« entstehen darf.

Psalmen

Das Psalmgebet weitet die feiernde Gemeinschaft bis in die Zeit vor Christus aus. Ein kleines Stück aus dem »Gesangbuch« des alten Gottesvolkes Israel wird im Wechsel betend gelesen. Mit dem Psalm wird auch an die Praxis der Stundengebete erinnert, die dem Psalmengesang weiten Raum gaben und geben.[1] Oft vermag es ein Psalm mit seiner metaphorischen Sprache, mit einem Wort oder mit einem halben Satz Menschen heute zu berühren. Einer fühlt sich plötzlich angesprochen, wenn es heißt »Mein Gott, des Tages rufe ich, doch du antwortest nicht, und des Nachts, doch finde ich keine Ruhe« (Ps 22,3). Und eine andere spürt eine tröstliche Kraft, wenn sie liest »Wirf dein Anliegen auf den Herrn; der wird dich versorgen« (Ps 55,23). Etwas von den geistlichen Erfahrungen der alten Beter erreicht Einzelne aus der Gruppe und entwickelt eine seelsorgerliche Kraft. Ob eine Andacht gelingt, liegt nicht nur am Verkündigungsteil. Es kann auch mit einem einzelnen Lied, einem Psalmwort oder einem Gebet am Ende zusammenhängen. Dabei können wir uns oft auf Sprachkraft der klassischen Psalmübersetzungen, vor allem die von Martin Luther, verlassen. Aber es gibt daneben sehr gute Transformationen von Psalmtexten, die je nach Situation und Gruppe ebenfalls sehr zu empfehlen sind, wie z.B. die Sammlung »Ich stehe unter Gottes Schutz« des Dichters und Kabarettisten Hanns Dieter Hüsch und des Theologen und Schriftstellers Uwe Seidel.[2]

Gebet

In der Mitte der Andacht wird der biblische Text oder das Wort gelesen und bedacht, dem sich die Gruppe heute widmen soll.

---

[1] In den Stundengebeten wurde die jüdische Praxis des synagogalen Gottesdienstes weitergeführt, für bestimmte Gebetszeiten und Tage jeweils bestimmte Psalmen vorzusehen, vgl. dazu GOLTZEN, Der tägliche Gottesdienst, 99–294.

[2] HÜSCH/SEIDEL, Ich stehe unter Gottes Schutz.

Das Nachdenken und die Beschäftigung mit dem Text führt in das sich anschließende Gebet: in den Dank für das Gehörte und neu Bewusstgewordene, in die Bitte um Hilfe in Nöten, die sich im Licht des Textes besonders deutlich zeigen. Manche Leiterinnen und Leiter formulieren ein solches Gebet frei und ganz aus dem Augenblick heraus. Andere bereiten es schriftlich vor. Und wieder andere verwenden ein Gebet, dass sie an anderer Stelle gefunden haben und das ihnen lieb ist. Es ist möglich, ein Gebet aus dem Gesangbuch zu wählen, das viele geeignete Gebete für bestimmte Lebenssituationen oder zu den einzelnen Wochentagen bereithält (EG, EKD-Stammausgabe, Nr. 812–951). Alle Formen des Gebets sind zulässig und geeignet, es gibt keine Rangfolge im Blick auf ein formal besseres oder schlechteres Beten. Wichtig ist, dass das Gebet nicht als fromme Pflichtübung absolviert wird, sondern dass sich möglichst alle in den Worten wiederfinden, die gesprochen werden. Es kommt darauf an, dass sich viele hier für Gott dankend und bittend öffnen können. Das Vaterunser, das Gebet, das Jesus selbst seinen Jüngern gegeben hat, schließt die heutigen Gebetsworte ab. Die eigenen Bitten werden so umgriffen und erweitert durch weitere Bitten, die auf das Wesentliche des Lebens und Glaubens zielen: Gottes Reich komme, sein Wille geschehe.

Das Gebet ist ein unverzichtbares Element von Andacht.[3] Aber ist es nötig und möglich, in jeder Andacht zu beten? Auch dort, wo Nichtchristen teilnehmen? Ich plädiere dafür, auch in Zusammenkünften, bei denen wir mit kirchlich Distanzierten oder Nichtchristen rechnen müssen, in der Regel nicht auf das Gebet zu verzichten. Hilfreich ist es hier oft, sprachlich eindrucksvolle Gebete von Autoren aus der Vergangenheit oder Gegenwart zu verwenden. Einzelne Psalmen bieten sich ebenfalls dafür an. Mancher wird so zunächst sprachlich-ästhetisch angesprochen, der weltanschaulich Schwierigkeiten mit dem Gebet hat.

Schließlich noch ein Hinweis zum freien Gebet. Es ist gut, wenn in kleineren Gemeindegruppen in Andachten auch das freie Gebet in einer Gebetsgemeinschaft gepflegt wird, in der

---

[3] Vgl. zum Gebet generell: MEYER-BLANCK, Das Gebet.

jedem Teilnehmer und jeder Teilnehmerin die Möglichkeit gegeben ist, sich aktiv mit eigenen Bitten oder eigenen Dankesworten einzubringen. Auch eine Gebetsgemeinschaft braucht eine Leitungsperson. Sie sollte dafür sorgen, dass kein sublimer Gruppenzwang entsteht, der Schüchterne zum lauten Beten zwingt. Und auch ein solches Gebet muss durch wenige Worte eröffnet und durch zusammenfassende Sätze, oft auch durch eine Überleitung zum Vaterunser, geschlossen werden.

Der Segen
Mit dem erneuten Zuspruch des Segens, auf den als Antwort ein Lied folgen kann, schließt der »kleine Gottesdienst im Alltag«. Die klassischen Segensformeln kennen die meisten aus dem Sonntagsgottesdienst, vor allem den »Aaronitischen Segen« (Num 6,22–27): »Der Herr segne dich und behüte dich; der Herr lasse sein Angesicht leuchten über dir und sei dir gnädig; der Herr erhebe sein Angesicht über dich und gebe dir Frieden«. Für diese Form, die Martin Luther besonders empfohlen hat, spricht einmal, dass jeder und jede Teilnehmende als einzelne Person gesegnet wird. Wir gehen nicht als Gruppe, sondern als Einzelne wieder zurück in unseren Alltag. Deshalb ist es gut, dass Gottes Segen jeder einzelnen Person gilt. Und zum anderen wird die grammatische Modalform gebraucht: der Herr segne dich. Es ist Gott selbst, der segnet – jetzt in diesem Augenblick. Wer den Segen zuspricht, spricht den Teilnehmenden diese Verheißung Gottes zu und geht davon aus, dass Gott sie wahrmachen wird. Der Segen ist kein heiliger Zauber, den Menschen produzieren könnten. Und schließlich wird bei diesem Segen ein Sprachbild gezeichnet: das Angesicht Gottes, das leuchtet und das sich über dem Gesegneten erhebt. Bildhaft wird Gott als der gezeichnet, der sich uns Menschen freundlich und leuchtend zuwendet. Neben dem aaronitischem Segen ist auch der kürzere trinitarische Segen üblich: »Es segne und behüte dich Gott, der Allmächtige und Barmherzige, Vater, Sohn und Heiliger Geist.«

Ich plädiere dafür, diese geprägten knappen Segensworte zu sprechen und nur ausnahmsweise einmal einen der vielen wortreichen »Reisesegen« zu verwenden. Der Segen als prägnanter Zuspruch der Verheißung von Gottes Zuwendung sollte nicht zu einer kleinen Schlusspredigt verkommen und das Wesentliche unter den vielen poetischen und bildhaften Worten nicht verloren gehen. Schön ist es, wenn er von einem Kreuzeszeichen des Leiters bzw. der Leiterin oder vom Bekreuzigungsgestus aller Teilnehmenden begleitet wird. In diesem Zeichen wird der Sinn der Segensworte noch einmal in einer Handlung symbolisch sichtbar gemacht – mit der Erinnerung an Jesu Tod am Kreuz als Tat der Liebe Gottes zu den Menschen.

Der traditionelle Aufbau von Andachten ist kein Gesetz. Sie können selbstverständlich auch in einer etwas anderen Abfolge gestaltet werden. Aber die alte Ordnung hält in ihrer Weise fest, dass Andachten nicht nur aus biblischer Lesung und Auslegung, nicht nur einem Verkündigungsteil, bestehen, sondern dass sie sich aus verschiedenen liturgischen Elementen zusammensetzen. Mit ihrer Hilfe wird die Andacht zu einem dialogischen Geschehen, in dem nicht nur Gott zu uns reden will, sondern in dem wir ihm in Gebet und Lobgesang antworten. Der zentrale Verkündigungsteil wird davon entlastet, als einzelnes Element zur »Andacht«, zur Offenheit für Gott, führen zu müssen. Die einzelnen Schritte sollen darüber hinaus helfen, dass Menschen auf die Begegnung mit Gott auch geistlich und emotional eingestimmt werden.

7.2 Weitere Texte zur Eröffnung und zum Beschluss

Ob eine äußerlich stattfindende Zusammenkunft namens Andacht auch zu innerer Andacht führt, hängt von vielen Faktoren ab. Manche Teilnehmende einer Abendandacht sind zu Beginn oft noch ganz von den Gedanken und Empfindungen erfüllt, die der Tag für sie ausgelöst hat. Es mögen Sorgen sein, die neu erwacht sind, oder Verpflichtungen, die an diesem Tag wieder dringlicher geworden sind. Es können schöne Begegnungen sein, die eine Person noch innerlich beschwingt sein lassen, oder auch ein Konflikt, den es an diesem Tag gegeben hat.

Der Gang in einen Kirchenraum, ein persönliches oder ein gemeinsames Gebet zur Eröffnung, ein gemeinsames Lied – all diese traditionellen Schritte wollen helfen, dass sich die Menschen nun besinnen und für Gott und sein Wort öffnen können. Aber es ist kein Zufall, dass in modernen Andachtshilfen immer wieder auch meditative Zusatztexte angeboten werden, die auf Zur-Ruhe-Kommen und innere Öffnung der teilnehmenden Personen abzielen. Ebenso wird der Schluss-Segen mitunter von weiteren Texten oder Liedern (Segensbitten) ergänzt, die den Schritt über die Schwelle und die Konzentration auf den Segen verstärken sollen. Solche meditativen Texte zur Eröffnung und zum Beschluss werden vermutlich aus zwei Gründen gern hinzugenommen:

– Einmal finden Andachten nicht immer in Kirchenräumen, sondern oft in eher säkular wirkenden Gemeinderäumen statt. Der Schritt über die Schwellen dieser Räume fällt leicht, aber bewirkt weniger eine innere Einstellungsveränderung als ein Weg in einen Kirchenraum. Schon aus diesem Grund kann es hilfreich sein, vor einem gemeinsamen Lied zu Beginn einen einstimmenden Text zu lesen – vielleicht verbunden mit einer kleinen Zeichenhandlung: dem Anzünden einer Kerze, dem Anschlagen einer kleinen Glocke o. ä.
– Zum anderen fühlen sich Menschen unserer Zeit oft in einer Daueranspannung, in einem Dauerstress durch viele Verpflichtungen, und sie sind oft ungeübt darin, Zeitrhythmen auch innerlich anzunehmen und mit zu vollziehen. Deshalb ist es gut, wenn wir ihnen mit solchen meditativen Schwellentexten helfen, innerlich von einer Zeit in die andere gehen zu können.

Für den Beginn einer Wochenschluss-Andacht wird z. B. ein »Wochenrückblick« vorgeschlagen:

»Ich schaue und höre
auf das, was gewesen ist,
die Bilder, die von den vergangenen Tagen zurückblieben,
die Stimmen, die noch in meinen Ohren
und in meinem Herzen nachklingen,
ich schaue und höre

    Stille

Ich schaue und höre,
was in mir ist,
meine Bilder der Sehnsucht und Hoffnung,
mein Rufen, meine Angst und mein Bitten,
ich schaue und höre

Stille

Ich schaue und höre dir, Gott, entgegen.
Schenke mir deine Bilder und deine Worte.
Lass mich neu schauen und hören.«[4]

In entsprechender Weise wird gelegentlich zum Zuspruch des Segens am Ende einer Andacht durch besondere Verse oder Gebete hingeführt. In einer Reihe mit drei Andachten zum Thema »Segen« wird aus Jochen Kleppers Lied »Der Tag ist seiner Höhe nah« Vers 7 dem Schluss-Segen vorangestellt:

»Gott segnet, wenn du kommst und gehst,
er segnet, was du planst.
Er weiß auch, dass du's nicht verstehst
und oft nicht einmal ahnst
So segne und behüte euch ...«[5]

In anderen Andachten kann auch eine gemeinsame Bitte um den Segen an die Stelle des Zuspruchs durch den Leiter bzw. die Leiterin treten:

»Lasst uns in diesen Abend gehen und Gott bitten:
Unser Abendgebet steige auf zu dir, Gott,
und es senke sich auf uns herab dein Erbarmen.
Dein ist der Tag, und dein ist die Nacht.
Lass, wenn des Tages Schein verlischt,
das Licht deiner Wahrheit uns leuchten.
Geleite uns zur Ruhe der Nacht und zu deinem Frieden,
und vollende dein Werk an uns in Ewigkeit.«[6]

---

[4] Wochenschluss und Sonntagsbegrüßung, 18. In einer Abfolge von Abendandachten aus Bayern findet sich dieser Text leicht abgewandelt für eine Abendandacht. Er beginnt hier so: »Es ist Abend. Dieser Arbeitstag ist zu Ende. Wir nehmen uns Zeit, noch einmal zurückzuschauen ...«, in: Der Mond ist aufgegangen.
[5] EG 457, V.7; zitiert in: Er segnet, wenn du kommst und gehst.
[6] In: Der Mond ist aufgegangen, 9.

7.3 Der Verkündigungsteil

Für die Andacht ist der Dialog zwischen Gott und den Menschen und zwischen den Menschen und Gott konstitutiv. Deshalb ist ein wesentliches Element solcher geistlichen Besinnung, dass in ihr ein Abschnitt aus dem Buch gelesen und ausgelegt wird, das grundlegend Gottes Wort enthält und sein Wirken bezeugt. Dafür eignen sich entweder geschlossene erzählerische Passagen, wie z. B. ein Gleichnis Jesu, oder einzelne biblische Verse, z. B. aus den Psalmen.

Im Unterschied zum Hauptgottesdienst geht es in der Andacht nur um ein »An-Denken«, um eine kurze, unabgeschlossene erste Wahrnehmung eines Textes. Dessen Botschaft soll gedanklich mitgenommen werden können in den Tag. Eine umfangreiche Predigt mit mehreren Teilen und Unterthemen ist deshalb ebenso wenig am Platz wie ein längerer biblischer Text, dessen Sinn vielschichtig und vielfältig ist. Kurze Worte, wie sie im Losungsbuch und in den Wochen- und Monatssprüchen zur Verfügung stehen, können in der Kürze der Zeit konkreter entfaltet und besser behalten werden.

Häufig wird auf die Gefahr hingewiesen, dass man die aus längeren Texten herausgenommenen einzelne Verse nicht mehr die ihnen eigene Botschaft sagen lassen würde, sondern dass man sie missbrauchte, um die eigenen Lieblingsgedanken herauszuhören und diese sich bestätigen zu lassen. Diese Gefahr ist sicher nicht zu leugnen. Sie ist generell gegeben, wenn wir die biblischen Texte nicht mehr in ihrer Fremdheit und Sperrigkeit wahrnehmen, sondern wenn wir sie uns zu schnell in unser Gedankensystem einzupassen versuchen. Und ein solcher Missbrauch kann sich noch schneller einstellen, wenn wir mit einem einzelnen kurzen biblischen Wort, losgelöst von dessen Kontext, umgehen. Deshalb sollte man es sich zur Regel machen, bei der Vorbereitung kurze Bibelworte immer erst im Hinblick auf die sie umgebenden Verse und die ganze Perikope, der sie entnommen sind, wahrzunehmen.

Doch die knappen Bibelverse unterliegen nicht nur spezifischen Gefahren, sondern bieten auch besondere Möglichkeiten. Wenn man Menschen nach den Fundamenten ihres Glaubens befragt, dann stellt sich oft heraus, dass sie nicht nur auf fundamentale biblische Erzählungen verweisen, sondern in der Regel noch stärker auf kurze, elementare biblische Verse, in denen für sie das ganze Evangelium »in nuce« enthalten ist. Die Andacht, deren Verkündigung sich auf kurze biblische Verse stützt, kann gerade deshalb für manche Personen besonders hilfreich werden.

Es geht bei der Verkündigung um Gottes Anrede an uns. Das bedeutet nicht automatisch, dass dazu grundsätzlich nur biblische Texte in Anspruch genommen werden könnten. Bei unserem Abschreiten der historischen Stationen evangelischer Andachtspraxis im Kapitel 3 des vorliegenden Buches haben wir etwas von der Vielgestaltigkeit evangelischer spiritueller Praxis erfahren. Diese betraf nicht nur den »Rahmen«[7] der Andacht, sondern auch deren »Zentrum«: die Verkündigung, das mitgeteilte Evangelium. Gottes Wort ist nicht nur in der Bibel enthalten, sondern es hat sich auch in Liedern und Gebeten, in Briefen, Erörterungen oder Gedichten von Christen späterer Zeit niedergeschlagen. Deshalb kann gelegentlich die biblische Lesung und Auslegung auch durch eine Liedinterpretation,[8] durch eine Lesung aus guter geistlicher Literatur oder durch eine moderne gleichnishafte Erzählung ersetzt werden.

Die Auslegung eines Textes kann in vielfältigen Formen geschehen, u.a. auch durch den Versuch, das biblische Wort im Gegenüber zu anderen literarischen Worten das Seine sagen zu lassen. Nicht immer muss eine einzelne Person den biblischen Abschnitt auslegen, sondern eine Gruppe kann sich entschließen, gemeinsam einen Text zu meditieren und sich gegenseitig die Einsichten und Fragen zuzusprechen, die durch ihn ausgelöst werden. Auch Bilder oder Lieder können als Auslegungshilfen eines Textes benutzt werden. Die Form der Verkündigung darf variabel, also überraschend bleiben. Eine methodische Vielfalt hilft, das Evangelium in unserer erlebnisorientierten Zeit

---

[7] Eine Unterscheidung in Rahmen und Zentrum ist eigentlich unangemessen: Liedgesang und Gebet sind genauso zentral wie das Hören auf das biblische Wort.
[8] Vgl. als Anregung: RATZMANN/ZIMMERLING, Predigen mit Liedern.

vernehmbar zu halten. Dabei darf die Verkündigung allerdings inhaltlich nicht beliebig werden. Es geht immer um die Botschaft, die grundlegend in der Heiligen Schrift bezeugt ist, aber die über sie hinaus auch in anderen Zeugnissen des christlichen Glaubens Gestalt angenommen hat: Es geht um den Zuspruch des Vertrauens Gottes zu uns, dem wir mit unserem Vertrauen antworten.

Es ist möglich, dass gerade die methodische Vielgestaltigkeit der Andachten in ihrer Weise dazu helfen kann, Personen zur Andachtsgestaltung zu ermutigen, die vor einer monologischen Glaubensrede zurückschrecken. Wer eine Andacht leitet, muss nicht unbedingt eine Art kurze Predigt halten, sondern kann die Gaben einbringen, die ihm bzw. ihr zur Verfügung stehen.

7.4 Hinweise zur Gesamtgestaltung

Wer eine Andacht vorbereitet, muss nicht nur einen Bibeltext bzw. ein Thema wählen, sondern ebenfalls passende Lieder, Gebete usw. finden. Es bietet sich an, diese inhaltlich vom jeweiligen Leitgedanken der Verkündigung her zu bestimmen. Aber auch die Tageszeit, z.B. der Morgen oder der Abend, oder der jeweilige Termin im Kirchen- oder Naturjahr (z.B. Advent oder der Frühjahrsmonat Mai) geben Hinweise auf allgemeine Erwartungen und Gefühle, die durch entsprechende Lieder aufgenommen und ausgedrückt werden können. Andachten werden nicht, im Bilde gesprochen, auf dem Reißbrett konstruiert. Andachtsgestaltung ist weniger eine »Technik«, sondern eher eine Art von »Kunst«. Da wird es nicht nur klare gerade Linien geben, sondern auch manchen Schnörkel. Auch wenn im Verkündigungsteil ein Hauptgedanke im Mittelpunkt stehen soll, muss er nicht durchgängig die gesamte Besinnung bestimmen. Die Bilder und Gedanken einzelner Liedstrophen und Psalmverse müssen nicht nahtlos auf ihn zulaufen. Sie haben ihr eigenes Lebensrecht, denn sie sollen geistlich und emotional auf das einstimmen, was nun weiter geschehen soll.

Es gibt Situationen, in denen das gemeinsame Singen nicht möglich ist. Manche Gruppen sind stimmlich-musikalisch nicht in der Lage zu singen. Es kann gesundheitliche Gründe geben, auf gemeinsamen Gesang zu verzichten, wie wir aus den Zeiten der Corona-Pandemie wissen. Oder man möchte eine Gruppe mit vielen kirchlich Distanzierten nicht vorschnell durch das Singen gemeinsamer Lieder »vereinnahmen«. In allen solchen Fällen muss überlegt werden, mit welchen anderen Mitteln die Übergänge vom Alltag in die Andachtssituation und von ihr zurück in den Alltag bewältigt werden können. Für viele Zeitgenossen ist die Orgel ein Instrument, in dessen Klänge sie sich gern hineinziehen lassen. Ein Orgelchoral oder ein Präludium kann emotional auf die Verkündigung einstimmen. Auch andere einzelne Instrumente wie Klavier oder Gitarre können hierbei zum Einsatz kommen. Dabei dürfen die Zuhörenden in einer losen Verbindung zu der sich versammelnden Gemeinschaft bleiben. Die Instrumentalmusik gewährt ihnen Teilhabe und Distanz zugleich. In Situationen, in denen es weder möglich ist, Musik zu hören noch Lieder zu singen, sollten bestimmte Formen der Begrüßung oder meditative Texte diese Übergangsfunktion übernehmen, Texte, die auch sonst ergänzend zu den Liedern oder zur Instrumentalmusik hinzutreten.

8. Wege zur Idee

Wer Andachten für Gruppen gestalten will, braucht gute Einfälle, zündende Ideen. Die Botschaft vom Heil Gottes in Christus darf nicht verschwiegen, sie darf aber auch nicht ideenlos dahingeredet werden. Zweierlei Einfälle sind dazu nötig: Zunächst sind Ideen nötig, um das Thema, die Grundaussage, zu finden. Danach werden gute Einfälle gebraucht, um die einzelnen Schritte ansprechend zu gestalten. So sind z. B. gute Formulierungen oder griffige Beispiele für die Auslegung eines biblischen Textes sehr willkommen. Wie kommen wir zu solchen Ideen?

Ideen, Einfälle, sind nicht einfach planmäßig zu produzieren. Sie ereignen sich, sie kommen über einen, sie werden einem geschenkt. Wenn wir einen guten Einfall haben, geschieht eine Art Schöpfungsakt, creatio. Doch darauf sollten wir uns einzustellen versuchen: Wer auf Einfälle aus ist, braucht eine kreative Gesinnung und Haltung. Auch wenn Ideen nicht planmäßig produziert werden können, gibt es dennoch bestimmte Bedingungen, unter denen Kreativität gut bzw. weniger gut gedeiht. Die Kreativitätsforschung geht davon aus, dass jeder Mensch schöpferisch ist und dass man Kreativität trainieren kann.[1] Deshalb ist es sinnvoll, auch über Wege zur Idee im Blick auf die Andachtsgestaltung zu sprechen.

Wenden wir uns zunächst der grundlegenden Frage zu. Auf welche Weise kommen wir zum Thema, zur leitenden Idee, für eine Andacht? Hierbei sind mindestens drei unterschiedliche Wege möglich:

1. Ausgangspunkt: Gegebener Bibeltext

Nach kirchlicher Ordnung sind jedem Kalendertag mehrere biblische Texte fest zugeordnet: Dies sind einmal zwei kurze Sprüche aus dem Alten und dem Neuen Testament, die als »Losung« (alttestamentlicher Vers) bzw. als »Lehrtext« (neutestamentlicher

---

[1] Vgl. dazu ARENS et al., Kreativität und Predigtarbeit.

Vers) im Losungsbüchlein der Herrnhuter Brüdergemeine für den Tag ausgewählt worden sind. Außerdem werden in den kirchlichen Kalendern[2] zwei längere Perikopen aus dem Bibleleseplan der Liturgischen Konferenz[3] und einer aus dem ökumenischen Bibellese-Programm[4] angeboten. Wer diese Texte nicht für geeignet hält, kann u. U. auch auf den Spruch der Woche, auf die Lesungen des vorangegangenen Sonntags oder auf den Wochenpsalm zurückgreifen. Die Entscheidung für einen der gegebenen Texte wird in der Regel so getroffen, dass die Textaussage in eine gedankliche Beziehung zum Anlass bzw. zu den Teilnehmerinnen und Teilnehmern der Andacht gebracht wird.

Um ein Beispiel zu nennen: Eine Andacht für die Kirchenvorstandssitzung soll vorbereitet werden. Die bevorstehenden Beratungen in diesem Gremium, die Konflikte der letzten Sitzung, Probleme einzelner Vorstandsmitglieder stehen auf der einen Seite, die biblischen Worte auf der anderen. »Wenn ihr mich von ganzem Herzen suchen werdet, so will ich mich von euch finden lassen, spricht der Herr« (Jer 29,13–14), so lautet beispielsweise das Losungswort. Und der Lehrtext ergänzt: »Christus spricht: Bittet, so wird euch gegeben; suchet, so werdet ihr finden; klopfet an, so wird euch aufgetan« (Lk 11,9). Der Vorsitzende des Kirchenvorstandes, der die Andacht halten soll, weiß, wie oft die technischen und finanziellen Angelegenheiten im Vordergrund der Sitzungen stehen. Ihn regen die Verse an, um der Frage nachzugehen, ob die Mitarbeit in diesem Gremium noch etwas von Suche nach Gott erkennen lässt. Er überlegt sich auch persönlich, inwiefern er selbst auf der Suche nach Gott ist. Und er fragt allgemeiner, ob die Worte geeignet sein könnten, um sich auf eine gemeinsame Mitte zu verständigen: Gott suchen, bei Christus anklopfen? In der Fortlaufenden Bibellese wird Lk 4,38–44 angeboten. Der Text wirkt nicht sehr geschlossen. Es geht um Heilungen Jesu, aber auch um den Versuch von Menschen, Jesus, den Wundertäter, festzuhalten. Jesus aber lässt sich nicht festhalten, sondern entzieht

---

[2] Neben den gedruckten kirchlichen Kalendern sind alle Angaben auch im Internet zu finden: https://www.velkd.de/gottesdienst/kirchenjahreskalender.php.
[3] Nach dieser Leseordnung, die früher von der Michaelsbruderschaft herausgegeben wurde, wird je ein Text für den Morgen und für den Abend angegeben. Neuer Herausgeber ist die Liturgische Konferenz, vgl. BRANDHORST, Lesung der Heiligen Schrift im Kirchenjahr.
[4] Hrsg. von der Ökumenischen Arbeitsgemeinschaft für Bibellesen, Kassel.

sich und geht auch zu den »anderen Städten«, um ihnen das Evangelium zu predigen. Die Beziehungen zwischen Text und Situation wollen sich nicht so recht einstellen. Ähnlich geht es dem Vorsitzenden bei der Lektüre von Sach 8,20–23 und Offb 21,9–12.21–23, den beiden Texten der Kirchenjahreslese. Er entscheidet sich für das Losungswort.

Bei solcher Auswahl der Texte liegt die Gefahr auf der Hand, unbequemen Inhalten auszuweichen. Dennoch ist es angemessen, so zu verfahren. Denn das biblische Wort ist selbst in einer bestimmten Situation formuliert worden und passt nicht in jede beliebige andere Situation. Die Art, wie hier Texte und Situation miteinander in Beziehung gesetzt werden, ist typisch für einen kreativen Vorgang: »Der wesentliche Faktor im kreativen Prozess ist die Verknüpfung bisher getrennt gesehener Gedankenkreise, das In-Beziehung-Setzen zweier verschiedener Bezugssysteme. Man nennt diesen Faktor die Bisoziation ...«[5]

Dieser Weg, vom gegebenen Bibeltext auszugehen, wird wohl am häufigsten beschritten, wenn eine Andacht für eine kirchliche Gruppe vorbereitet wird. Er hat den Vorteil, dass von einem festen Textbestand ausgegangen wird, der das zentrale Symbol bzw. das tragende Wort für die geistliche Besinnung liefert. Der Bibeltext entspricht in den besonders geprägten Zeiten den Erwartungen des Kirchenjahres. Er kann zunächst relativ unabhängig von der heutigen Situation betrachtet und entfaltet werden. Damit verschafft er seinem Ausleger eine gewisse Distanz von der jeweiligen Lage. Die Situation ist nicht schon das Thema. Die Grundaussagen des Textes sollen dann allerdings auf heutige Fragestellungen bezogen werden.

2. Ausgangspunkt: Situation

In diesem Fall bleiben alle für einen jeweiligen Tag vorgegebenen Texte außerhalb der Betrachtung. Der für die Andacht Verantwortliche versucht aus dem Ablauf einer Zusammenkunft, z.B. eines Seminars oder einer kirchlichen Rüstzeit, ein Thema zu

---

[5] ARENS et al., Kreativität und Predigtarbeit, 18f.

erspüren, das gerade im Rahmen einer Andacht nahegebracht werden kann. Es ist möglich, dass dieses Andachtsthema sich eher aus Beziehungsproblemen in der Gruppe oder aus der spezifischen Behandlung des Sachthemas ergibt.

Noch einmal sei ein Beispiel angeführt: Im Rahmen eines Wochenendseminars arbeitet eine Gruppe von Studierenden der Theologie und der Religionspädagogik über Fragen der Jugendarbeit. Im Vordergrund stehen viele jugendsoziologische Forschungsergebnisse mit ihren Konsequenzen für die Jugendarbeit. Der verantwortliche Dozent entschließt sich, diese relativ einseitige Sicht im Rahmen der Andacht geistlich zu ergänzen, indem er biblische Aspekte zur Charakterisierung von Jugend und junger Generation einbringt. Die Gebete und Lieder beziehen sich auf die gegenseitige Achtung der verschiedenen Altersgruppen. Das Thema bleibt so nicht nur abstraktlehrhaft, sondern wird auch auf die Anwesenden bezogen, die ja ebenfalls diesen unterschiedlichen Generationen angehören.

Wer in dieser induktiven Weise nach seinem Thema sucht, braucht einerseits ein Gespür für das, was in einer Situation geistlich ansteht. Und zugleich steht er vor der Herausforderung, die wahrgenommene und ausgesprochene Lage auch theologisch deuten und mit theologischen oder biblischen Aussagen angemessen in Verbindung bringen zu können.

3. Ausgangspunkt: Persönliche Betroffenheit

Auch das ist möglich: Die zuständige Person ist von einer konkreten persönlichen Erfahrung so betroffen, dass sie sie im Rahmen einer Andacht anderen zugänglich macht. Sie sucht sich dazu biblische Texte, theologische Orientierungen, Lieder und Gebete.

Wieder ein Beispiel: Eine Gemeindepädagogin hat eben eine Kinderfreizeit beendet. Sie hat mit den Kindern viel erlebt. Sie ist einerseits noch erschöpft von der Anspannung über viele Tage hinweg. Andererseits ist sie noch immer innerlich bewegt von der Erinnerung an manche Gespräche mit den Kindern. Am Abend hat sie eine Andacht im Elternkreis zu halten. Sie entschließt sich, dazu ein Bild mitzunehmen, das eines der Kinder während der

Freizeit gemalt hat. Nicht nur sie selbst, auch die Eltern haben sicher ein natürliches Interesse an solchen Kinderäußerungen. Dazu hält sie das Bild für ein gültiges Glaubenszeugnis, in der Bildsprache eines Kindes ausgedrückt. Sie wird einige kommentierende Sätze der Kinder dazu in Erinnerung rufen. Und sie hofft, dass die Erwachsenen Entdeckungen mit diesem Bild machen.

Problematisch ist ein solches Vorgehen nur dann, wenn ständig die eigene Betroffenheit zum Ausgangspunkt gemacht wird. Dies trifft auch dann zu, wenn es sich um persönliche Entdeckungen in der Bibel handelt. Eine vorgegebene biblische Leseordnung und ein Spürsinn für die geistlichen Herausforderungen durch die Situation sind wichtige Korrektive gegen einen zu stark dominierenden subjektiven Zugang; denn letztlich geht es nicht um uns selbst als Leiter bzw. Leiterinnen, sondern um eine Begegnung zwischen biblischer Wahrheit und jeweiliger Situation. Die Leitenden haben primär eine Dienstfunktion wahrzunehmen, dass eine solche Horizontverschmelzung geschieht.

Auch wenn der Weg jeweils unterschiedlich ist, bleibt in allen drei Fällen die Aufgabe darin gleich, dass ursprünglich getrennte Bereiche »bisoziiert«, miteinander in eine Beziehung gesetzt werden. Dabei kommt es darauf an, dass nicht nur immer wieder längst gewohnte Bezüge entdeckt, sondern auch neue, ungewohnte, interessante Sichtweisen erreicht werden: »Vergleichen wir den guten Prediger mit einem Beleuchter beim Theater, der durch gekonnte, genaue und sparsame Lichtführung einen Gegenstand oder eine handelnde Person auf der Bühne in einem ganz bestimmten Licht erscheinen läßt, so daß ein besonderes Profil, ein neuer Aspekt sichtbar wird, der bis dahin noch im Dunkeln lag oder wenigstens nicht so zur Wirkung kam wie in diesem Augenblick. Der ins Licht gerückte Zusammenhang, früher vielleicht schon einmal von diesem oder jenem Zuschauer erahnt oder wahrgenommen, erscheint in einer Perspektive, die beim Anblick Überraschung, Aufmerksamkeit oder gar Betroffenheit auslöst. Ein guter Prediger ist derjenige, der es immer wieder neu versteht, durch gekonnte Lichtführung, durch spezielle Lenkung der Aufmerksamkeit den Hörern etwas ins Bewußtsein zu rücken, das für sie den

Charakter eines ›Aha‹-Erlebnisses hat.«[6] So wie der Beleuchter mit seinem Scheinwerfer die verschiedenen Gegenstände und Personen auf der Bühne anstrahlen kann, so haben wir mit der Aussage des Textes die möglichen Situationen und mit bestimmten Situationsmerkmalen die biblischen Texte oder andere geistlichen Aussagen abzusuchen. Wenn wir dies intensiv und spielerisch-frei zugleich tun, werden sich in der Regel einige Ideen einstellen, von denen wir die brauchbarste auswählen können.

Nicht nur zum Finden der grundlegenden Idee, sondern auch zur weiteren methodischen Ausgestaltung werden Einfälle gebraucht. Wo sie sich nicht von selbst einstellen, kann es hilfreich sein, gelegentlich einige von Praktikern in Sachen Predigt und Andacht erprobte Schritte zu gehen.

Die Homiletische Arbeitsgruppe (Herbert Arens, Franz Richardt und Josef Schulte) nennt dabei u. a. folgende Möglichkeiten:[7]

1. »Ausgangspunkt: Alltägliches«: Es kann hilfreich sein, den zurückliegenden Tag oder die vergangene Woche einmal auf alltägliche Begebenheiten hin zu befragen, die in ihrer Weise etwas Typisches vom menschlichen Leben und Denken festhalten. Vielleicht sind es ein paar Gesprächsfetzen aus einer belauschten Unterhaltung in der Straßenbahn, vielleicht eine Zeitungsnotiz, ein typische Redewendung.[8]
2. »Situationen durchspielen«: Wenn z. B. im biblischen Text vom Warten die Rede ist, kann es sehr inspirierend sein, sich einmal Menschen vorzustellen, die warten müssen. Was tun sie dabei? Wie geht es ihnen in dieser Situation?
3. »Verfremden durch Antitexte«: Ein gegebener bekannter Bibeltext wird verfremdet, indem wir einen Gegentext mit dem gegenteiligen Inhalt formulieren. So werden beispielsweise die Seligpreisungen Jesu mit »Seligpreisungen« der Leistungsgesellschaft konfrontiert.
4. »Wortspiele«: Viele Begriffe klingen ganz ähnlich wie andere Bezeichnungen, die aber eine völlig andere Bedeutung haben, wie z. B. Leiten und Leiden. Oft lässt sich ein Verb mit ganz unterschiedlichen Vorsilben versehen, so dass sich unterschiedliche Bedeutungen und Nuancen

---

[6] ARENS et al., Kreativität und Predigtarbeit, 15f.
[7] A. a. O., 54ff.
[8] Vgl. dazu auch die konkreten Hinweise von HIRSCHLER, Konkret predigen.

ergeben. Auf diese Weise entstehen u. U. Wortspiele, die für die Rede in der Andacht eine wichtige Funktion übernehmen können, weil sie die Zuhörer zum Aufhorchen bringen (Beispiel: »Es gibt Menschen, die sind so selbstlos, dass sie sich selbst los sind«[9]).

5. »Perikopen in verschiedenen Situationen«: Es können uns ganz neue Zusammenhänge aufgehen, wenn wir bekannte biblische Perikopen in unterschiedliche Lebenssituationen hineinstellen. So kann z. B. eine Blindenheilungsgeschichte in den Kontext der Taufe gebracht werden. Dabei erhält sie den Sinn einer Glaubensgeschichte, indem einem Menschen die Augen aufgehen, die Welt im Licht des Glaubens zu sehen. Oder im Kontext einer Trauung bedeuten die geöffneten Augen, dass man einander in Liebe ansieht und die Freude einer neuen gemeinsamen Sicht miteinander teilt. Im Kontext von Irrwegen und Problemen bedeuten die geöffneten Augen den Durchblick auf eine neue, gute Perspektive.

Weitere sprachschöpferische Anregungen finden sich in Martin Nicols und Alexander Deegs Praxisbuch zur Dramaturgischen Homiletik.[10] Beispielhaft sei eine hier genannt:

»Biblische Lücken füllen«
Dabei gehen die Autoren davon aus, dass die Bibel nicht lückenlos erzählt, sondern mitunter durchaus produktive Lücken lässt: »Warum heißt es, als Abraham vom Berg, auf dem er Isaak hätte opfern sollen, zurückkam, nur: ›So kehrte Abraham zurück zu seinen Knechten‹ (Gen 22,19)? Wo blieb Isaak?« Was die Bibel aus welchen Gründen auch immer offenlässt, kann die Fantasie der Leserinnen und Leser heute anregen und neue Zugänge zu einem scheinbar altbekannten Text eröffnen.

Kreativität ist ein spielerischer Vorgang. Wer spielt, konzentriert sich nicht darauf, Verwertbares zu produzieren, sondern er will seine Freude haben. Was entstanden ist, muss nun ästhetisch und inhaltlich-theologisch überprüft werden. Nicht alles, was uns sprachlich oder methodisch zunächst locken mag, erweist sich am Ende sachlich als überzeugend und inhaltlich als stichhaltig.

---

[9] ARENS et al., Kreativität und Predigtarbeit, 77.
[10] NICOL/DEEG, Im Wechselschritt zur Kanzel, 45–72.

9. Formen von Andachten in Gruppen

Nachdem wir allgemein grundlegende gestalterische Fragen besprochen haben, geht es nun darum, unterschiedliche konkrete Formen darzustellen. Wir haben historisch verschiedene Wege kennengelernt, allein oder in Gruppen sich in seinem Glauben zu vergewissern. Die erlebnisorientierte Welt unserer Tage fordert uns noch stärker dazu heraus, vielfältige Formen zu wählen, darunter auch solche, die die vielen Sinne des Menschen ansprechen. Die Gefahr, dabei in eine methodische Konkurrenz zur Welt der Unterhaltungsgesellschaft mit ihrer Bilderflut, mit ihren schrillen Tönen und grellen Farben zu geraten, ist gering: Wir setzen in der Andacht eher auf das einzelne Bild. Wir nehmen uns in aller Hektik des Alltages eine begrenzte Zeit. Wir betrachten etwas, das sonst übersehen oder überhört wird. Wir versuchen, auf den zu hören, der in der multimedialen Welt der Gegenwart eher verschwiegen wird: Gott.

Wenn wir dabei einzelne Andachtstypen voneinander unterscheiden, dann geschieht dies aus didaktischen Gründen. Ich halte es für sinnvoll, einige Grundformen vorzustellen, um diese zu bedenken und auszuprobieren. Selbstverständlich darf und soll es in der Vielfalt kirchlicher spiritueller Formen auch Vermischungen geben: Bildbetrachtung und Musik werden kombiniert, Textkombinationen und Bild gehen eine Verbindung ein. Die hier vorgestellten Formen wollen die Suche nach geeigneten Methoden nicht abschließen, sondern anregen.

Auch wenn Andachten individuell gehalten oder als offenes Angebot von einer größeren Menge gefeiert werden können, möchte ich mich bei den folgenden methodischen Hinweisen auf die Andachten in überschaubaren Gruppen beschränken. Manche dieser Hinweise, z. B. zur Textauslegung, sind freilich nicht allein an diese Situation gebunden. Ähnliches wird man auch in großen offenen Formen (Friedensgebet o.ä.) praktizieren können. Die Reihenfolge der verschiedenen Möglichkeiten stellt keine Wertung dar.

9.1 Textauslegung

Wir beginnen unseren Überblick über die unterschiedlichen Formen der Andacht mit der traditionellen Art und Weise, in evangelischen Gemeindegruppen eine geistliche Besinnung zu halten: Umgeben von Liedern und Gebeten steht im Mittelpunkt dieser Form die monologische Auslegung eines Bibeltextes. Die Leitungsperson steht dabei, ähnlich wie im Gottesdienst, vor einer Gruppe. sie trägt das, was sie zu sagen hat, von einem Lesepult (Ambo) aus vor. Es ist möglich, dass die Zuhörenden ähnlich nebeneinander Platz nehmen wie in den meisten Kirchen. Möglicherweise sitzt man aber auch im Kreis oder um einen großen Tisch herum, und die Leitungsperson spricht im Sitzen von ihrem Platz aus. Die Aktivität der Gemeinde ist auf den innerlichen Mitvollzug, das gemeinsame Singen der Lieder und das Mitsprechen des Vaterunsers beschränkt. Es ist offenkundig, dass bei dieser Form das Gelingen oder Misslingen der Andacht vor allem von der den Bibeltext auslegenden Rede abhängt. Wie können wir diese überzeugend gestalten? Welche Schritte sind dafür in der Vorbereitung sinnvoll? Wir untersuchen dazu zwei Beispieltexte.

Andachtsrede I: Die Hauptaussage veranschaulichen
Zunächst wollen wir einen älteren Text untersuchen: eine der Andachten für alle Tage des Jahres aus der Feder des langjährigen Rundfunkpredigers und Professors für Praktische Theologie in Leipzig, Heinz Wagner, bestimmt für den Letzten Sonntag nach Epiphanias.[1] Dieser Textauslegung liegt der Vers Jes 60,2b zugrunde: »Über dir geht auf der Herr, und seine Herrlichkeit erscheint über dir«.

Wagner beginnt mit den Sätzen: *»Nun ist die Weihnachtszeit endgültig zu Ende. Das gibt Anlaß zurückzublicken: Waren das nicht nur schöne, festliche Wochen mit Licht und Glanz, vielleicht*

---

[1] WAGNER, Auf dem Weg des Friedens, 63. Diese Andachten sind zwar für Lesende geschrieben. Es ist aber unverkennbar, dass hier einer schreibt, dessen Domäne das mündliche Predigen war.

sogar mit Friede und Freude? Waren das wirklich ›herrliche Zeiten‹? Ist uns tatsächlich etwas aufgegangen?«

Darf man so anfangen? Der erste Satz klingt vielleicht zunächst etwas banal. Es wird in den verschiedenen Predigtlehrbüchern immer wieder zu Recht davor gewarnt, mit Selbstverständlichkeiten einzusetzen, mit denen von vornherein der Geruch von Langeweile einziehen kann. Doch es ist ein Unterschied, ob wir beginnen »Heute ist Weihnachten« oder ob wir mit dem Satz vom Ende der Weihnachtszeit einsetzen. Dass Weihnachten ist, weiß jeder. Aber das Ende der Weihnachtszeit wird so gut wie gar nicht mehr begangen. In der säkularen Kultur der erlebnisorientierten Marktwirtschaft endet Weihnachten schon meist mit Silvester und Neujahr. Dass erst Anfang Februar die Weihnachtszeit zu Ende geht, kann eine überraschende Mitteilung sein. Gleichzeitig wird durch den ersten Satz eine gemeinsame Brücke zwischen Redendem und Hörendem hergestellt: Wir leben gemeinsam in der Zeit mit ihren Höhepunkten und Niederungen, mit ihren Festen und ihren Botschaften.

Der Autor geht dann nicht erst umständlich-belehrend auf die verschiedenen Sprachbilder des Textes ein, die vielleicht einer Erläuterung bedurft hätten. Es ist ja nicht so ohne weiteres verständlich, was das heißen soll, wenn über Menschen »der Herr aufgeht« und wenn seine »Herrlichkeit« über ihnen »erscheint«. Nein, er hält sich hierbei nicht auf. Er will sich nicht durch aufwendige Nebengedanken von seinem Ziel abhalten lassen. Deshalb wählt er Begriffe, mit denen zwischen dem biblischen Text und der heutigen Sprach- und Erfahrungswelt eine assoziative Verbindung geschaffen wird: Die »Herrlichkeit des Herrn« wird mit den »herrlichen Zeiten« in Beziehung gebracht; das »Aufgehen« der Herrlichkeit Gottes führt zur Frage, was uns »aufgegangen« ist. Der Ausleger schöpft den Text hier nicht aus. Aber er ist mit dem biblischen Wort sofort beim Hörer. Gut ist es auch, dass er Fragen stellt. Der Angeredete wird gefragt. Er wird nicht nur mit einer Kette von Aussagesätzen belehrt.

Nach weniger Sätzen ist der Autor bei seinem Thema, eingeleitet durch eine weitere Frage: »Was bleibt, wie festlich ist die

Weihnachtsbotschaft im Alltag des Jahres«? Nun erzählt Wagner ein Beispiel:

»Ein wunderbares Weihnachtserlebnis hatte ich in der Thomaskirche zu Leipzig, als ich das Weihnachtsoratorium hörte. Mir gegenüber saß ein Mann, schwerkrank, sein Gesicht war von Schmerzen gezeichnet. Er konnte sich kaum bewegen, da geschah es: im Augenblick, in dem der Chor, von Pauken und Trompeten unterstützt, einsetzte: ›Jauchzet, frohlocket! Auf preiset die Tage!‹, da brach aus den Augen dieses jungen Mannes eine solche Freude hervor, ergriff das ganze Gesicht und verwandelte es. Dieser Glanz von innen wich nicht wieder von ihm.«

Mit Hilfe eines Beispiels wird etwas von dem ansichtig, was das heißen kann, wenn Gottes Herrlichkeit über uns bzw. in uns aufgeht. Die Botschaft, auf die sich der Autor konzentriert und mit der er das Erscheinungsbild aus Jes 60 übersetzen will, ist nun gefunden. Sie heißt: »Glanz von innen«.

Andachtsreden brauchen dringend Beispiele. Nur wenn damalige biblische Sachverhalte oder heutige Erlebnisse anschaulich und knapp erzählt werden, erreicht eine Rede mehr als unseren Kopf. Eine erzählte Szene kann man sich szenisch vorstellen. Das kommt unserem bildhaften Denken entgegen. Wir nehmen so das Erzählte nicht nur mit den Ohren auf, sondern auch mit unseren Gefühlen. Wir nehmen auf diese Weise innerlich Anteil. Es ist ein wenig so, als säßen wir neben dem Erzähler auf der Kirchenbank und sähen den schwerkranken Mann, wie sich der innere Glanz auf seinem Gesicht ausbreitet. Aber es geht nicht nur um Veranschaulichung, um den Hörern das Zuhören zu erleichtern. Es geht zugleich um eine Übersetzung der biblischen Botschaft, um eine im Beispiel mögliche Konkretisierung einer geistlichen Wirklichkeit, die zwar nicht restlos erklärt, die aber bis zu einem gewissen Grade verständlich gemacht werden soll. Viele Beispiele in Predigten und Andachtsreden leiden darunter, dass sie Nebengedanken ausschmücken, für die zentrale Aussage aber nichts austragen. Diese bleibt dann abstrakt-dogmatisch und sie erreicht nicht die Seele der Hörenden. Wagners Beispiel ist gerade darin glücklich gewählt, dass es zur Übersetzung des zentralen Anliegens hilft.

Allerdings fährt der Autor recht unvermittelt und allgemein fort: »Dieser ›Glanz von innen‹ soll uns ein ganzes Jahr erhalten bleiben«. Man wünscht sich zuerst einen Zwischenschritt, durch den das, was von dem Kranken erzählt wurde, nun auf uns übertragen wird. Das holt Heinz Wagner anschließend nach, indem er den Inhalt dieses »Glanzes von innen« erläutert: »Wir sind nicht mehr allein. Gott lebt mitten unter uns...« Am Ende zitiert der Verfasser den Dichter Albrecht Goes, dass eine Wahrheit sich, einem seidenen Fallschirm gleich, erst dann entfalte, wenn man den Sprung wagt. In diesem Sinne fordert er abschließend die Lesenden bzw. Hörenden auf: »Jeder von uns soll sein ›Ja‹ zur Weihnachtsgeschichte sagen, aber sie soll eben nicht nur für die Festtage gelten, sie will Raum gewinnen in den Wochen danach.«
Ich halte den Schluss dieser Rede nicht für gelungen. Einmal ist es eher schwierig, in einer solchen kurzen Ansprache noch ein zweites Bild, das von dem Fallschirm-Sprung, zu gebrauchen. Es kann dann nicht wirklich entfaltet werden. Es wird nur kurz erwähnt und vermutlich schnell überhört. Außerdem bleibt mit diesem Schluss die Übertragung der Szene aus der Thomaskirche auf den Hörer ungenügend. Lässt sich das nicht konkreter sagen, was das auch bei uns heißen kann: Glanz von innen? In welchen Situationen können wir diesen Glanz wahrnehmen? Erst danach ist vielleicht eine Ermahnung sinnvoll, im Alltag des Jahres das Ja zur Weihnachtsgeschichte zu sagen.

Wagners Rede ist ein Beispiel von vielen. Gelungenes steht neben weniger Gelungenem. Vielleicht ermutigt es aber andere, wenn auch die biblischen Auslegungen eines außerordentlich verdienstvollen Fachmannes nicht perfekt wirken, sondern auch Grenzen und Mängel zeigen.

Beispiel II: Auslegung mit Hilfe von Wortspielen und Metaphern
Aus einem Andachtsbuch zu den Herrnhuter Losungen 2021[2] stammt eine Auslegung für den 28. Januar vom Wittenberger Stadtpfarrer Johannes Block. Ich zitiere diesen Text in voller Länge:

---

[2] Licht und Kraft. Losungskalender.

»Jakob sprach: Herr, ich bin zu gering aller Barmherzigkeit und aller Treue, die du an deinem Knechte getan hast. 1.Mose/Genesis 32,11
Jesus aber sprach zu Zachäus: Heute ist diesem Hause Heil widerfahren, denn auch er ist ein Sohn Abrahams. Lukas 19,9
Gottesmänner sind keine Saubermänner. Jakob ist ein listiger Lügner, der sich Vorteile erschleicht und selbst seinen eigenen Bruder übers Ohr haut, wenn es ums Erben geht. Zachäus ist ein verschlagener Zöllner, der ohne die geringsten Gewissensbisse in die eigene Tasche wirtschaftet. Doch gegen miese und fiese Figuren setzt sich Gottes heilende und erneuernde Kraft durch. Gottes Güte und Treue sind eine völlig umstürzende Kraft, die windige Leute mitten in ihrem zwielichtigen Alltag aufrüttelt und verändert. Der Umsturz aus lauter Güte beginnt in dem Herzen, das unter den schmutzigen oder auch sauberen Westen der Menschen schlägt. Gott durchkreuzt die bürgerliche Mitte, weil er keine Saubermänner sucht, sondern das Herz derer, die sich in zweifelhafte Geschäfte, Lügengeschichten oder Betrügereien verrannt und verstrickt haben. Am Ende erkennen Jakob und Zachäus, dass sie nicht aus eigener Kraft ins Leben zurückgefunden haben. Sie haben eine Treue und Güte erlebt, die alle gewohnten Grenzen überschreitet bis hin zu den Rändern der Gesellschaft.«

Die Auslegung schließt mit einem Gebet:

»Gütiger Gott, deine heilsame Kraft lässt sich durch nichts beirren. Wandle die Herzen der Menschen, die listig und verschlagen handeln. Zeige uns immer wieder neu, dass wir von deiner rettenden Treue und Güte leben.«

Die Stärke dieses knappen Textes liegt darin, dass er mit ausdrucksstarken Metaphern, also bildhaften Begriffen, und mit Sprachspielen arbeitet, die in ihrer Weise Leser oder Hörerinnen aufmerken lassen. Das zeigt schon der Eröffnungssatz *Gottesmänner sind keine Saubermänner*. Hinter dem Begriff der »Gottesmänner« lassen sich die großen biblischen Gestalten wie die Propheten oder die Jünger Jesu ebenso versammeln wie berühmte Bischöfe oder andere Glaubenszeugen aus Geschichte und Gegenwart. Ungewohnt mag es sein, hierzu einfach auch Zachäus mit dazu zu nehmen. Mit Metaphern gelingt sehr oft der Schritt über den »garstigen Graben« zwischen der biblischen Welt und unserer Zeit. Unter den »Saubermännern«

stellen wir uns bekannte Gestalten aus Wirtschaft und Politik vor, die sich nach außen moralisch sauber, achtbar und erfolgreich geben, aber vermutlich in Wahrheit durchaus einzelne »Leichen im Keller« haben. Die Kombination von beiden Metaphern in einem Satz macht aus den Einzelbegriffen ein Wortspiel, bei dem man noch ein wenig verweilen könnte: Geben sich nicht auch manche Gottesmänner wie Saubermänner? Und versteckt sich vielleicht mancher Saubermann hinter einer christlichen Fassade? Der Vorteil eines Lesetextes ist es, dass die Lesenden die Lektüre einen Moment unterbrechen können und die Fantasie ein wenig spazieren gehen darf. Dafür bietet der Autor auch im weiteren Text eine Fülle von Sprachbildern an, die sich inhaltlich von den Eingangsmetaphern ableiten lassen, wie z. B. die »schmutzigen oder sauberen Westen« der Menschen, die »zweifelhaften Geschäfte, Lügengeschichten oder Betrügereien« oder auch die »bürgerliche Mitte«, die bewusst Wert auf ihre Untadeligkeit legt.

Aber wenn von den Menschen und ihrer Art so ausdrucksstark gesprochen wird, wie kann man dann ebenso stark von dem reden, was Gott tut oder tun will? Verblasst dann nicht zwangsläufig alles Reden von Gott? Johannes Block nutzt auch hierbei assoziationsreiche Sprachbilder. Gottes Güte und Treue interpretiert er als »umstürzende Kraft«. Und er spricht von einem »Umsturz aus lauter Güte«, der sich an den biblischen Gottesmännern beobachten lässt. Auch hier darf die Fantasie wieder ein wenig spazieren gehen: ein Umsturz, eine »Friedliche Revolution«, ein Ereignis, das die gewohnten Denkkategorien umstürzt.

An dieser Auslegung lässt sich unschwer erkennen, welche Chancen unseren Andachtsreden mit Sprachspielen und Metaphern zur Verfügung stehen. Dabei muss allerdings zwischen einem schriftlichen Kurztext unterschieden werden, der Lesepausen ermöglicht und deswegen mehr dichte und assoziationsreiche Begriffe enthalten kann, und einer Rede, die dafür sorgen muss, dass nicht eine Metapher zu dicht auf die nächste folgt.

Bei der Ausarbeitung einer Andachtsrede, mit der ein biblischer Text ausgelegt werden soll, empfehlen sich folgende Regeln:

a) Wir sollten davon ausgehen, dass keine lange Predigt gehalten wird, sondern eine kurze Ansprache. In ihr sollen die Aussagen nur angerissen, »angedacht« werden, nicht abschließend und umfangreich ausgeführt. Das gilt für biblische Herleitungen und Erklärungen ebenso wie für Situationsschilderungen der Gegenwart. Die kurze Andachtsrede verträgt es nicht, wenn Nebengedanken einen größeren Raum einnehmen. Der Ausleger muss sich auf ein Thema konzentrieren. Auch wenn er nur einen einzigen biblischen Vers auslegt, kann er in der Regel nicht alle Begriffe oder Sprachbilder aufnehmen und interpretieren. Er sollte sich auf einen Begriff bzw. ein Bild beschränken, dem dann die Nebengedanken und Nebenbegriffe zugeordnet und untergeordnet werden.

b) Eine Textauslegung im Rahmen einer Andacht darf nicht mit einem exegetischen Vortrag verwechselt werden. Wissenschaftliche Beschäftigung mit einem Text, z. B. mit dessen Entstehungssituation oder mit der Bedeutung seiner tragenden Begriffe, gehört zur Vorarbeit der Auslegung. Sie hat nur dann ein Recht, ausdrücklich in die Andachtsrede einzugehen, wenn mit ihrer Hilfe der heutige Sinn besser erschlossen werden kann. Andacht als biblische Auslegung ist ein Wort für uns heute.

c) Traditionell wird von einem Text ausgegangen. Dieser wird in seiner damaligen Bedeutung kurz beleuchtet und danach auf heutige vergleichbare Fragestellungen bezogen. Diese Abfolge kann variiert werden, z. B. durch Vorschalten heutiger Situationen, moderner Fragen oder durch eine zeitübergreifende Metapher, durch die die heutigen Hörer innerlich abgeholt werden und durch die von vornherein ein Zugang zum Text geschaffen wird.

d) Die biblische Auslegung braucht Konkretion und Anschaulichkeit. Deshalb sollten kurze Alltagssituationen oder biblische Hintergründe, wenn irgend möglich, erzählerisch oder sprachlich-bildhaft zur Sprache gebracht werden. Erzählstücke oder Metaphern (Sprachbilder) sollten vor allem zur Konkretisierung und Veranschaulichung der Hauptaussage der Andachtsrede dienen.

e) Es ist gut, die Rede mit einem Satz zu eröffnen, der gleich zu Beginn das Interesse des Hörers weckt. Das kann z. B. eine kurze erzählerische Passage sein, ein Wortspiel, eine geläufige Redensart oder ein überraschender Sachverhalt. Ebenso ist es gut, den Schluss vorher bewusst zu überlegen. In einer kurzen Andachtsrede empfiehlt es sich nicht, am Ende den Gedankengang zu wiederholen. Es ist besser, wenn am Ende ein »Doppelpunkt« steht, d. h. eine Frage, eine Aufforderung, ein Ausblick, mit dem das Gesagte nicht abgeschlossen, sondern dem Hörer, der Hörerin weitergegeben wird. Das Angedachte soll nun weiterwirken, soll weitere Gedanken freisetzen oder zur Übersetzung ins eigene Leben veranlassen.

f) In der Vorbereitung sollten immer vier »Felder« bedacht und miteinander in Beziehung gesetzt werden, nämlich Text, Situation, Ich und Gemeinde.[3]

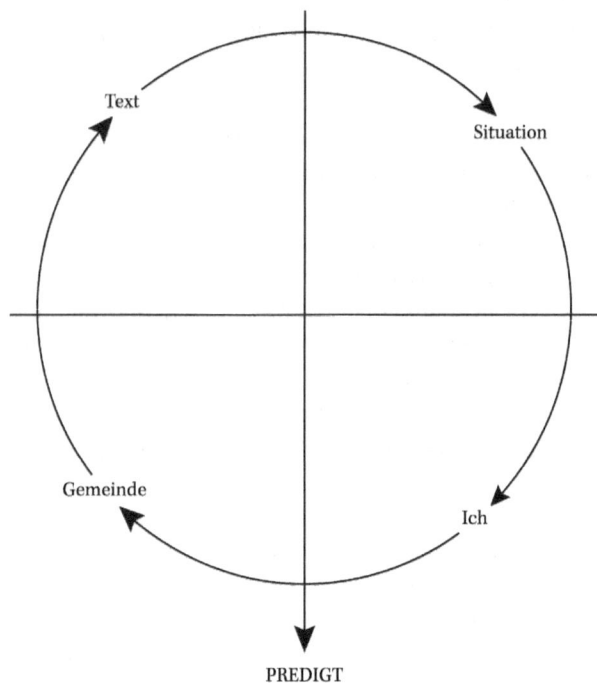

---

[3] Ich nehme damit ein anschauliches Schema des katholischen Homiletikers Rolf ZERFASS auf: Grundkurs Predigt 1: Spruchpredigt, 78–80.

Rolf Zerfaß, von dem dieses Schema stammt, erläutert es folgendermaßen:

»›Text‹ meint ausschließlich den konkreten Bibeltext, das Schriftwort, das mir vorgegeben ist oder das ich gewählt habe;
- ›Situation‹ meint die homiletische Großwetterlage (das heutige Lebensgefühl, wie es sich z. B. in der Literatur, in den Medien oder in Umfragen artikuliert);
- ›Gemeinde‹ meint den konkreten sozialen Raum, in dem gepredigt wird ...« Bei einer Andachtsrede in einer Gruppe ist weniger an alle Aspekte der Gemeinde, sondern stärker an die Bewusstseinslage der Gruppe zu denken.
- »›Ich‹ meint die individuelle Person des Predigers mit seiner akuten derzeitigen Motivationslage, seinen charakteristischen Zugängen und Blockierungen, Vorurteilen, Vorbehalten sowohl gegenüber dem Text wie gegenüber der Situation und der Gemeinde« (bzw. Gruppe).

Dieses Vier-Felder-Schema sollte, so Zerfaß, im Laufe der Vorbereitung im Uhrzeigersinn oder auch gegenläufig durchwandert werden, »wobei man bei jedem der vier Felder einsteigen kann«.[4]

g) Wenn man versucht, den »Wanderweg« durch die vier Felder in eine Schrittfolge zu bringen, ergänzt mit Hinweisen bis zur Fertigstellung des Entwurfs für die Rede, dann empfiehlt sich folgendes Vorgehen:
- Erste spontane Ideen zum Text: Welche Assoziationen stellen sich ein? Welche Situationen, Begriffe oder Bilder fallen mir ein?
- Überlegungen zur Situation: In welcher Situation stehen wir, in welche Situation hinein will bzw. soll ich reden?
- Fragen an mich selbst: Was reizt, was stört mich an dem Text? Auf welche Sachverhalte, Probleme und Einstellungen bei mir persönlich macht er mich aufmerksam?
- Überlegungen zur Gruppe: Was beschäftigt uns gegenwärtig? Wie werden Einzelne über dieses und jenes denken?

---

[4] A. a. O., 79.

- Arbeit am Text: In welchem Kontext steht der (kurze) Text? In welche Lebens- und Glaubenssituation hat er damals hineingesprochen? Welche tragenden Begriffe prägen ihn? Was sagt er inhaltlich? Worauf will er hinaus? Es ist gut, dabei die Hilfe eines Kommentars oder anderer Erläuterungen zum biblischen Text zu nutzen.
- Konzentration: Was will ich hauptsächlich sagen? Finde ich zu meiner Hauptaussage einen Leitbegriff, ein tragendes sprachliches Bild aus dem Text oder aus dem Repertoire der sonstigen Einfälle?
- Aufbau und Gestaltung: Womit fange ich an? Welche Bilder, Vergleiche oder sonstigen Konkretionen will ich verwenden? Womit will ich schließen?
- Kontrolle: Wird meine Ansprache dem Text gerecht? Ist die Hauptaussage erkennbar und anschaulich-konkret? Was ist überflüssig?

Die vielen Schritte wirken möglicherweise wie eine Überforderung. Mancher und manche wird fragen, ob man eine biblische Andachtsrede nicht unkomplizierter vorbereiten kann. Doch ich möchte dafür werben, diese Schritte zu gehen. Wenn biblische Textauslegungen im Rahmen einer Andacht oft nicht überzeugend gelingen, wenn sich bei den Zuhörenden schnell Langeweile einstellt oder wenn der Text im Grunde nicht ernstgenommen wird, dann wirkt sich darin auch die oft ungenügende Vorbereitung negativ aus. Wer diese Schritte geht, muss dazu nicht unbedingt ein Übermaß an Zeit aufwenden. Ein Schritt geht oft in den anderen über. Außerdem wird manche Überlegung nebenbei, beim Autofahren, beim Einkaufsweg, bei einer eher mechanisch zu erledigenden Arbeit erfolgen. Etwas Zeit und Konzentration brauchen wir vor allem für die Arbeit am Text.

9.2 Thematische Andacht

Diese Form ist mit der ersten darin verwandt, dass in ihrem Zentrum eine Rede steht. Dabei wird allerdings nicht von einem biblischen Text ausgegangen. Vielmehr wird ein Thema behandelt, dem – nicht zwangsläufig, aber wo es sinnvoll möglich ist – biblische Texte zugeordnet sein können. Eine solche Rede versteht sich nicht als biblische Auslegung, sie muss aber als evangelische Andachtsrede schriftgemäß, also den grundlegenden Einsichten der Heiligen Schrift entsprechend, gestaltet sein. Der Vorteil einer solcher knappen thematischen Rede kann zum einen darin bestehen, dass eine kirchlich distanzierte Person nicht vorher genötigt wird, einen biblischen Text zu hören. Möglicherweise würde er durch die Vorschaltung eines solchen Textes eher abgestoßen, weil er die Bibel für ein überholtes und nur für fromme Christen interessantes Buch hält. Zum anderen kann eine solche Rede Sachverhalte des Lebens ansprechen, die in der Bibel, einem Buch aus einer inzwischen lange zurückliegenden Lebenswelt, so nicht vorkommen, die aber gleichwohl geistlich bedeutsam sein können.

Nicht zufällig plädieren Fachleute der kirchlichen Rundfunkarbeit stark für die Form der thematischen Ansprache bei Rundfunkandachten. So weist R. Rengstorf zu Recht darauf hin, dass hier nicht der Ort und die Zeit ist, in zwei oder drei Minuten die großen Heilstaten Gottes zu verkündigen. Wenn man es dennoch versuchte, missbrauchte man damit den Namen Gottes. Vielmehr gehe es darum, das Leben im Alltag mit seiner religiösen Perspektive aufzunehmen und den Blick auf den hinter den Gaben und Aufgaben des Lebens verborgenen Gott zu richten: »Dem indirekten Vorkommen Gottes im Alltag, der Verhüllung seiner Präsenz gilt es in der täglichen Radioandacht... zu entsprechen. Die Gegebenheiten des Lebens sollte sie zur Geltung bringen und dem Zeitgenossen damit helfen, sich angemessen auf den Tag einzustellen, sein Leben und seine Aufgaben geistesgegenwärtig anzunehmen, sich in Geschichten vom gelingenden Leben verstricken zu lassen, der Gefährdung des Humanum entgegenzutreten.« Ausdrücklich plädiert Rengstorf dafür, die Perspektiven zu entdecken, die sich vom ersten Glaubensartikel her ergeben.[5]

---

[5] FRAUND u.a., »Wie sag ich's ...?«, 95f.

Ob im Rundfunk[6] oder bei anderen Gelegenheiten[7] eine thematische Andacht konzipiert wird, sei dahingestellt. Wir müssen fragen: Welche Themen kommen hierfür in Frage? Was ist für die Vorbereitung und Gestaltung zu beachten? Auch hier seien ein Beispiel aus älterer Zeit und eines aus den letzten Jahren einander gegenübergestellt.

Beispiel I: Die Kunst, Beispielgeschichten einzusetzen
Johannes Kuhn, langjähriger Stuttgarter Rundfunkpfarrer, der 2019 im hohen Alter verstorben ist, hat viele seiner Morgenandachten im Radio als thematische Ansprachen gestaltet. Aus einer Sammlung solcher Reden entnehmen wir seine Ansprache zum Thema »Distanz. Das Ganze ins Auge fassen«.[8] Liest man solche älteren Rundfunkandachten, fällt meist auf, dass offensichtlich vor drei oder vier Jahrzehnten die Rundfunkandachten eine deutlich längere Zeit beanspruchen durften als in der Gegenwart.

Der Autor beginnt mit der Schilderung einer Situation, in die sich viele Hörerinnen und Hörer hineinversetzen können:

»Sicher waren Sie schon einmal in einem Museum. Vielleicht war es selten genug, aber manchmal kommt man doch dazu und steht vor manchen Bildern ziemlich hilflos. Man schüttelt den Kopf darüber, was der Künstler hier sich wohl gedacht haben könnte, schaut auf den klärenden Text in der Hand, schaut wieder auf das Bild. Aber die Fülle der Linien und Farben, der Strukturen und bunten Kompositionen ergibt kein Thema. Bis man, vielleicht schon auf dem Weg vom Bild weg, ein bisschen auf Abstand geht, und plötzlich entdeckt man etwas, was vorher völlig verborgen geblieben war.

---

[6] Beispiele für gedruckte ältere Rundfunkandachten: BÜNKER, Bei Sonnenaufgang; KUHN, aufmerksam leben; Beispiele für neue Rundfunkandachten: STATTAUS, Guten Morgen!; VOIGT, Die Morgenandacht. Analysen und konzeptionelle Anregungen finden sich bei ALBRECHT, Christus hinter Sprachbarrieren; MEIER-REUTTI, Von Gott und Welt reden; STEFFENSKY, Morgenandachten – Berufung auf die Geschichten vom gelungenen Leben? In den letzten Jahren werden Andachten häufig im Internet, in verschiedenen sozialen Medien und durch die gottesdienstlichen Arbeitsstellen der Kirchen publiziert.
[7] HOFFMANN/TRIPP, Marktplatz des Lebens, stellen Beispiele von Andachten vor, die wöchentlich auf dem Marktplatz von Esslingen gehalten wurden.
[8] KUHN, aufmerksam leben, 63f.

Da laufen Linien aufeinander zu, da haben Farben zueinander eine Beziehung. Da entwickelt sich bei diesem Hinschauen aus der Distanz ein Gefühl für das Ganze, und man erkennt plötzlich: So ist das gemeint. Darum dieses Thema, jetzt erkenne ich und verstehe.«

Man könnte vielleicht kritisch gegen dieses Beispiel einwenden, dass es eine ganze Schicht von Zuhörern ausklammere, nämlich die, die nie in ein Kunstmuseum gehen. Doch der Autor gesteht zum einen eine gewisse Distanz zur Kunst- und Museumswelt zu (»vielleicht war es selten genug«). Zum anderen ist die geschilderte Situation doch von sehr vielen nachvollziehbar: Auch wer als Erwachsener lange Zeit keine Galerie besucht haben sollte, kann sich an Museumsbesuche in früheren Tagen erinnern oder kennt die Schwierigkeiten, moderne Kunstwerke zu deuten, aus anderen Zusammenhängen. Die innere Unsicherheit, wie das Bild gemeint sein kann, wird plastisch geschildert. Ebenso nachvollziehbar ist die zweite Situation des größeren Abstands vom Kunstwerk mit dem Aha-Erlebnis, wie sich das Chaos doch zu einer sinnvollen Ordnung fügt.

Was zunächst am Beispiel geschildert wurde, wird nun auf menschliche Beziehungen bezogen:

»Ich meine, daß es so auch ein bißchen mit den Menschen ist, mit denen wir umgehen. Da sitzt man sich oft ganz dicht auf der Pelle, wie man so sagt. Sieht da eine Wesensart, dort eine Reaktion, die einem nicht gefällt; da eine Verhaltensweise, über die man den Kopf schüttelt; dort ein paar Züge, die man nicht versteht. Und auch da meint man nach einer gewissen Zeit jemanden zu kennen, vielleicht als einen ziemlich verwirrten und irritierenden Typ.«

Die Zuhörer werden diese Wendung auf die Beziehungen von Mensch zu Mensch gut mitvollziehen können. Nur der letzte Satz ist etwas komplizierter, insofern jetzt plötzlich das Problem der Dauer hinzugenommen wird, das im Startbeispiel keine Rolle spielte (»nach einer gewissen Zeit«).

Jetzt wird das Lösungsangebot gemacht, das mit dem Beispiel vom Beginn schon angedeutet war:

»Dabei fehlte es manchmal an nichts anderem als an ein bißchen Distanz. Bis man von ihm Abstand nimmt und plötzlich ihn in seiner Ganzheit sieht. Eingebettet in eine Fülle von Beziehungen, Beanspruchungen von Milieu und Herkunft. Und man versteht vieles. Man sieht ein, daß er gar nicht anders sein kann als er ist. Gar nicht anders reagieren kann als er das tut.«

Der Redner verwendet den Distanz-Begriff hier überraschend anders als gewöhnlich. Es geht nicht mehr nur negativ darum, endlich vom anderen in Ruhe gelassen zu werden, sondern es geht positiv um eine bessere Wahrnehmung des anderen. Und er fährt fort: »Ob uns so ein Auf-Distanz-Gehen nicht manchmal helfen könnte, miteinander besser auszukommen?«

Erstaunlicherweise fügt nun der Autor ein weiteres Beispiel an, das er mit einer verneinenden Einleitung beginnt:

»Ich meine nicht jene Distanz, von der man so hübsch erzählt, daß die Igel in einer kalten Zeit zusammenrückten, aber dann waren sie zu dicht aufeinander, und die Stacheln drangen ihnen gegenseitig ins Fleisch. Und als sie zu weit voneinander weg waren, war's wieder kalt zwischen ihnen. Und da mußten sie auch sozusagen die richtige Entfernung rausbekommen, daß man sich nicht sticht und daß man doch zugleich sich wärmt.«

Es ist nicht nur die Frage, ob eine so kurze Ansprache ein zweites Beispiel verträgt. Oft wird es besser sein, das eine konkret zu schildern und es dann konsequent auszulegen. Es ist auch die Frage, ob das Beispiel dazu helfen kann, den Sinn des Erzählten besser zu erfassen. Aber was mit der Igel-Geschichte bildhaft vermittelt wird, passt nicht zu dem Begriff von Distanz, den Kuhn zunächst gemeint hat. In ihr geht es um das richtige Maß zwischen Nähe und Distanz zwischen Menschen. Die Geschichte kann helfen, in Familien, Ehen oder Gruppen Verständnis dafür zu wecken, dass Beziehungen durch zu viel Nähe erstickt oder zu viel Entfernung den Kältetod sterben können. Der Autor weiß, dass das Beispiel in Spannung zu seinem Ziel steht (»Ich meine nicht jene Distanz ...«), aber er erzählt es dennoch. Ob er ein bisschen verliebt ist in die schöne Geschichte? Manchmal haben wir in der Vorbereitung einen guten Einfall. Es fällt uns ein Text ein, von dem wir zunächst denken, er passe zu unserem

Thema. Dann aber stellt sich eine Spannung heraus. In diesem Fall sollten wir darauf verzichten, dem guten Einfall weiter nachzugehen. Denn was wir *nicht* meinen, sollten wir auch nicht erzählen. Alles Erzählte will ja weiterwirken, auch wenn wir es einleitend oder nachträglich zurechtrücken wollen.

Kuhn schließt: »Aber eins sagt dies Beispiel ganz gut: Man muß in der richtigen Entfernung voneinander leben. In der Bibel steht das ziemlich lapidar: ›Einer komme dem anderen mit Ehrerbietung zuvor‹.« Am Ende wird dann doch das Beispiel positiv gewürdigt und ein Sinnaspekt hervorgehoben, der freilich hinter dem zurückbleibt, was der Autor schon vorher erläutert hatte: Abstand nehmen, um den ganzen Menschen zu sehen. Die Rede schließt, indem ein Bibelspruch angehängt wird, der wohl die Rede in seiner Weise als »Andacht« qualifizieren soll. Diese bloß legitimierende Funktion der Bibel überzeugt mich nicht. Auch wenn das Thema hier weniger vertikal, die Beziehungen Gott – Mensch betreffend, sondern vor allem horizontal, bezogen auf die zwischenmenschlichen Fragen, angelegt ist, steht die Schriftbezogenheit der Rede für mich außer Zweifel. Es geht in jedem Fall um einen Spezialfall von Nächstenliebe, die eines der Grundthemen der biblischen Überlieferung ist. Der vom Autor eingebrachte Vers aus Röm 12,10 entspricht durchaus dem Ziel der Betrachtung. Paulus mahnt zur »Ehrerbietung«, zur Achtung des anderen. Aus einer solchen Haltung der Achtung heraus können wir in der Tat bereit werden, den ganzen Menschen mit seinem Gewordensein und mit seinen gegenwärtigen Lebensverhältnissen zu sehen. Besser wäre es vielleicht gewesen, wenn der Autor auf die Igel-Geschichte verzichtet und sich dem Bibelvers und seinem altehrwürdigen, aber auch etwas fremd wirkenden Sprachbild »Ehrerbietung« ausführlicher zugewendet hätte.

Bei aller Kritik ist auf jeden Fall zu würdigen, dass Johannes Kuhn mit seinen Themen viele Herausforderungen des Lebens anspricht, auch solche, die in christlichen Besinnungen in der Regel nicht vorkommen, wie z. B. Wochenende, Skepsis, Unfälle oder Sport.

Beispiel II: Vom Alltag erzählen

Auch die »Minuten-Andachten« von Silke Stattaus beschäftigen sich mit kurzen Szenen aus dem Alltag. Aber die der Autorin zugedachte knappe Zeit zwingt sie zur Konzentration. Wenn wir nur wenig Zeit haben, führt das oft dazu, dass geistliche Reden eher abstrakt ausfallen – nach dem falschen Motto: Konzentration durch Abstraktion. Doch dieser Gefahr entgeht die Autorin in allen ihren kurzen Ansprachen. Sie leistet es sich, knapp und locker vom Alltag zu erzählen und ihn durchsichtig zu machen für eine allgemein-menschliche oder spezifisch christliche Wahrheit. Eine Andacht zitiere ich vollständig:

»Mit Humor geht vieles leichter.

Freitagnachmittag, hektisches Treiben auf dem Hauptbahnhof in Halle. Der Bahnsteig ist überfüllt. Studenten, Soldaten und Dienstreisende fahren ins Wochenende. Jetzt wird der Intercity nach Berlin ausgerufen. Nun ist es wichtig, möglichst nah an einer Tür zu stehen, dann einzusteigen und schnell einen Sitzplatz zu belegen.

Der Zug hält. Als Erste steigt die Zugbegleiterin aus. Sie reicht einer älteren Dame die Hand und hilft ihr sicher aus dem Wagen. Danach verstellt ein riesiger Koffer die Tür. Auch hier hilft sie mit einem gekonnten Handgriff, erst dem Gepäck, dann seinem Besitzer. Wir werden langsam ungeduldig. Doch schon streckt sich der Zugbegleiterin die nächste Hand entgegen. Beherzt greift sie zu – und stockt. Ein junger Mann schaut ihr verschmitzt ins Gesicht. Den Service will er sich nicht entgehen lassen, dass ihm jemand aus dem Zug hilft.

Als die Bahnmitarbeiterin den kräftigen Kerl bemerkt, muss sie lachen. Da grüßt er mit einer leichten Verbeugung und verschwindet in der Menge. Und wir lachen mit! Für einen kurzen Moment war es nicht mehr wichtig, dass wir schleunigst einsteigen und einen Sitzplatz suchen müssen.

›Geduld und Humor‹ so sagt es ein Sprichwort, ›sind zwei Kamele, mit denen du durch jede Wüste kommst.‹ Und ich bin sicher: auch in jeden überfüllten Zug!«

Im gedruckten Andachtsbuch ist dieser humorvollen Szene noch ein Bibelspruch in Großdruck hinzugefügt worden, von dem nicht gesagt wird, ob er in der mündlichen Andacht im Rundfunk ebenfalls genannt worden ist oder ob er sich nur in der

Druckfassung findet: »Dies ist der Tag, den der Herr gemacht hat; heute wollen wir fröhlich jubeln und unsere Freude haben« (Ps 118,24). Mit dieser drucktechnischen Entscheidung bleibt es dem Leser bzw. der Leserin überlassen, ob sie die erzählte Szene auch im Licht einer biblischen Erkenntnis betrachten wollen oder nicht. Bei der mündlichen Andacht hätte das zitierte Sprichwort einen sinnvollen Schlusspunkt setzen können. Aber anstelle des Sprichwortes wäre auch das Psalmenzitat als Schluss geeignet gewesen, vielleicht ergänzt von einem Fragesatz: »Hat denn Gott nicht auch die Reisetage mit vollen Zügen gemacht?«

Nach dem Blick auf die beiden thematischen Andachten fragen wir wieder, welche Empfehlungen sich für eine thematische Andacht geben lassen:

a) Nicht zuletzt bei offenen Andachtsformen (Andachten in City-Kirchen oder Rundfunkandachten), aber auch im Rahmen einer thematischen Einheit einer Rüstzeit, eines Gemeindeseminars o.ä. kann es sinnvoll sein, nicht die traditionelle Redeform der Auslegung eines Bibeltextes zu wählen, sondern sich einem Thema zuzuwenden. Die Themen sollten mit ihrem Inhalt, aber auch schon mit ihrer griffigen Formulierung die (potenziellen) Zuhörer interessieren. Bei offenen Andachten wird oft mit dem Thema für deren Besuch geworben, insofern hängt von ihm viel ab. Manchmal wird ein Thema mit einem bloßen Stichwort verwechselt. Wenn wir z.B. etwas über den Umgang mit Krankheit sagen wollen, dann genügt es nicht, das Thema »Krankheit« zu nennen. Das ist viel zu allgemein. Es ist nötig, mit einem Thema den Gedankengang bzw. das Problem anzudeuten, dem wir uns zuwenden wollen, z.B.: »Die große Störung« bzw. »Krankheit: die große Störung«.[9]

b) Es geht um eine kurze, prägnante Rede, deren Erfolg vor allem davon abhängt, ob sie ein klares Ziel erkennen lässt und ob sie hörergerecht mit Beispielen und guten Formulierungen gestaltet ist. Wer eine solche Ansprache vorbereitet, muss wissen, was er sagen will und mit welchen sprachlichen Mitteln er sein Ziel erreichen will.

---

[9] KUHN, aufmerksam leben, 156.

c) Es geht um eine Andachtsrede, nicht um einen allgemeinbildenden Vortrag. Aber auch eine Andachtsrede kann nicht darauf verzichten, auf allgemeine Lebensverhältnisse kultureller, wissenschaftlicher oder sozialer Art hinzuweisen (Beispiel: Museum). Ihr Hauptziel ist allerdings nicht das der kulturellen, wissenschaftlichen oder sozialen Belehrung. Als geistliche Rede will sie die von ihr aufgeworfenen Lebensfragen aus christlicher Perspektive bedenken und die ihnen zugrundeliegenden Glaubensfragen herausstellen. Aus diesem Grund ist es sinnvoll, in diese Rede auch biblische Texte einzubeziehen, wenn das vom Inhalt her möglich ist.[10] Ein Vers oder Abschnitt aus der Heiligen Schrift kann dann die Funktion übernehmen, eine bestimmte Lösung (z.B. für das zwischenmenschliche Verhalten) vorzuschlagen oder eine geläufige Erkenntnis zu korrigieren bzw. weiterzuführen. In der Regel wirkt es eher fatal, wenn ein Bibelspruch nur dazu aufgeboten wird, dem Wortlaut einer in sich feststehenden Rede nachträglich eine biblische Legitimation zu verschaffen.

d) Zur Vorbereitung gehören sowohl Zeiten assoziativen Suchens und wenig kontrollierter Einfälle wie auch Zeiten der strengeren Reflexion und rationalen Konzentration. Eine thematische Ansprache braucht zwar andere Schritte der Vorbereitung als eine biblische Rede. Sie muss aber genau so intensiv überlegt und konzipiert werden wie die traditionelle Ansprache zu einem biblischen Text. Es ist gut, wenn auch von einem Thema her die Felder »Situation«, »Ich« und »Gemeinde« abgeschritten werden (vgl. oben 9.1). An die Stelle des ersten Feldes »Text« tritt nun das »Thema«.

e) Eine Ansprache zu einem Thema kann im Vollzug von gemeinschaftlichen Formen der Reflexion ergänzt werden. So können ihr erste assoziative Einfälle in kleinen Gruppen vorausgehen oder Möglichkeiten der Anwendung, der Konkretisierung u.ä. folgen. Es ist möglich, dazu auch andere Medien einzusetzen, wie z.B. Bilder, die auf ein Problem inhaltlich und emotional hinführen.

---

[10] FRIEDERICH, Geborgenheit, bietet konsequent thematisch konzipierte Reden an, die stets auf ein Bibelwort hinführen.

f) Für die Vorbereitung empfiehlt sich eine ähnliche Schrittfolge wie unter 9.1:
- Erste spontane Ideen zum Thema: Welche Assoziationen stellen sich ein? Welche Situationen, Begriffe oder Bilder fallen mir ein?
- Überlegungen zur Situation: In welcher Situation stehen wir, in welche Situation hinein will ich reden?
- Fragen an mich selbst: In welcher Weise bin ich mit dem Thema konfrontiert? Wozu fordert es mich heraus? Auf welche Sachverhalte, Probleme und Einstellungen bei mir persönlich kann es bezogen werden?
- Arbeit am Thema: Welche Meinung vertreten viele heute zu dem genannten Thema? Welche qualifizierten Meinungsäußerungen (evtl. Literatur, Zeitung, wissenschaftliche Thesen) gibt es dazu? Wie verhält sich das Thema zur biblischen Überlieferung? Gibt es passende Bibeltexte zum Thema? Wie verhält es sich zu den Grundüberzeugungen des christlichen Glaubens? Ist es sinnvoll, bei diesem Thema von Gott zu reden?
- Konzentration: Was will ich hauptsächlich sagen? Finde ich zu meiner Hauptaussage einen Leitbegriff, ein tragendes sprachliches Bild aus dem Repertoire meiner Vorbereitungen? Wo und in welcher Weise würde sich ein biblischer Text einfügen?
- Aufbau und Gestaltung: Womit fange ich an? Welche Bilder, Vergleiche oder sonstigen Konkretionen will ich verwenden? Womit will ich schließen?
- Kontrolle: Wird meine Ansprache dem Thema gerecht? Ist die Hauptaussage erkennbar und anschaulich-konkret? Was ist überflüssig?

9.3 Textkombinationen

Diese Andachtsform ist zwar auch stark wortorientiert. Aber es wird hierbei auf die einen Text oder ein Thema auslegende Rede eines Einzelnen verzichtet. An deren Stelle treten mindestens zwei, möglicherweise auch drei und mehr unterschiedliche kürzere Texte. Sie bilden eine Text-Collage aus Gedichten, Liedstrophen, Gebeten, Zeitungszitaten, Berichten, Sprichwörtern, Auszügen aus einem Roman oder auch aus Bibelworten. Die Texte werden nacheinander gesprochen, und sie klingen auf diese Weise zusammen wie Glocken in unterschiedlicher Größe und Tonhöhe in einem Geläut. Es ist unverkennbar, dass sie sich unterscheiden in Form und Inhalt. Aber es gibt einen Gesamtklang: Sie interpretieren sich bis zu einem gewissen Grade gegenseitig, weil durch sie in unterschiedlichen Variationen ein bestimmtes Thema zur Sprache gebracht wird.

Für diese Andachtsform benötigt man nur eine kurze Zeit. Sie legt sich besonders dort nahe, wo eine Gruppe oder ein Leiter bzw. eine Leiterin besondere literarische Interessen haben. Aber es kann auch andere Gründe für diese Form geben, z. B. die Integration in ein thematisch geprägtes Wochenende oder die Teilnahme von Menschen in unterschiedlicher Nähe zu Kirche und Glauben. Mitunter ergibt sich die Anregung zu dieser Form aus der absichtslosen eigenen literarischen Lektüre, durch die man auf einen oder zwei interessante Texte gestoßen wird.

Diese Andachtsform wird in verschiedenen Veröffentlichungen angeboten, in denen eine große Zahl geeigneter Worte gesammelt und kombiniert sind.[11] Aus einer dieser Publikationen sei ein Beispiel genannt: In einem kleinen Band unter dem Titel »Einblicke-Ausblicke«, der sich unterschiedlichen Themen zuwendet, finden sich zur Überschrift »Schmecken« auf einer Seite – vielleicht ist sie für eine kleine tägliche Besinnung gedacht – drei kurze Zitate:

---

[11] Vgl. GRÜNINGER/BRANDES, Atempausen; BRINKEL, Dem Leben auf der Spur. Ähnliche Textkombinationen zu Themen wie »Besitzen«, »Verzichten«, »Bewahren« usw. publiziert der Gemeindedienst der Nordkirche in Form kleiner Hefte »Für jeden neuen Tag«, z. B. Nr. 48, Kiel 2000. Auch das Andachtsbuch »Evangelischer Lebensbegleiter«, hrsg. im Auftrag der Kirchenleitung der VELKD von Norbert DENNERLEIN u. Martin ROTHGANGEL, ist als Textmischung konzipiert, dabei aber geordnet nach der Abfolge von Wahrnehmen, Deuten (häufig: Bibeltexte), Gestalten (oft: Gebet oder Lied).

Ich bin so knallvergnügt erwacht.
Ich klatsche meine Hüften.
Das Wasser lockt. Die Seife lacht.
Es dürstet mich nach Lüften.

Aus meiner tiefsten Seele zieht
Mit Nasenflügelbeben
Ein ungeheurer Appetit
Nach Frühstück und nach Leben.

Joachim Ringelnatz

»Gott gibt mir Brot und Wasser nicht darum, daß ich essen und trinken soll wie ein Pferd oder Esel, sondern daß ich aus einer solchen leiblichen Gabe seine Güte erkennen und mich desselben auch in anderen Nöten trösten soll.«

Martin Luther

»Lieber Gott,
mach doch, daß die Vitamine in den Pudding kommen,
die sonst immer im Spinat sind.«[12]

Für den Hörer bzw. die Hörerin ist offenkundig, dass es immer um ein Thema, nämlich um Essen, um Schmecken geht. Dennoch sind die Akzente unterschiedlich: Zunächst ein Gedicht voller praller und sympathischer Lebensfreude, die in Christentum und Kirche oft als Gegensatz zu einem frommen Leben empfunden wurde. Wie schön, dass ein solch heiterer und lebensbejahender Text in dieses Andachtsbuch aufgenommen wurde! Der erste Artikel unseres Glaubens will nicht nur im Gottesdienst zitiert, von Theologen tiefsinnig akademisch reflektiert oder allein als ethische Aufgabe verstanden werden (»Bewahrung der Schöpfung«); er will uns doch zunächst die Sinne aufschließen für das Wunderwerk der Schöpfung Gottes und meines persönlichen Lebens.

---

[12] KOEPPEN/SPENNHOFF, Einblicke – Ausblicke, 19.

Der zweite Text steht zum ersten offenkundig in Spannung. Wir sollen nicht nur essen wie die Tiere, sondern in diesen Gaben die Güte des Schöpfers erkennen. Schnell wird mit solchen Mahnungen die elementare Lust am »Frühstück« verdorben. Ob Luther dies so meint? Er selbst war kein Kostverächter, wie wir wissen. Vielleicht weist er auf etwas hin, woran wir uns gelegentlich erinnern lassen müssen: In den wunderbaren Gaben des Lebens – im duftenden Kaffee und im frischen Brötchen – kommt etwas von der Güte Gottes zu mir.

Auch der dritte Text setzt wieder einen neuen Akzent. Ein undankbarer Mensch, so könnte man meinen, äußert sich hier, einer, dem nichts rechtzumachen ist. Doch man spürt, dass hier ein Kind spricht. Das nimmt kein Blatt vor den Mund, auch nicht beim Gebet. Die Kritik an Gottes Vitaminverteilung rührt uns an, weil sie aus Kindermund kommt. Und vielleicht beginnen wir zu überlegen, worin der Unterschied zwischen dem Kummer eines Kindes mit den Lebensmitteln und der Unzufriedenheit der Erwachsenen mit den Schöpfungsgaben besteht.

Wird sich der Leser bzw. die Hörerin einen »Reim« auf die unterschiedlichen inhaltlichen Akzente machen? Vielleicht ist es nicht zuletzt die Spannung der unterschiedlichen Texte zueinander und die Offenheit des Inhalts, die diese Form der geistlichen Besinnung besonders geeignet macht, nicht als abgeschlossene geistliche Darlegung, sondern als fruchtbarer Impuls, als spiritueller Anstoß zu wirken.

Wenn eine solche Andachtsform in Gruppen praktiziert werden soll, dann sollte auf folgendes geachtet werden:
a) Die hier zusammenzustellenden Texte sollen zwar zu einem Thema gehören und als einzelne Texte wie auch in der Kombination miteinander in eine gemeinsame inhaltliche Richtung zielen. Sie lassen sich aber nicht auf ein exaktes »Lernziel« bzw. auf eine ganz präzise homiletische Zielrichtung festlegen. Sie sollen und dürfen beim Hörer Assoziationen eigener Art freisetzen. Sie können durch ihr sprachliches Material ein Thema reizvoll beleuchten und so auf der emotional-bildhaften oder auch auf der rationalen Ebene des Verstehens das Weiterdenken und Weiterwirken ermöglichen.

b) Für solche Textkombinationen in einer Andacht gibt es keinen Kanon erlaubter oder nicht erlaubter Texte, sieht man einmal von vulgären oder geschmacklosen Auslassungen ab. Eigene Lesefrüchte, einzelne Zitate, Bibeltexte, Liedverse, bewusst christliche Texte und Formulierungen, in denen christliche Überzeugungen bezweifelt werden – alles ist denkbar.
c) Textkombinationen können eher meditativ verwendet werden. Dabei stehen einzelne Zitate relativ unverbunden nebeneinander. Die Texte müssen langsam, mit deutlichen Pausen dazwischen, vorgetragen bzw. mehrmals gelesen werden. Instrumentale Musik kann dabei im Hintergrund oder zwischen den einzelnen Texten erklingen. Die Form der Textkombination kann aber auch stärker »homiletisch« akzentuiert werden. Dabei werden die einzelnen Zitate von einführenden, überleitenden oder weiterführenden freien Worten ergänzt. Dabei kommt es sehr darauf an, dass die kommentierenden Sätze den zitierten Texten dienen und zu sehr in den Vordergrund rücken. Wer kombinierte Texte kommentiert, muss sich von der Grundeinstellung leiten lassen, dass diese Zitate vor allem selbst sprechen wollen und dass allenfalls kleine Hinweise angebracht sind. Wo dies beachtet wird, kann auf diese Weise das Verständnis der einzelnen Zitate erleichtert werden. Außerdem tritt die Leitungsperson mit ihrer Überzeugung, mit ihrer leitenden Frage, mit ihrer Absicht deutlicher in Erscheinung.
d) Es geht um Andacht, nicht um eine literarische Matinee. Sicher ist es sinnvoll, Textkombinationen dort vorzusehen, wo wir als Leiter bzw. Leiterin wissen, dass in einer Gruppe literarisch und sprachlich interessierte Zuhörer vorhanden sind. Aber die Texte dienen als Mittel zum Zweck der Kommunikation des Evangeliums. Es geht nicht in erster Linie um ästhetisch-literarische Befriedigung eines kulturellen Interesses. Die hier zu lesenden Texte sollten, auch wenn man Unterschiede von Gruppe zu Gruppe berücksichtigt, im Ganzen sprachlich und inhaltlich nicht zu kompliziert sein. Wenn Gedichte individuell und still gelesen werden, kann man ihnen Wort für Wort nachgehen und ihnen nach und nach auf den Sinn kommen. Ein Vorlesetext muss leichter zu verstehen

sein. Das setzt z.B. der Verwendung moderner Lyrik in solchen Kombinationen oft Grenzen.

e) Es gibt keinen Zwang, unbedingt einen Bibeltext in die Auswahl einzubeziehen. Das Evangelium hat in vielen Texten seinen Niederschlag gefunden, nicht nur exklusiv in denen der Heiligen Schrift. Aber Textkombinationen bieten die Chance, auch hermeneutisch schwierigere Bibelworte ohne aufwendige und belehrend wirkende Erklärungen durch den Zusammenklang mit anderen Zitaten verständlich machen zu können. Wo biblische Texte in eine solche freie und beziehungsreiche Nachbarschaft zu anderen Worten gestellt werden, dort können sie in der Regel ihre eigene Sprachkraft und ihren spezifischen Inhalt eindrücklich zu Gehör bringen.

f) Eine Schrittfolge für die Vorbereitung einer solchen Andacht erübrigt sich hier. Die Texte können bei der eigenen Freizeitlektüre, bei gezieltem Suchen in Textsammlungen u.ä. gefunden werden. Jeder Text, den wir kombinieren wollen, sollte für sich im Hinblick auf seine Hauptaussage reflektiert und im Hinblick auf seine Tauglichkeit überprüft werden. Dazu ist es gut, wenn wir die einzelnen Zitate einmal in den Kontext der »vier Felder« stellen (vgl. 9.1) und auf ihren jeweiligen Sinn befragen. Wenn sich dabei ergeben sollte, dass ein Text leicht missverstanden werden könnte, dann sollten wir ihn besser durch einen geeigneteren ersetzen.

9.4 Bildbetrachtung

Die moderne Welt unserer Tage setzt stark auf die optischen Reize schnell wechselnder Bilder in Film, Fernsehen und Internet, in Werbung und Unterhaltung. Man kann sich auf den Standpunkt stellen, dass es wegen solcher optischen Reizüberflutung nötig sei, in Andachten ganz auf das Wort und das innere Bild im Menschen zu setzen. Dabei würden aber die Bedürfnisse vieler junger Menschen ignoriert, deren Erwartungen darauf gerichtet sind, wichtigen Inhalten nicht nur hörend, sondern auch sehend begegnen zu können. Sinnvoller dürfte es sein, dem Bedürfnis nach Bildhaftem einerseits entgegenzukommen, andererseits aber einen besseren Umgang mit dem Bild einzuüben. Wir sind zwar täglich von einer Bilderflut umgeben. Aber vielen Menschen ist das intensivere Betrachten eines einzelnen Bildes fremd. Gerade darin kann eine besondere Chance der Bildbetrachtung im Rahmen einer Andacht liegen.

Das Bild und der christliche Glaube hängen, wie man in fast jeder Kirche sieht, eng zusammen. In ganz besonderer Weise trifft das auf die orthodoxen Christen zu, deren Ikonen gleichsam als Bilder in den Himmel allerhöchste religiöse Bedeutung erlangt haben. Aber auch aus der abendländisch-westlichen Andachtstradition wissen wir, wie wichtig das fromme Bild in Kirche und Wohnstube, in Bibel und Erbauungsbuch gewesen ist. Wenn Andachten als Bildbetrachtung gestaltet werden, dann entspricht das einer alten Tradition, die unter den heutigen kulturellen und mentalen Bedingungen auf jeden Fall fortgesetzt werden sollte.

Als Bilder kommen biblische Illustrationen und andere von christlichen Motiven geprägte Werke in Frage. Aber die Bildauswahl ist beileibe nicht darauf einzugrenzen: Gemälde sind u. U. ebenso geeignet wie Grafiken, säkulare Motive möglicherweise ebenso wie religiöse, Fotos ebenso wie Karikaturen. Jedes gute Bild erschließt Aspekte des Lebens. Auch säkulare Motive können transzendierende religiöse Aussagen provozieren.

Ob eine Bildbetrachtung gelingt, das hängt nicht zuletzt von den technischen und räumlichen Voraussetzungen ab. Entweder haben alle Teilnehmer das gleiche Bild in einem eigenen Exemplar vor sich. Oder es wird von einem Beamer oder Diaprojektor eine große Abbildung gezeigt, die alle gut betrachten können.

In den Materialstellen der Kirchen und Schulen und auf dem Buch- und Kunstmarkt finden sich zahlreiche Beispiele einer spirituellen Bildbetrachtung. So sind beispielsweise die in ihrer Art vorbildlichen Meditationsbücher von Jörg Zink weit verbreitet, in denen Kunstwerke sachkundig beschrieben und im Blick auf ihren spirituellen Gehalt eindrucksvoll interpretiert werden.[13] Als erstes Beispiel wähle ich dennoch hier ein vom Motiv her säkulares historisches Bild aus einer Bildfolge mit Gemälden

---

[13] ZINK, Lichter und Geheimnisse; DERS., Die Mitte der Nacht ist der Anfang des Tages. Die Bücher erschienen in 1. Auflage schon 1976 und 1978.

berühmter Künstler, um an die in den DDR-Jahren schwierigen Editionsmöglichkeiten, aber auch an die beiden verdienstvollen Herausgeber der damaligen Zeit zu erinnern. Im zweiten Beispiel soll ein modernes Bild über eine der Kreuzwegstationen Jesu, also eine künstlerische Interpretation einer biblischen Szene, den Mittelpunkt einer Andacht bilden.

Beispiel I: Ein säkulares Bild zum Abschluss eines Abends
Der Kunstdienst der Ev.-Luth. Landeskirche Sachsens hatte in den 1970er Jahren eine Diaserie »Du hast mich angesehen. 12 Bildmeditationen für Gemeindeabende von Johannes und Gerhard Schöne« herausgebracht, in denen Bilder berühmter Maler aus verschiedenen Jahrhunderten, Gemälde ohne ein vordergründig christliches Motiv, mit einem betrachtenden Text und einem Gebet ergänzt worden sind. Die Autoren der Serie gehen davon aus, dass mit jedem dieser Bilder »ein Abend abgeschlossen werden (kann) im Sinn einer Andacht« (Vorwort).

Aus dieser Serie greife ich das Bild Adolph von Menzels »Wohnzimmer mit Menzels Schwester« heraus. Der interpretierende und meditierende Text dazu lautet:

»Es ist spät geworden. Die Mutter sitzt noch über ihrer Näharbeit. Die Schwester geht schlafen. Sie läßt sich Zeit. Müde ist sie wohl, und die Mutter hat recht, wenn sie mahnt: Nun mach schon, trödle nicht! - Aber es ist gar nicht leicht, sich vom Tag zu trennen. Kann man ihn denn einfach so gehen lassen? Er kommt ja nie wieder! Und er ist einem doch lieb geworden, auch wenn er nur ein ganz gewöhnlicher Tag war. Nun ist er zur Tür hinaus, lautlos, ohne Gruß, ohne ein Umsehen.
Ich nur schaue ihm nach. Gute Nacht, lieber Tag und schönen Dank für deine Stunden! – Nein, er hört es nicht. Er läßt mich hier stehen und kommt nicht zurück. Gleich wird die Mutter rufen: Aber Kind, worauf wartest du! – Wenn sie mich doch eine Weile noch bleiben ließe. Hier auf der Schwelle. Hier in der offenen Tür. Es ist mein liebster Platz. Nun ist es wohl Zeit. Die Kerze lasse ich in meiner Kammer weiter brennen. Eigentlich brauchte ich sie nur für den dunklen Gang bis dorthin. Meinem Tag soll sie leuchten. So schön wie ein Geburtstagslicht.«

Adolph von Menzel, Wohnzimmer mit Menzels Schwester (1847), Öl auf Papier, Alte Pinakothek, München.

Der Text lebt davon, dass die Mutter und vor allem die Tochter, die beiden im Bild dargestellten Personen, einen inneren Monolog führen. So muss nichts erklärt werden von dem, was man sieht. In den Worten der Tochter wird alles Wesentliche angesprochen: die Schwelle, die Tageszeit, die Kerze. Die Autoren rechnen allerdings mit einem geistig flexiblen Hörerkreis: Ob jeder und jede sofort die Ich-Rede (»Ich nur schaue ihm nach«) einordnen kann? Das Zögernde des Bildes tritt hervor, die Schwelle vom Tag zur Nacht, dieser kleine und doch etwas schwere Schritt. Der Text verzichtet darauf, bestimmte Symbole im Bild, wie z. B. die Kerze, religiös zu deuten. Sie bleiben im Diesseitigen und Menschlich-Alltäglichen. Freilich fügen sie dann ein kurzes Gebet mit folgendem Wortlaut an:

»Heiliger Gott, lieber Vater! Ich schaue zurück auf meinen Tag und danke dir für jede Stunde. Ich bitte dich für mich und für alle Menschen, die du mir anvertraut hast: Gib uns von deinem Licht, daß es uns leuchte durch die Dunkelheiten, die uns erwarten, durch die Dunkelheit der kommenden Nacht und einst auch durch die Dunkelheit des Todes. Amen.«[14]

Hier, im Gebet, wird die im Bild dargestellte Licht-Finsternis-Symbolik ausdrücklich in religiöser Sprache aufgenommen. Die Autoren geben nicht vor, mit dieser Bitte dem Künstler und seiner Intention zu entsprechen. Das Kunstwerk hat sie aber innerlich angerührt, die grundlegende menschliche und zugleich auch fundamentale religiöse Frage des Übergangs vom Licht zur Dunkelheit, von einer Zeit in die andere, vom Tag zur Nacht, auch zur Nacht des Todes, auszusprechen.

Man kann sich gut vorstellen, dass mit dieser Betrachtung ein Gemeindeabend, der von einem Referat und einer Diskussion bestimmt war und der zu neuen Erkenntnissen und Begegnungen geführt, vielleicht aber auch gewisse Enttäuschungen bereitet hat, gut abgeschlossen werden kann.

Beispiel II: Ein religiöses Bild in einer Passionsandacht

Das Gottesdienst-Institut der Ev.-Luth. Kirche in Bayern bietet u. a. für die Advents- und für die Passionszeit Materialien für Andachten an, in deren Zentrum die Auslegung eines Bildes steht. Diese Andachten bilden nicht nur den Abschluss eines Gruppenabends, sondern verstehen sich als selbstständige gottesdienstliche Versammlungen, zu denen die Gemeinden speziell

---

[14] Du hast mich angesehen, Begleitheft, 2.

Sieger Köder, Jesus fällt zum dritten Mal unter dem Kreuz. Kreuzweg in der Kirche St. Stephanus zu Wasseralfingen. IX. Station © Sieger Köder-Stiftung Kunst und Bibel, Ellwangen – www.verlagsgruppe-patmos.de/rights/abdrucke

eingeladen werden. Insofern ist sowohl für hinführende Lieder und Gebete, für gemeinsam gesprochene oder gesungene Psalmverse wie auch für die ausführliche Betrachtung eines Bildes relativ viel Zeit. Aus dem Andachtszyklus »Gott schauen« des Jahres 2020 mit Kreuzweg-Bildern des Malers und Pfarrers Sieger Köder stelle ich die Auslegung der dritten Andacht vor, die dem

Bild »Jesus fällt zum dritten Mal unter dem Kreuz«, die unter der Überschrift steht »Am Boden«.[15]

Die Ansprache beginnt mit Lesungen aus Ps 22,15f. *(„Ich bin ausgeschüttet wie Wasser... und du legst mich in des Todes Staub")* und drei Berichten von Lebensschicksalen aus der Gegenwart, in denen Menschen Unerträgliches erfahren haben. Nach einem Stück Instrumentalmusik folgt ein zweiter Teil, in dem das Bild in den Mittelpunkt gerückt wird. Da heißt es:

»Diesen Moment an der Grenze hat der Maler Sieger Köder festgehalten und bietet ihn uns zur Betrachtung in der Passionszeit an. Als eine Station auf dem Lebensweg Jesu hinauf nach Golgatha. Eine Station zwischen Himmel und Erde. Noch am Leben, aber doch dem Tod schon nahe.

Auf dem Bild sehen wir Jesus. Zusammengebrochen unter der Last des Kreuzes, das er zu tragen hat, liegt er im Staub. In des Todes Staub. Geschunden, ohnmächtig, schwach. Das Gesicht im Dreck, niedergedrückt zur Erde unter dem schweren Holzbalken. Er kann sich nicht mehr rühren. Die ganze Welt scheint auf ihm zu lasten. Einsam, allein gelassen. Niemand ist da. Ecce homo. Seht, welch ein Mensch!

Im Antlitz Jesu spiegeln sich die Gesichter vieler Menschen bis heute. So viele menschliche Schicksale, die im Grauen der Gewalt, in der Ohnmacht der Verzweiflung gestrandet sind. Ausgegossen. Am Ende. Sprachlos.«

Dieses Bild, das die Autorin in Worte gefasst und zugleich auch als Spiegel der Gesichter vieler Menschen heute gedeutet hat, konfrontiert sie dann mit den Hoheitsaussagen vom Menschen, wie sie im Psalm 8 zu lesen sind: »*Du hast ihn (den Menschen) wenig niedriger gemacht als Gott...*« Von diesen Würdeaussagen schaut sie noch einmal auf das Bild, wobei sie zunächst das Grauen wahrnimmt, das hier dargestellt ist, aber dann erneut auf weitere Signale achtet, die ihr im Bild begegnen:

»Und hier? Das Bild zeigt das Gegenteil. Gefallen ist der Mensch, zu Boden geworfen. Der ganze Horizont besteht nur aus dem schweren Balken, der

---

[15] Gottesdienst-Institut der Ev.-Luth. Kirche in Bayern, Gott schauen. Die hier zitierte Auslegung, die ich wegen ihrer Länge nur auszugsweise zitieren kann, stammt von Andrea FELSENSTEIN-ROSSBERG und findet sich 24–39.

den Blick des eingequetschten Kopfes und die hilflosen Hände zu Boden drückt. Dieses Geschehen füllt den ganzen unteren Bildraum. Darüber erhebt sich hoch ein graublauer Himmel mit einer fahl scheinenden Sonne. Weit weg ist diese Lichtquelle. In kosmischer Ferne. Was das Gefühl von Einsamkeit noch verstärkt.

Und doch, bei genauerer Betrachtung, scheint es eine Verbindung von diesem fernen Licht hinunter zur Erde, zu diesem Geschehen zu geben. Durch alle grauen Himmel hindurch fällt gleißendes Licht auf das dunkle Holz und breitet sich auf wundersame Weise auch auf dem Gesicht des Geschundenen aus.«

Wieder erklingt Instrumentalmusik, bevor die letzten beiden Teile folgen. Dabei geht die Autorin auf Ps. 22 und die Psalmen überhaupt ein, die uns »Worte gegen das Verstummen« geben. Aber dann richtet sich ihr Blick noch einmal auf das Bild:

»Gott sieht. Er sieht meine Not und meine Verzweiflung. Vielleicht deutet das der Lichtstrahl auf dem Bild an? Der Mensch am Boden ist im Blick Gottes. Sehr: In Jesus unter dem Kreuz liegt Gott selbst hier am Boden. So nahe kommt er seinen geliebten Geschöpfen in ihren Niederlagen, in ihrer Not. Er kennt, was Menschen durchleiden, wenn sie ganz unten sind. Da ist er ganz da. In der Nähe des Todes. Und auch im Sterben und Hinübergehen.«

Erneut schlägt die Autorin eine Unterbrechung durch Instrumentalmusik vor, um mit einem zusätzlichen Zuspruch zu enden: »Du kannst nicht tiefer fallen als in Gottes Hände. Er fängt dich auf ...«

Nach meinem Eindruck ist der Verfasserin eine vorbildliche Bildauslegung im Rahmen einer Andacht gelungen. Sie nimmt sich Zeit für das Bild und entdeckt nicht nur Oberflächliches, sondern auch etwas von den dargestellten Tiefendimensionen. Oft wählt sie nur einzelne Begriffe oder ganz kurze Sätze. Den Zuhörenden bleibt Zeit zum verweilenden Hinsehen. Und sie ist mit dem Bild und dem hinzugezogenen Psalm gleichzeitig in der biblischen und in unserer gegenwärtigen Welt.

Über einzelne Entscheidungen mag man streiten, z. B. ob für den Zuspruch am Ende noch ein kleiner Schlussteil angehängt werden muss – oder ob Teil 3 oder die Hinführung auf den Segen am Ende der Andacht geeignete Orte für solche Sätze wären.

Wir versuchen, wieder eine Zwischenbilanz zu ziehen. Bei einer Andacht, in deren Mittelpunkt eine Bildbetrachtung steht, sollten folgende Gesichtspunkte Beachtung finden:

a) Bildinterpretation ist eine anspruchsvolle Aufgabe der Kunstwissenschaft.[16] Ihre Methoden sind verschieden. Zu ihnen gehören auf jeden Fall historische Untersuchungen, wie z. B. zur Bildsprache einer jeweiligen Epoche. Häufig finden auch psychologische Einsichten zur Symbolik des Menschen[17] und struktural-objektive Regeln zu den »Codes«, den im Bild verschlüsselten Zeichen, Berücksichtigung.[18] Von ihren Ergebnissen und Methoden kann sich die Bildbetrachtung im Rahmen einer Andacht inspirieren lassen. Sie sollte aber durch sie nicht total determiniert werden. Denn sie verfolgt eigene Absichten und entwickelt dazu auch eigene Umgangsformen mit Kunst.

b) Es kann hilfreich sein, Informationen objektiver Art einzubeziehen, wie z. B. Angaben zur Person des Malers, zu seiner Lebenssituation und zu seinen künstlerischen Themen. Ebenso können allgemeine wissenschaftliche Einsichten zur Bildbetrachtung eine erschließende Rolle spielen, wie z. B. die Struktur eines Bildes, die Codes der Farben usw. Ein grundlegendes Problem bei der Verwendung von Bildern im spirituellen Kontext ergibt sich aber dadurch, dass aus ihnen möglicherweise Inhalte herausgelesen werden, die kunstgeschichtlich abgelehnt würden. Einem Kunstwerk kann aber nicht verwehrt werden, Denkanstöße zu vermitteln oder Empfindungen auszulösen, die über das hinausgehen, was der Künstler selbst nach kunstgeschichtlicher Vermutung hat sagen wollen. Deshalb sollte bei einer Bildbetrachtung in einer Andacht sprachlich deutlich gemacht werden, wo Betrachtende das Bild in seiner Botschaft wahrzunehmen versuchen und wo sie

---

[16] Vgl. u. a. FAULSTICH, Bildanalysen; LANGE, Umgang mit Kunst.
[17] RIEDEL, Bilder in Therapie, Kunst und Religion.
[18] WICHELHAUS/STOCK, Bildtheologie und Bilddidaktik.

in betont subjektiver Weise das mitteilen, was ein Kunstwerk in ihnen persönlich auslöst und anregt. Insgesamt bleibt die Bildbetrachtung im Rahmen einer Andacht eine subjektive Äußerung eines kunstwissenschaftlichen Laien, der Elemente aus seiner Zwiesprache mit einem Bild weitergibt.

c) Das verwendete Bild spricht seine eigene Sprache. Dieser Redeprozess zwischen dem Bild und den einzelnen Teilnehmerinnen und Teilnehmern einer Gruppe findet auch im Vollzug der Andacht statt. Was einer vorträgt, kann dem widersprechen, was eine andere wahrnimmt. Deshalb sollten Bildmeditationen Freiräume eröffnen, in denen die subjektive Wahrnehmung jedes Einzelnen gestattet ist und vielleicht sogar ausdrücklich angeregt wird. Oft empfiehlt es sich, ein Bild in der Gruppe zunächst über eine gewisse Zeit hinweg schweigend betrachten zu lassen. Jede schnelle Geschwätzigkeit stört. Es ist möglich, danach die einzelnen Gruppenmitglieder um Mitteilung dessen zu bitten, was sie gesehen haben. Wird später die Betrachtung durch eine Leitungsperson monologisch fortgesetzt, so empfiehlt es sich, ruhig zu sprechen und immer wieder Pausen einzulegen, in denen die Wahrnehmungsfähigkeit und die Fantasie der Betrachtenden Zeit eingeräumt bekommen. Die Leitungsperson kann auch selbst mehrere Wahrnehmungs- und Deutungsvarianten ansprechen oder sie durch gelegentliche Fragen provozieren.

d) Für die Auslegung eines Bildes gibt es keine generell gültigen Rezepte. Eine akzeptable Lösung für ein Bild ohne offenkundig christliches Motiv habe ich am Beispiel zu Adolph von Menzels Bild vorgestellt. Wieder anders wird man vorgehen, wenn es sich um ein Bild handelt, in dem eine Geschichte aus der Bibel oder aus der christlichen Frömmigkeitsgeschichte dargestellt wird, wie es bei dem Bild von Sieger Köder der Fall war. Vielleicht muss hier zuerst der biblische Text gelesen oder nacherzählt werden, bevor man sich der »Erzählung« der Geschichte in Farben und Formen zuwenden kann. Trotz aller möglichen Unterschiede von Fall zu Fall denke ich bei einer Bildbetrachtung im Rahmen einer Andacht an folgende Schritte:

- »Ich sehe zunächst ...« (spontane und unzensierte Beschreibung von Einzelheiten; im Bild »spazierengehen«; u. U. die Gruppe um ihre Wahrnehmungen bitten),
- »Dabei geht es mir ...« (Gefühle und Assoziationen, die durch das Bild ausgelöst werden),
- »Mir fallen Situationen ein ...« (Analogien oder Dissonanzen zwischen dem Bild und eigenen Erfahrungen heute),
- »Ich sehe noch einmal hin ...« (genauere Wahrnehmung des Bildes: Formen, Farben, Struktur, Symbole; Versuch, die hintergründige Botschaft des Bildes genauer wahrzunehmen),
- »Das erinnert mich an ...« (u. U. Verschränkung mit einem biblischen Text oder mit anderen geistlichen Einsichten).

e) Die Vorbereitung einer solchen Bildbetrachtung lässt sich wiederum nicht in einer Schrittfolge formulieren. So wird es z. B. ganz unterschiedliche Wege geben, in welcher Weise wir ein Bild entdecken, das wir im Rahmen einer Andacht einsetzen möchten. Die unter d) angegebene Schrittfolge kann bis zu einem gewissen Grade auch als Gerüst für die private Vorbereitung dienen. Zusätzlich sollten wir die Botschaft, die uns aus dem Bild entgegenkommt, wieder auf die vier Felder (vgl. 9.1) beziehen und danach fragen, wie sie in diesen unterschiedlichen Lebenswelten zu stehen kommt. Das Feld »Text« sollte hier nicht wegfallen und durch das Bild ersetzt werden. Es steht hier für die Aufgabe, biblische Texte zu suchen, die mit der Botschaft des Bildes in eine Beziehung treten können.

f) Wenn wir im Rahmen einer Andacht ein Bild betrachten, dann übernimmt dieses die dominante Rolle. Es darf nicht nur als »Aufhänger« für eine Rede missbraucht werden, die sich dann schnell von diesem Kunstwerk löst. Alle Reden, seien es Äußerungen aus der Gruppe oder Worte des Leiters, sollten dazu dienen, das Bild sprechen zu lassen. Wer diese Disziplin der Unterordnung unter das Bild nicht einhalten kann, sollte auf eine Bildbetrachtung verzichten.

g) Die Offenheit eines Bildes mit seiner symbolischen Sprache macht es gut möglich, eine solche Betrachtung zum Abschluss eines Abends oder einer Themeneinheit einzusetzen, wenn der Verlauf und der sachliche Ertrag vorher noch nicht genau geplant werden konnten. Aber es ist natürlich auch möglich, Andachten zu anderen Zeiten, z.B. am Morgen, mit Hilfe eines Bildes zu gestalten.

9.5 Symbolische Aktion

Außerordentlich eindrucksvoll können Andachten werden, in denen eine symbolische Aktion im Zentrum steht. Dabei stehen einzelne Gegenstände für etwas Anderes, das sie repräsentieren, z.B. eine Schale für einen nach »oben« geöffneten Menschen, eine Leiter für die menschliche Karriere, ein Netz für menschliche Beziehungen. Etwas nicht Sichtbares wird durch sie stellvertretend sichtbar gemacht. Dabei geht es nicht nur darum, dieses Symbol als solches zu betrachten und ihm entsprechende Texte zuzuordnen. Auch dies kann eine legitime Form spiritueller Betrachtung sein (Meditation von Gegenständen: ein Blatt, ein Stein[19] usw.). Hier geht es darum, mit diesen symbolischen Gegenständen Handlungen ausführen zu können. Darin liegt der große Reiz dieser Gestaltungsform.

Das Beispiel, das ich hier schildere, liegt viele Jahre zurück. Dennoch habe ich es bis zum heutigen Tag gut in Erinnerung behalten. In einer Predigerseminarsgruppe, eingebunden in die thematische Einheit »Jugend und Kinder«, die den Seminarkurs vierzehn Tage lang beschäftigte, gestaltete ein junger Vikar eine Andacht, in der er in den Kreis der ca. fünfzehn Teilnehmerinnen und Teilnehmer zwei Schuhe legte: einen derben Erwachsenenschuh und den Schuh eines Kleinkindes. Nachdem der Leiter selbst ein oder zwei Stellungen der beiden Schuhe miteinander vorgegeben hatte, forderte er die Gruppe auf, andere Möglichkeiten zu versuchen. Die Gruppe schaute gespannt und schweigend zu, während Einzelne den Kinderschuh neben den Erwachsenenschuh (Gleichschritt?), darunter (auf die Zehen treten, unterdrücken?), weit weg von ihm (Distanz, Angst?) usw. positionierten. Es war klar: Die Schuhe standen für Menschen: für einen Erwachsenen, vielleicht für einen Vater, für einen Lehrer, für einen sehr großen und mächtigen Menschen einerseits; für

---

[19] Beispiele dazu finden sich z.B. bei DIEHL, Missio Spots.

ein kleines, noch formbares, schutzbedürftiges Kind andererseits. Die Gruppe erfand sicher mindestens zwanzig verschiedene Positionen, mit denen die Chancen, die Verantwortung und die Gefahren von Erwachsenen-Kind-Beziehungen ausgedrückt wurden. Im Anschluss daran wurden zwei Texte gelesen: die Kindersegnung Jesu (Mk 10,13–16) und ein Gedicht von Bettina Wegner »Kinder«, das ich im Folgenden wiedergebe:

»Sind so kleine Hände
winzge Finger dran.
Darf man nie drauf schlagen
die zerbrechen dann.

Sind so kleine Füße
mit so kleinen Zehn.
Darf man nie drauf treten
könn sie sonst nicht gehn.

Sind so kleine Ohren
scharf, und ihr erlaubt.
Darf man nie zerbrüllen
werden davon taub.

Sind so schöne Münder
sprechen alles aus.
Darf man nie verbieten
kommt sonst nichts mehr raus.

Sind so klare Augen
die noch alles sehn.
Darf man nie verbinden
könn sie nichts verstehn.

Sind so kleine Seelen
offen und ganz frei.
Darf man niemals quälen
gehn kaputt dabei.
Ist son kleines Rückgrat

sieht man fast noch nicht.
Darf man niemals beugen
weil es sonst zerbricht.
Grade, klare Menschen
wärn ein schönes Ziel.
Leute ohne Rückgrat
hab'n wir schon zuviel.«[20]

Die Andacht dauerte kaum länger als sonst. Die Gruppe saß im Halbkreis, der zum Altar geöffnet war. Die symbolische Aktion fand auf dem Fußboden im Innenraum des Halbkreises statt und konnte von allen gut gesehen werden. Die geistliche Besinnung war, wie gewohnt, mit einem Lied eröffnet worden, und wurde mit Gebet und Lied abgeschlossen.

Wenn Andachten dieser Art gestaltet werden, ist es gut, folgende Gesichtspunkte zu beachten:
a) Solche symbolischen Aktionen sind in der Sache den Formen der Gemeindearbeit verwandt, die unter dem Titel »Interaktionale Bibelarbeit« bekannt geworden sind.[21] Dabei interagieren hier allerdings nicht Personen direkt mit ihrem Körper und mit ihrer Stimme (wie z. B. im Rollenspiel), sondern es findet ein symbolisches Geschehen statt, in dem Gegenstände die Menschen vertreten. Nur so sind Interaktionen im begrenzten und konzentrierten Rahmen einer Andacht möglich. Von Rollenspielen und anderen aufwendigeren Methoden der Gestaltung möchte ich hier strikt abraten. Dafür ist der Rahmen einer längeren Bibelarbeit oder gar eines biblischen Wochenendseminars zu wählen. Bei einer Andacht können ungewohnten Medien und Zeichen eine große Wirkung erzielen. Wo aber die spezifischen Bedingungen eines engeren zeitlichen Rahmens und der Atmosphäre geistlicher Konzentration missachtet werden, wird Andacht zu etwas Anderem umfunktioniert, im schlimmsten Falle zu einem Klamauk, in dem sich die Methoden verselbständigen.

---

[20] WEGNER, Kinder, 273.
[21] Vgl. BERG, Ein Wort wie Feuer, 169–195.

b) Durch eine solche symbolische Darstellung wird ein Geschehen inszeniert, das entweder direkt ein Anliegen der Bibel oder des christlichen Glaubens in zeichenhafte Gestalt übersetzt oder das die Bedingungen bewusstmachen kann, unter denen ein solches biblisch-christliches Anliegen sich durchsetzen soll, wie z. B. die unterschiedlichen Beziehungen von Erwachsenen und Kindern heute und Jesu Aufforderung zur Annahme der Kinder (nach Mk 10,13–16).
c) Symbolische Handlungen können einer Gruppe vorgeführt, sie können aber u. U. auch von den Teilnehmerinnen und Teilnehmern selbst aktiv mitgestaltet werden. Dabei kann es sein, dass die Gruppe über das hinausgeht, was sich Leiter bzw. Leiterin selbst vorüberlegt hatten. Eine flexible Leitung ist nötig, die auch Überraschendes zu integrieren versteht.
d) Symbolische Handlungen in einer Andacht sollten von Worten begleitet werden. Dabei ist es sinnvoll, Handlung und Wort zu trennen und nicht die Handlung mit Worten zu ersticken. Was symbolisch geschieht, soll zunächst seine eigene – vielleicht etwas geheimnisvolle mehrdeutig-vielschichtige – Sprache sprechen, ehe das gesprochene Wort das Geschehene deutet.
e) Die Idee zu symbolischen Handlungen kann sich auf unterschiedliche Weise entwickeln. Sie kann beim Vollzug alltäglicher Verpflichtungen und Beobachtungen zufällig entstehen, z. B. aus der Beobachtung von nebeneinanderstehenden großen Erwachsenen- und kleinen Kinderschuhen. Dabei wird uns plötzlich etwas Hintergründiges in Gegenständen sichtbar, die uns vielleicht tagtäglich umgeben. Dieses besondere Wahrnehmungsvermögen lässt sich ein wenig trainieren. Dennoch bleibt ein solcher Blick und eine sich daraus entwickelnde Idee immer auch etwas Überraschendes, das wir dankbar zur Kenntnis nehmen. Ein anderer Weg zu solchen Einfällen ist der zielgerichtete Prozess, von einem inhaltlichen Anliegen her nach veranschaulichenden Formen zu suchen. Wenn die leitende Idee geboren ist, sollte sie zunächst kritisch kontrolliert werden. Wir müssen fragen, was mit einer solchen symbolischen Handlung ausgesagt wird. Es geht ja nicht um die Aktion als solche. Vielmehr soll sie einem klaren Ziel dienen. Auch bei einer solchen Reflexion des

inhaltlichen Anliegens kann es hilfreich sein, die »vier Felder« (vgl. 9.1) abzuschreiben und das Anliegen auf sie zu beziehen. Das Feld »Text« kann dazu dienen, geeignete biblische und nichtbiblische Texte zu suchen, mit der die symbolische Handlung interpretiert und in die unterschiedlichen Lebens- und Glaubensfragen übersetzt werden kann.

9.6 Musikauslegung

Nicht nur das gesprochene Wort, nicht nur Zeichenhandlungen, sondern auch Musik in ihren vielfältigen Gestalten kann im Zentrum der Andacht stehen. Die gesungenen Psalmen und Hymnen in den Stundengebeten, aber auch die verschiedenen Formen der geistlichen Musik bezeugen in ihrer Weise, dass Musik als spezifische Weise der Kommunikation auch zur »Kommunikation des Evangeliums« (Ernst Lange) dienen kann. In der Gegenwart erfreut sich die Kirchenmusik eines gewissen Interesses auch von kirchlich Distanzierten. Sie scheint das Herz der Menschen eher zu erreichen als eine Rede. Musik in ihren vielfältigen Gestalten kann manchmal geradezu therapeutische Wirkungen entfalten (vgl. 1Sam 16,14–23). »Musik zur Meditation« wird in der Gestalt von CDs reichlich angeboten und reichlich auf die persönlichen Tonträger heruntergeladen, ohne dass die Kirche aus dieser Suche nach der spirituellen Sprache der Musik immer schon die richtigen Konsequenzen gezogen hätte. Beispielsweise fehlen wohl noch immer Angebote von meditativer Musik in den innerstädtischen Kirchenräumen.[22]

Es gibt also zahlreiche Gründe, die es ratsam erscheinen lassen, Musik in der Andacht nicht ausschließlich als einrahmendes, ergänzendes Element zu verstehen, sondern ihr auch gelegentlich einen zentralen Platz[23] zuzuweisen. Dabei denke ich exemplarisch an vier unterschiedliche Typen:

---

[22] Vgl. zu den Herausforderungen für die Musik in der Kirche die anregende Aufsatzsammlung BUBMANN, Von Mystik bis Ekstase, bes. 165–182.
[23] OEHLENSCHLÄGER, Andachten zum Selberstricken, bietet u. a. Beispiele für Liedandachten an. Anregungen finden sich auch bei RATZMANN/ZIMMERLING, Predigen mit Liedern.

Typ 1: Hinführung auf eine Motette
Der Leiter führt auf eine Motette (oder ein ähnliches Musikstück, dem ein biblischer Text zugrunde liegt) hin, indem er auf den biblischen Text, auf die historische Entstehungssituation der Komposition und auf ihre maßgeblichen Gestaltungselemente und/oder auf eigene Betroffenheiten durch die Musik hinweist. Auf diese Weise wird eine innere Spannung aufgebaut, es wird die Hörbereitschaft gefördert und das Verständnis vorbereitet. Die musikalisch-textliche Aussage kann so bewusster aufgenommen werden. Ein »Nachwort« dieser Art empfiehlt sich weniger. Denn es engt die Eigenaussage der Musik nachträglich ein und korrigiert u. U. das Hörerlebnis der Zuhörenden in einer sie irritierenden Weise.

Typ 2: Auseinandersetzung mit einer musikalisch geschilderten Situation
Moderne Songs schildern oftmals heutige Lebenssituationen und thematisieren typische Einstellungen gegenwärtiger Menschen. In der Regel braucht man für ein solches Stück keine Einführung. Aber es ist gut, nach dem Anhören dieser Musik die von ihr geschilderte Situation oder Einstellung aufzugreifen (z. B. »Du musst ein Schwein sein in dieser Welt«, Popgruppe »Die Prinzen« 1996) und sich mit ihr verbal auseinanderzusetzen. Dabei werden biblische Worte ebenso helfen können wie alternative Situationen oder Einstellungen, die neben den Song gestellt werden. Ein großes Problem dieser Form liegt darin, dass hier die Wirkung des gehörten Liedes stärker sein kann als die nachfolgenden Worte, die sich mit dem Lied auseinandersetzen. Andererseits bietet diese Form die Chance, einzelne Songs, die gerade unter jungen Leuten populär sind, einzubeziehen und sie auch einmal zum Gegenstand einer kritischen Besinnung zu machen. Das sprachliche Bildmaterial des Songs sollte in der Rede benutzt werden und nicht durch ganz andere Begriffe ersetzt werden.

Typ 3: Altes Lied mit neuen Fragen
Ein altes Lied aus dem Gesangbuch wird strophenweise gesungen. Ihm werden Aussagen (Fragen, Gebete, Übersetzungsversu-

che) zugeordnet, die zwischen die einzelnen Strophen gesetzt werden. Durch die zwischengeschalteten Texte wird die überlieferte Sprache des Liedes und der Töne aus ihrem historisch-ästhetischen Gehäuse herausgelockt. Auch der Protest gegen eine als zu vollmundig empfundene Formulierung kann Raum bekommen (»...nehmen sie den Leib, Gut. Ehr, Kind und Weib: lass fahren dahin...«, EG 362, 4). Dabei sollte man bei den Begriffen des jeweiligen Liedverses bleiben und nicht zu viele andere Aussagen (andere Gedichte, Bibelworte u.ä.) daneben setzen.

Typ 4: Musik als Untermalung bzw. zur Unterbrechung
Ein Text wird, begleitet von leiser Musik, gesprochen. Oder eine Lesung wird von Musik unterbrochen. Auf diese Weise entsteht eine neue Wort-Ton-Verbindung, wobei hier in der Regel der gelesene Text dominiert. Streng genommen geht es hier weniger um Musikauslegung. Vielmehr wird die emotionale Wirkung einer Musik benutzt, um einen Text wirkungsvoll zur Geltung zu bringen. Die dabei verwendeten Texte sollten die Qualität von dichten Worten in meditativer Kraft haben, sonst halten sie der Musik nicht stand. Instrumentale Kammermusik, Stücke aus Sinfonien oder Orgelmusik bieten sich für solche Experimente ebenso an wie eine musikalische Untermalung durch Klavier oder Keyboard.

Diese vier Typen sind Beispiele für Andachtsformen, in denen Musik eine tragende Rolle spielt. Selbstverständlich sind auch andere Kombinationen von Wort und Ton denkbar. Wer solche Wege gehen möchte, sollte auf folgende Gesichtspunkte achten:
a) Bei diesen Formen der Musikauslegung wird man nicht nur auf das eigene musikalische Vermögen einer Gruppe setzen dürfen. In der Regel wird man die dabei verwendete Musik einspielen. Wichtig ist, den Musikausschnitt präzise zur Verfügung zu haben und ein längeres Suchen in der Gruppe auszuschließen.
b) Wenn Musik, wie hier vorgeschlagen, mit Worten kombiniert werden soll, wird schnell die Kritik laut, hier würde die Eigenständigkeit der musikalischen Aussage unterschätzt oder das mündliche Wort überschätzt. Dennoch gehe ich davon aus,

dass das bloße Anhören eines instrumentalen Stückes ohne jeden verbalen Versuch eines Brückenschlages zu biblischen Texten oder christlichen Aussagen ein schönes, das Gemüt erhebendes Erlebnis sein mag; eine Andacht im Sinne des Zuspruchs der Botschaft vom Vertrauen Gottes ist es noch nicht. Der Vater Jesu Christi ist nicht stumm, sondern er spricht. Aus diesem Grunde genügt es auf Dauer auch nicht, zur spirituellen Rekreation lediglich Musik erklingen zu lassen, deren Zweckbestimmung mit »zur Meditation« angegeben ist. Solche Musik mag uns guttun und eine entspannende Wirkung entfalten. Aus ihr selbst spricht aber noch nicht die Stimme dessen, der sagt: »In der Welt habt ihr Angst, aber seid getrost, ich habe die Welt überwunden«. Es ist nicht ausgeschlossen, dass Zuhörende bei dieser Musik auch an diesen Befreier aus der Angst denken. Doch sie können das nur deswegen, weil sie andernorts von ihm gehört und gelesen haben. Sie tragen diese Botschaft des christlichen Glaubens in die Musik ein. Die Verknüpfung der Musik mit der Überlieferung des Glaubens, die u. U. Einzelne selbstständig leisten, sollte bei einer Andacht in der Gruppe auch bewusst hergestellt und nicht nur dem individuellen Zufall überlassen werden.

c) Die Idee für die Gestaltung einer Andacht in einer der vorgeschlagenen Formen setzt voraus, dass der Leiter bzw. die Leiterin in bestimmten musikalischen Formen zu Hause ist. Wer Heinrich Schütz und Johannes Brahms liebt, wird dazu neigen, kleine Kostbarkeiten aus dieser musikalisch-geistlichen Welt einzubringen. Bis zu einem gewissen Grade ist es möglich, auch Gruppen damit anzusprechen und innerlich zu bewegen, die den Werken dieser Komponisten distanziert gegenüberstehen. Denn sie lassen sich auch einmal von der Begeisterung eines anderen anstecken. Wer sich im Jazz oder in der Popkultur heimisch fühlt, wird eher hier Anregung finden. Die vielen Möglichkeiten solcher musikalischen Andachtsgestaltung können helfen, Einzelne aus der Gruppe zur Mitarbeit zu gewinnen. Gerade so wird ihre Liebe zu bestimmten Klängen oder Liedern ernstgenommen und in Gemeindevollzüge integriert, soweit es möglich ist. Es ist bei der Vorbereitung zu empfehlen, die jeweiligen Botschaften der

Musikstücke oder Texte auf die »vier Felder« (vgl. 9.1) zu beziehen, um zu deren spezifischen Sinn im Kontext der unterschiedlichen Lebenssituationen zu ermitteln.

9.7 Tagzeitengebet und liturgischer Wechselgesang

Die altehrwürdige Form des gemeinsamen Gebets, wie sie vor allem in den Klöstern zu den festen Gebetszeiten gepflegt wurde und wird, das sogenannte Stunden- oder Tagzeitengebet, findet gegenwärtig auch bei manchen jüngeren Menschen Interesse. Die alten gregorianischen Gesänge reizen mit ihren fremden und herben Klängen. Ebenso ziehen die Melodien aus der Kommunität in Taizé oder aus anderen geistlichen Orten (Christusbruderschaft Selbitz, IONA-Community usw.) viele Menschen in ihren Bann. Wo stark beschäftigte kirchliche Mitarbeiterinnen und Mitarbeiter zusammenkommen, um Arbeitsbesprechungen zu halten, kann sich eine solche gesungene Andachts-Liturgie auch deswegen nahelegen, weil sie keine lange Vorbereitungszeit einer einzelnen Person benötigt. Wenn eine Gruppe mit theologisch stark differierenden Ansichten über mehrere Tage hinweg zusammenlebt und Andachten hält, besteht die Gefahr, diese schnell als »Schlachtfeld« des theologischen Streites zu missbrauchen. Auch deshalb kann es hilfreich sein, die Andacht in der Form des liturgischen Wechselgesangs zu gestalten. Das Evangelische Gesangbuch bietet für diese Art der Gestaltung alles nötige Noten- und Textmaterial in der klassisch-gregorianischen Form an:
- Die Ordnung des Morgengebets (Mette), EG 783,
- Die Ordnung des Mittagsgebets, EG 784,
- Die Ordnung des Abendgebets (Vesper), EG 785,
- Die Ordnung des Nachtgebets (Komplet), EG 786.

Außerdem enthält es die Ordnung des »Gemeinsamen Gebets nach Taizé«, EG 789.

Auch wenn man oft von einem gewissen Interesse an solchen gesungenen Gebetsformen ausgehen kann, setzen sie zugleich eine höhere musikalische Kompetenz voraus, als sie in normalen Gemeindegruppen vorhanden ist. Selbst in Zusammenkünften von Kirchenmusikerinnen und Kirchenmusikern oder Pfarrerinnen und Pfarrern ist die Fähigkeit, gemeinsam gregorianische Psalmodien zu singen, oft ziemlich gering. Wie kann man dann diese Form praktizieren, ohne vorher lange Übungszeiten zur Verfügung zu haben? Wie kann man auf diese Weise Andacht feiern, wenn doch so vieles zu erklären und noch viel besser einzuüben wäre? Wie kann man das Interesse an der Gregorianik wachhalten, statt durch eigene negative Erfahrungen beim Versuch des Singens die Teilnehmer und Teilnehmerinnen zu frustrieren?

Gehen wir einmal von der Feier der Vesper in der gregorianischen Form aus. Ohne ein erstes Üben vor der ersten gemeinsamen Andacht werden wir nicht auskommen. Dann aber empfiehlt es sich, das erste Stück, z. B. den relativ einfachen »Eingang (Ingressus)« oder den »Antwortgesang (Responsorium)«, den man miteinander geübt hat, im Rahmen dieser liturgischen Feier alsbald zu singen. Andere Psalmen können zunächst im Wechsel gesprochen werden. An der Stelle eines altkirchlichen Hymnus wird zunächst ein bekanntes Abendlied aus dem Gesangbuch ausgewählt. Vor jeder Abendandacht wird künftig eine kurze Ansinge-Zeit vereinbart. Nach und nach kann so eine Melodie nach der anderen gelernt und in der Vesper gesungen werden.

Es ist zu empfehlen, gelegentlich in den Gruppen über die Erfahrungen mit dieser Form zu sprechen. Es wird Situationen geben, in denen man die Form des Wechselgesangs nur in gewissen Abständen praktizieren sollte, um dazwischen auch anderen Gestaltungsmöglichkeiten Raum zu geben. Einer bzw. eine in der Gruppe sollte in der Lage sein, die spezifische Art gregorianischer Musik zu erläutern: der Verzicht auf eine subjektive Ausdeutung des Textes durch die vorgegebenen Melodien; ihre Funktion, die Texte gemeinsam singend zu beten; die Spannungsbögen bei der Deklamation der Worte; die gemeinsame Pause zum Atmen während des Psalmverses. Ebenso wird der Aufbau der liturgischen Ordnung irgendwann einmal erklärt werden müssen: Jedes Tagzeitengebet enthält die gleichen Grundelemente: Psalmgebet, Lesung, Hymnus, Canticum (Lobgesang) und Gebet. Dazu kommen noch Einleitung, überleitende und die dem Abschluss dienenden Stücke... Schließlich wird man auch einmal über die äußeren Vollzüge wie Aufstellung, Stehen, Sitzen usw. zu sprechen haben, nachdem gewisse Erfahrungen in der Praxis vorliegen.[24]

Liturgischen Wechselgesang gibt es aber auch in anderen Klangfarben als in dem der Gregorianik. Eine wichtige Form ist aus der Gottesdienstpraxis der ökumenischen Bruderschaft von Taizé erwachsen. Es ist hilfreich, wenn zu Beginn eine Person aus der Gruppe etwas über diese besondere ökumenische Kommunität und ihre Gottesdienste erzählen kann. Dann kann mit einzelnen Stücken aus EG 789 oder aus speziellen Taizé-Liederbüchern einstimmig begonnen werden. Was nicht gesungen werden kann, wird zunächst gemeinsam gesprochen. Nach und nach werden die anderen Stücke und die Unterstimmen hinzugenommen. Gerade die Mehrstimmigkeit entwickelt sich in der Regel ganz von selbst, wenn im Singen Versierte die entsprechende Ober- oder Unterstimme übernehmen. Die Taizé-Melodien sind leichter zu erlernen als die Gregorianik, da sie unserer gewohnten musikalischen Klangwelt eher entsprechen. Außerdem sind die Stücke sehr kurz und werden oft wiederholt. Die Wiederholung hilft, die Melodien bald gut zu beherrschen.

Wieder andere Klangfarben des Wechselgesangs verdanken wir den liturgisch-musikalischen Bemühungen des Deutschen Evangelischen Kirchentages (DEKT). Seit vielen Jahren werden für die Kirchentage selbst, aber auch für die weitere geistliche Praxis Andachten in der Tradition der Tagzeitengebete angeboten, wobei die dabei empfohlenen Gebets- und Lesungstexte und Lieder sich deutlich an der Gegenwartssprache und am Musikgeschmack unserer Zeit zu orientieren suchen. Bei Beibehaltung der traditionellen Struktur werden im weit verbreiteten DEKT-Singheft »Frei-Töne« ein Morgengebet, ein Mittagsgebet, ein Abendgebet und ein Gebet zur Nacht angeboten. Das Morgengebet beispielsweise folgt weithin der klassischen Struktur (Eingang, Psalmgebet, Lesung, Stille, Hymnus, Benedictus, Vaterunser und Wechselgebet, Ausgang und Segen), aber es ersetzt den

---

[24] Genauere Hinweise im Allgemeinen Evangelischen Gebetbuch, hrsg. v. Hermann GREIFENSTEIN, Hans HARTOG und Frieder SCHULZ, 97–160.

umfangreichen und musikalisch etwas komplizierten Lobgesang des Zacharias (Benedictus) durch ein altes oder neues Kirchenlied. Außerdem werden Psalm- und Gebetstexte nicht gesungen, sondern gesprochen – in einer zeitnah-verständlichen Sprache.

So lautet z. B. das Gebet vor dem Vaterunser:
»Du bist unter uns, Gott.
Du siehst, wie wir heute zu dir kommen:
Gelassen oder getrieben,
bedrückt oder glücklich.
Wir nehmen diesen Tag aus deiner Hand und bitten dich:
Sei uns nahe bei unserem Tun und Lassen,
bei allem, was heute geschieht.
Lass uns wach in diesen Tag gehen:
Aufgeschlossen für neue Ideen,
offen für neue Begegnungen,
beschwingt durch neue Töne.«[25]

Bei den zu sprechenden Texten stehen neben der Luther-Übersetzung auch eigene Kirchentagsübersetzungen. Knappe meditative Eingangsworte helfen, sich auf die jeweilige Andacht innerlich einzustellen (»In der Mitte des Tages: innehalten, Atem holen, nach Innen schauen«[26]). Unter den empfohlenen Liedern sind bekannte Gesangbuchlieder, aber es überwiegen neue Lieder aus dem Umfeld Kirchentages und auch aus der weltweiten Christenheit unserer Tage. Es fällt auf, dass neben der eigenen Tagzeiten-Liturgie des Kirchentages auch andere Tagzeiten-Liturgien aus der Tradition verschiedener gegenwärtiger Kommunitäten angeboten werden, die weniger durch gesprochene Psalmen und Gebete, sondern durch Wechselgesänge – z. T. in einfacher mehrstimmiger Weise – geprägt sind. Gerade das Liederbuch Frei-Töne könnte so zu einer leicht zugänglichen Fundgrube für diejenigen werden, die nach geeigneten musikalischen Andachtsformen suchen.[27]

---

[25] Frei-Töne, 234.
[26] Eingangswort zum Mittagsgebet, Frei-Töne 235.
[27] Frei-Töne 242–259.

9.8 Andere Formen

Nachdem in diesem Kapitel sieben verschiedene Formen für die Andacht in Gruppen vorgestellt worden sind, könnte – trotz der Vorbemerkungen zu Beginn des zweiten Teiles – dennoch der Eindruck entstehen, mit ihnen wäre die ganze Fülle an Möglichkeiten geistlicher Besinnung in Gruppen beschrieben. Das ist freilich nicht der Fall. Die hier angeführten unterschiedlichen Formen wollen nur dazu einladen, Andachten methodisch vielfältig, der jeweiligen Gruppe und der jeweiligen Botschaft entsprechend, zu gestalten und dabei die eine oder andere Möglichkeit auszuprobieren. Dabei werden mancher Leiter und manche Leiterin im Laufe der Zeit ganz eigene Wege, ganz eigene Formen finden.
Stichwortartig seien zwei Hinweise auf weitere Möglichkeiten notiert:
- Jörg Zink stellt in seinem Gebetbuch-Klassiker »Wie wir beten können« eine Andacht zum Thema »Gebete nach der Zeitung« vor, die er u.a. mit dem Satz begründet: »Wer nicht weiß, was er beten soll, schlage eine Zeitung auf und rede mit Gott über das, was er liest. Er wird, ehe er es sich versieht, ein Fürbittender sein«.[28]
- Friedrich Thiele stellt drei verschiedene Themenkreise vor, zu denen er Andachtsreden konzipiert hat: den Zyklus »Farben«, in dem jeweils einer Farbe nachgegangen wird; neunzehn Andachten, die sich jeweils mit einer bestimmten Art von »Tisch« (vom Vorstandstisch über den Stammtisch bis zum Operationstisch) beschäftigen; schließlich den Themenkreis »Verkehrszeichen«, die als Symbole für menschliche Grundsituationen genommen werden.[29] Es ist naheliegend, solche Symbole nicht nur sprachlich zu beschreiben, sondern sie – soweit es geht – mitzubringen oder bildhaft zu veranschaulichen und sie zunächst gemeinsam zu betrachten.

---

[28] ZINK, Wie wir beten können, 60f.
[29] THIELE, Vor Zeichen.

Auch wenn ich in diesem Kapitel nachhaltig für die unterschiedlichen Möglichkeiten der Gestaltung von Andachten in Gruppen eingetreten bin, möchte ich am Ende darauf hinweisen, dass es nicht um die Formen als solche geht. Sie sind wichtig, weil Inhalte immer eine Form brauchen. Die gute Nachricht von Gottes Vertrauen zu uns Menschen als Quelle unseres Lebensvertrauens in einer riskanten Welt braucht, weil sie zu unterschiedlichen Menschen in unterschiedlichen Mentalitäten und gesellschaftlichen Situationen kommen will, unterschiedliche Worte und unterschiedliche Formen. Aber sie sollen sich nicht verselbstständigen, sondern dieser einen Nachricht dienen.

10. Andacht aktuell

Die Zeit der Corona-Pandemie der Jahre 2020/21 führte zu vielen Einschränkungen im öffentlichen Leben und im Leben vieler Kirchgemeinden, auch wenn nach dem Abklingen der ersten Infektionswelle im Frühjahr 2020 Gottesdienste und Andachten wieder gestattet wurden, freilich in verkürzter Form und weithin ohne gemeinsames Singen. Aber es zeigte sich, dass in dieser Zeit bisher ungewohnte Andachtsformen entstanden, mit denen einzelne Verantwortliche in den Gemeinden auf die prekäre gesellschaftliche Situation oder auf die eingeschränkten Kommunikationsmöglichkeiten in der Gesellschaft zu reagieren suchten. Drei Beispiele seien dafür genannt.

10.1 Andacht als Live-Chat mit Jugendlichen

Die Corona-Krise führte zu vielen Einschränkungen der direkten Kontakte zwischen den Menschen. Davon waren auch viele Gemeindegruppen betroffen, die sich in dieser Zeit nicht treffen durften. Für einzelne Gemeindekreise und für den Gottesdienst konnte durch die elektronischen Medien bis zu einem gewissen Grade Ersatz geschaffen werden, mit deren Hilfe die begegnungsarme Zeit erträglicher gemacht wurde.

Auch im Bereich der Andachten in Gruppen wurden in verschiedenen Gemeinden neue Möglichkeiten entwickelt. Dabei bot es sich in Jugendgruppen besonders an, ein Medium einzusetzen, das bei vielen jungen Leuten sowieso hoch im Kurs stand und steht: einen »Live-Chat«, also eine fast gleichzeitige Unterhaltung in schriftlicher Form, an der die Teilnehmenden lesend und schreibend mit Hilfe ihrer Computer bzw. Smartphones beteiligt sind. Die schriftlichen Äußerungen können u. U. auch von elektronisch zugeschickten Bildern oder eingeblendeter Musik ergänzt werden. Von der »Jungen Gemeinde«, einer Gruppe von Jugendlichen und jungen Erwachsenen im sächsischen Oederan, soll hier mit Hilfe eines Beispiels berichtet werden.

Zum Beispiel: Andacht am 06.11.2020 – Junge Gemeinde Oederan auf Discord[1]

L: Ich bitte euch für die Andacht, so wie wir es auch sonst in der Jungen Gemeinde halten, still zu sein und alle Ablenkung zu vermeiden.
Vor ein paar Tagen, als der neue Lockdown angekündigt wurde, sagte jemand: es ist wie das böse Erwachen aus dem Traum dieses Sommers.
Vielleicht stimmt das. Habt ihr auch solche schönen Sommer- und Spätsommererinnerungen, die euch jetzt wie ein vergangener Traum vorkommen? Wenn ja, dann schreibt sie mal hier in den Chat:

S/R: Urlaub auf Mallorca
La: Gamescom in Köln
S/R: JG-Rüstzeit in Kriebstein
M: Besuch im Leipziger Neuseenland

L: Als der Lockdown angekündigt wurde, hatte ich das Gefühl, von Resignation überspült zu werden, wie von einer großen Welle am Meer. Es war so eine Stimmung von »Da kannst du nichts machen« und »Es wird ziemlich hart«. Vielleicht gibt es dieses Gefühl manchmal auch bei euch.
Der schöne Sommer, die Wochen, in denen wir Corona und seine beschissenen Folgen vergessen konnten, sie sind irgendwie schon wieder ganz weit weg. Jetzt gibt es wieder Regeln, die ich zwar verstehe aber trotzdem unangenehm und hart finde. Und dazu habe ich keine Ahnung, wie lange das so weiter geht.
Mitten in meiner Niedergeschlagenheit, sprach ich mit einem älteren Kollegen. Und er sagte mir: alles, was dich so ratlos und verzagt macht, stimmt. Es sind wirklich ziemlich schwere Zeiten.

---

[1] Der Leiter ist der Gemeindepfarrer Dr. Benjamin Roßner (L), die Gruppenmitglieder werden mit einem bzw. zwei Buchstaben abgekürzt. Der originale Text ist beibehalten worden – auch mit den unterschiedlichen Schreibweisen der Mitglieder.

Aber wenn du aufhörst, dich zu ärgern über das, was nicht geht, dann merkst du vielleicht, was alles geht.

Wo du etwas verlierst, ist danach Platz für etwas Neues. Wenn du das eine nicht mehr machen kannst, dann kannst du das tun, wozu du sonst nicht kommst. Wechsel doch mal die Perspektive: das was jetzt nicht mehr geht, ist bei aller Enttäuschung auch eine Gelegenheit für etwas Neues.

Mir fällt dieser Perspektivwechsel nicht leicht, aber ich spüre, dass es wahr ist. Und ich erinnere mich an einen meiner Lieblingsverse aus der Bibel: Lass dich nicht vom Bösen überwinden, sondern überwinde das Böse mit Gutem.

Ich würde gern aus den kommenden Wochen etwas Gutes machen und mich nicht von schlimmen Umständen und harten Regeln überspülen lassen.

Was haltet ihr von dem Gedanken: das was jetzt nicht mehr geht, ist bei aller Enttäuschung auch eine Gelegenheit für etwas Neues? Schreibt mal eure Gedanken dazu hier in den Chat:

S/R: Mehr Zeit für Sport und Familie ...

N: Also ich mache eigentlich so gut es geht das beste aus der Situation. Zum Beispiel wieder mit Krafttraining anfangen und mit Freunden auf Discord treffen, etc.

M: ja, diese Gelegenheit bemerkt man bei so praktischem wie mehr nutzung von technik etc aber ich denke auch man nimmt die Welt anders wahr und hat viele neue Eindrücke ... die einen letztendlich auch unbewusst zu so umdenken bringen ... als kann man was Neues auch in sich finden

La: Ich hab einfach weitaus mehr Zeit, mich anderweitig auszuleben, z.b. auf Streaming oder anderes bezogen, kann neue Leute im Internet kennenlernen, solche Dinge halt

M: Zeit in Ruhe etwas Neues zu erlernen bzw. sich zu verbessern.

L: Ich rufe jemanden an oder schreibe mal eine echte Postkarte. Einfach, damit wir gegenseitig Lebenszeichen und Aufmerksamkeit bekommen.

Danke für die Gedanken und Ideen. Vielleicht ist das eine Spur für uns: die Perspektive wechseln und erleben, was alles Gutes möglich ist.

Ich finde diese Sichtweise wichtig: Das was jetzt nicht mehr geht, ist bei aller Enttäuschung auch eine Gelegenheit für etwas Neues. Ich lade euch jetzt wieder ein zu einem Gebet für Menschen nah und fern, einem Gebet für uns selbst. Wir hören jetzt noch ein Lied aus Taizé und dann ist eine Zeit des Gebets. Wir machen es wieder so, dass jeder der will, eine Fürbitte in diesen Andachts-Chat schreiben kann. Am Ende schreibe ich das Vaterunser dazu und wir beten es zusammen.

Bevor das Gebet beginnt, hören wir ein neues Lied aus Taizé:
»Meine Hoffnung und meine Freude,
meine Stärke, mein Licht:
Christus meine Zuversicht,
auf dich vertrau ich und fürcht mich nicht.«
[https://www.youtube.com/watch?v=dO3B8yEaWNo]

L: Gott, wo ist die Leichtigkeit und die Entspannung dieses Sommers. Jetzt ist vieles wieder ernst und besorgt. Wir spüren was uns fehlt. Wie sehr wir einander brauchen. Und so wollen wir für uns und andere Menschen beten.
Gott, wir bitten dich für ...

S/R: Ich bete für alle Ärzte und Helfer, an die in letzter Zeit nicht mehr so gedacht wurde, wie am Anfang von Corona.

L: Bitte hilf ihnen, wenn sie immer mehr an ihre Grenzen kommen.

M: Für die Betroffenen und ihre Angehörigen.
N: Für alle Familien und Freunde, die jetzt keine Zeit mehr miteinander verbringen können.
S/R: Dafür, dass es in Amerika relativ friedlich bleibt und alle die Wahl akzeptieren.
M: ... für alle diejenigen, die wegen dem neuen Lockdown Existenzängste haben ... Gastronomen, Künstler, Musiker ...

L: Für alte Menschen, die Angst haben und oft allein bleiben. Hilf in der Einsamkeit und hilf aus der Einsamkeit.
Für alle Schüler und Schülerinnen, die mit harten Regeln durch dieses Schuljahr kommen müssen.

Alle unsere Gebete münden in das eine, das Jesus uns gelehrt hat:

> Vater unser im Himmel
> Geheiligt werde dein Name.
> Dein Reich komme.
> Dein Wille geschehe,
> wie im Himmel, so auf Erden.
> Unser tägliches Brot gib uns heute.
> Und vergib uns unsere Schuld,
> wie auch wir vergeben unsern Schuldigern.
> Und führe uns nicht in Versuchung,
> sondern erlöse uns von dem Bösen.
> Denn dein ist das Reich
> und die Kraft und die Herrlichkeit
> in Ewigkeit. Amen.

N: Amen
M: Amen
S/R: Amen

L: sondern erlöse uns von dem Bösen - Amen

M: Amen
F: Amen
La: Amen

Anhand dieses Beispiels lässt sich gut erkennen, dass in der Tat das gewählte Medium nicht nur ein neutrales »Transportmittel« ist, sondern dass das Medium sich auch auf die »Kommunikation des Evangeliums« substantiell auswirkt. So ist es eher schwierig, eine traditionelle monologische Auslegung eines biblischen Verses in einen solchen Live-Chat einzubringen.[2] Eine ausführliche biblische Darlegung ist hier eher ausgeschlossen.

---

[2] In anderen Live-Chat-Andachten der Gruppe finden sich auch Versuche, sich intensiver mit einem biblischen Text auseinander zu setzen und mit ihm den Live-Chat zu eröffnen bzw. auf ihn und seine Botschaft nach einem Austausch über eigene Erfahrungen einzugehen. Dennoch sind die »monologischen« Grenzen dieses Mediums unverkennbar, allerdings auch seine dialogischen Stärken.

Im Beispiel müssen deswegen ein knapper Hinweis des Leiters auf die Äußerung eines Kollegen und das Zitat eines Bibelverses genügen. Beide Aussagen legen sich hier gegenseitig aus. Aber die gemeinsame Besinnung beginnt schon mit Erinnerungen an den gelungenen Sommer 2020 ohne Corona-Einschränkungen, die im Live-Chat niedergeschrieben wurden. Jeder und jede Einzelne wird so von den eigenen und miteinander ausgetauschten Empfindungen abgeholt und zu einer Aussage mitgenommen, die mithilfe des Berichts und des Bibelwortes vermittelt werden soll. So wird die Gruppe schon am Anfang durch ihre Beiträge aktiv beteiligt. Und es ist dann noch einmal beim gemeinsamen Gebet der Fall. Während bei Präsenzveranstaltungen immer wieder einmal schüchterne und zurückhaltende Personen Schwierigkeiten haben, sich verbal zu äußern, fühlen sich viele in der elektronischen Form eines Live-Chats zur aktiven Teilnahme ermutigt, weil diese Form des Austauschs in einer gewissen Intimität stattfindet, die Schutz gewährt und Konzentration ermöglicht.

Es könnte sein, dass sich die Form eines Live-Chats nicht nur mit Jugendlichen in einer gesellschaftlichen und kirchlichen Ausnahmesituation anbietet, um gemeinsam Andacht zu halten. Das hiermit gegebene technische Potenzial für weit voneinander entfernte Gruppen, die auf diese Weise Andacht halten oder sich auch thematisch austauschen können, ist bisher in der Gemeindearbeit noch wenig im Blick. Auch für Seelsorge und Beratung erwachsen mit dem Live-Chat neue Möglichkeiten.

10.2 Klagezeit

Die Corona-Pandemie der Jahre 2020/21 griff tief in das Leben und Empfinden vieler Menschen ein. Die Zahlen der Neuinfizierten oder der Verstorbenen gehörten zu den Erstinformationen vieler Menschen am Morgen. Bilder und Berichte von überfüllten Intensivstationen in den Krankenhäusern und von Krematorien, in denen sich die Särge der Covid-19-Toten stapelten, brannten sich in das Gedächtnis ein. Das Herunterfahren des öffentlichen Lebens, der Kultur, des Tourismus, des Sports und der Bildung und die Kontaktbeschränkungen zu Freunden und Familienangehörigen führten nicht nur zu massiven wirtschaftlichen Problemen, sondern auch zu starken seelischen Belastungen. Ein Ventil, um die eigenen bedrückenden Empfindungen auszudrücken, war für manche das Formulieren eines Leserbriefs für die Tageszeitung. Viele dieser Briefe verbanden ihre persönliche Frustration mit bitteren Vorwürfen an die Regierung und an deren Berater. Trauer und Wut, Enttäuschungen und Ängste wurden so auf einflussreiche Personen projiziert. An die Stelle gebotener Klage traten viele Anklagen. Doch es gab auch Gegenbeispiele:

Eine Leserin formulierte in einem Brief Anfang April 2021 ihre Klagen:[3]
»Ein Jahr nach dem ersten Lockdown empfinde ich (78) eine große Hoffnungslosigkeit, Enttäuschung und Freudlosigkeit. Viele der Maßnahmen der Regierung greifen massiv in mein Leben ein, verletzen meine Seele und lassen mich immer öfter am Sinn (der Maßnahmen und des Lebens) zweifeln. Das macht mich krank, dass uns seit einem Jahr abverlangt wird, Abstand zu halten und jeden Menschen als Gefahr, als Überträger von Viren, zu betrachten, auch wenn er gesund ist. Ich sorge mich um unser soziales Miteinander, um die Auswirkungen der Kulturlosigkeit, um die Generation, deren psychosoziale Entwicklung von den Maßnahmen seit über mehr als einem Jahr geprägt und auch behindert wird. Ich möchte einfach wieder als ein gesunder Mensch gesehen werden, ohne das mit einem Test beweisen zu müssen. Ich möchte wieder in meinem Chor singen dürfen und damit meine Gesundheit und Lebensfreude befördern. Ich möchte mich ohne schlechtes Gewissen mit Familienmitgliedern und Freuden treffen dürfen… Ich möchte keine Maske tragen müssen. Mich verunsichert, dass ich bei meinem Gegenüber nicht im Gesicht ›lesen‹ kann. Mich belastet der Anblick der vermummten Gesichter in hohem Maße. Und ich möchte wieder Kultur erleben dürfen.«

Ein Leipziger Team, zu dem Verantwortliche aus der evangelisch-lutherischen und der römisch-katholischen Kirche vor Ort und des Instituts für Praktische Theologie der Universität gehörten, hat den offensichtlichen Bedarf an öffentlicher Klage zum

---

[3] Leserbrief an die Redaktion der Leipziger Volkszeitung vom 9.4.2021.

Anlass genommen, ein Andachtsformat zu entwickeln, das diesem Anliegen Raum und Gestalt geben sollte. Als Orte wählten sie zwei große Innenstadtkirchen, die neu erbaute katholische Propsteikirche und die etwas morbid erscheinende riesige lutherische Peterskirche, die nicht nur als Gemeindekirche, sondern auch als Kulturkirche genutzt wird. Das Anliegen dieser Andachten, die zwischen Neujahr und Ostern 2021 stattfanden, kam im Titel zum Ausdruck: Es ging um Zeit zum Klagen, um »Klagezeit«.

Im Mittelpunkt standen zwei Elemente:
- Nach einer Einstimmung durch die Kirchenglocken, Orgelspiel und eine Begrüßung berichteten nacheinander zwei Personen, die in unterschiedlicher Weise von der Pandemie betroffen waren. Dazu zählten ein Altenpfleger in einem Pflegeheim und eine Krankenschwester aus einer Intensivstation. Eindrucksvoll berichtete ein Wirt, der nicht nur unter wirtschaftlichen Sorgen litt, sondern dem es bisher Lebenserfüllung gewesen war, mit seiner beliebten Gaststätte einen »Hort des Genusses, der Begegnung, der Unterhaltung, der Problemlösung, des Spaßes und ja, auch der Seelsorge« zu betreiben und dessen makabre Aufgabe nun darin bestand, Kontakt und Gemeinschaft zu verhindern. Eine Mutter gab Einblick in ihre Nöte, Homeoffice und Kinderbetreuung zusammenzubringen. Eine Mitarbeiterin aus der Obdachlosenarbeit berichtete, was Infektionsangst und Hygieneregeln mit denen machten, die kein Dach über dem Kopf haben, und mit denen, die sich um deren Betreuung kümmern sollten. Die zwei Beiträge standen nebeneinander, abgeschlossen mit je einer kurzen Schweigezeit und drei knappen Kyrie-Rufen. Diese Beiträge waren längere individuelle Klagen, keineswegs Predigten.
- Nach den beiden Berichten erklangen musikalische Zwischenspiele und Verse aus einem Psalm als Überleitung in die persönliche Klagezeit der Anwesenden. Es wurde nun die Möglichkeit geboten, eigene Klagen aufzuschreiben und die beschriebenen Zettel in eine »Klagemauer« zu stecken, die vorn am Altar aus Loch-Ziegeln errichtet worden war. Die aufgeschriebenen Klagen wurden nicht verlesen, sondern blieben

in der Ziegel-Mauer verwahrt. Da die Andacht auch über Livestream zu verfolgen war, konnten auch elektronisch zugeschaltete Teilnehmende ihre persönlichen Klagen zusenden. Am Ende standen Gebet, Vaterunser, Segen und ein Lied, bevor wieder die Glocken einsetzen.

Die »Klagezeit« erscheint mir aus inhaltlich-theologischen und aus formalen Gründen zugleich eine angemessene und interessante Form zu sein: Inhaltlich geht es um ein »Format öffentlicher Seelsorge«, wie eine der Initiatorinnen des Projekts schrieb.[4] Dem Bedarf an öffentlicher Klage wird Raum gegeben. Und es wird dem Ritual, dem Reden und Hören, dem Schweigen und Beten, einer solchen Andacht zugetraut, sich bei der Bewältigung der großen gesellschaftlichen Krise als »Ressource« zu bewähren. Die Kirche verzichtet in diesem Ritual bewusst darauf, den Betroffen vorschnell Trost und Hoffnung aus dem Evangelium zuzusprechen. Sie folgt darin den warnenden Sätzen des Praktischen Theologen Henning Luther vor einem falschen, verlogenen Trost, der Klage und Trauer nicht zulässt, allenfalls in einem (zu) begrenzten und dosierten Maße.[5] Sie erscheint hier eher als Institution, die Zeit, ihre Räume und ihre symbolische liturgische Handlungskompetenz zur Verfügung stellt. Sie nimmt die Ohnmacht Vieler auf diese Weise ernst und ermöglicht es, sie wahrzunehmen und zur Sprache zu bringen. »Es tut der Kirche gut, wenn sie genau zuhört.«[6]

Für diesen theologischen Ansatz bietet wiederum das offene Gerüst von Andacht auch formal günstige Möglichkeiten. Eine Andacht ist nicht festgelegt wie die Dramaturgie des Messrituals auf den Weg bis zum Höhepunkt der Kommunion. Sie ist offener und flexibler. Da kann ein Element – das des Schweigens und des aus dem Schweigen kommenden Gebets – einmal deutlich betont und ausgeformt werden. Dazu zählt auch das Hören auf das, was Menschen bewegt und was ins Gebet treibt. Und da können andere Elemente, der Zuspruch durch die Verkündigung, das

---

[4] MENZEL, Der Krise Ausdruck geben, 1.
[5] MENZEL, »Nur wer klagt, hofft« – »Die Lügen der Tröster« in Zeiten der Pandemie, unter Verweis auf Henning LUTHERS provozierenden Aufsatz von 1998: Die Lügen der Tröster.
[6] MENZEL, Der Krise Ausdruck geben, 3.

lobpreisende Lied oder Gebet, einmal stärker zurücktreten, weil sie – gegenwärtig – noch nicht an der Zeit sind.

Wesentlich für das Gelingen einer solchen Form ist, dass sie in einem großen Kirchenraum stattfindet. Er repräsentiert durch seine Größe und zentrale innerstädtische Lage die Öffentlichkeit, die Gesellschaft einer Stadt. Er bietet mit seinen sichtbaren Bildern und Symbolen, mit seinem Altar und den entzündeten Kerzen, mit seiner Stille und der Atmosphäre, die einem hier umfängt, der Klage einen besonderen Rahmen. Was hier gesprochen wird, wird gehört – zunächst von den wenigen oder vielen, die gekommen sind. Aber in einem solchen Raum mag auch bei manchem Nichtchristen die Hoffnung entstehen, dass hier nicht nur Menschen zuhören, sondern dass auch der die Klagen hört, dem die vielen Gebete und Lieder in diesem Raum gewidmet sind: Gott. Die gemeinsame Stille ermöglicht persönliches Nachdenken, aber auch Gebet. Und alle sind eingeladen, Gott danach mit laut gesprochenen Bitten und Kyrie-Rufen gemeinsam ausdrücklich anzurufen. Wer bittet, muss Hoffnung haben, gehört und vielleicht sogar erhört zu werden.

Nach meinem Eindruck ist die »Klagezeit« ein eindrucksvolles Beispiel für eine Kirche, die mit ihren ureigenen spirituellen Mitteln nahe bei den Menschen und ihren Erfahrungen ist.

10.3 Ein Andachtsweg – zur Not allein

Die Corona-Krise setzte nicht nur bei der Durchführung von Gottesdiensten in Kirchen und Gemeindehäusern enge Grenzen. In den Zeiten des harten Lockdowns war es auch nicht mehr möglich, in Gruppen in die Natur hinaus zu ziehen und dort Andachten im Freien zu halten, wie es da und dort üblich geworden ist. In manchen Gemeinden war in besonderer Weise der Ostermontag mit seinem Evangelium vom Gang der Jünger nach Emmaus als Anregung verstanden worden, in Gruppen einen »Emmaus-Weg« nachzubilden und den üblichen Ostergottesdienst am 2. Feiertag in veränderter Gestalt als gemeinsames Pilgererlebnis zu inszenieren. Das erschien zunächst als Ausweg, wenn man schon nicht in den Kirchenräumen zusammenkommen konnte.

Aber auch das wurde durch die harten Hygienemaßnahmen unmöglich gemacht, weil es gerade in der Osterzeit nur einzelnen oder kleinen Familiengruppen gestattet wurde, im Freien miteinander zu wandern und miteinander zu sprechen.

Das Gottesdienst-Institut der bayerischen Landeskirche in Nürnberg entwickelte aus diesem Grund für das Osterfest im Jahr 2021, in dem eine solche Situation eingetreten war, eine Handreichung »Ein Solo-Emmaus-Gang am Ostermontag 2021«.[7] Sie will einen festen Rahmen und damit Anregung und Verhaltenssicherheit bieten, setzt aber voraus, dass mit ihm vor Ort sinnentsprechend und frei umgegangen wird.

Dabei werden mehrere Etappen vorgeschlagen:

1. *Etappe: Vorbereitung*
Wie bei einer normalen Wanderung muss auch dieser Weg durch die Auswahl der Wegstrecke – möglichst »im Grünen und nicht in der Stadt« – und Trinkwasser und Proviant vorbereitet werden. Für den speziellen »Emmaus-Gang« zum Osterfest wird empfohlen, dazu vorher Osterbrötchen zu backen (ein Rezept wird mitgeteilt), in die das Zeichen eines Kreuzes eingeritzt ist.

2. *Etappe: »Am Beginn – Zuhause«*
Der Aufbruch von zu Hause aus erfolgt mit einem Gebet, in dem Schöpfungsaspekte anklingen (»Manche Blumen beginnen schon zu blühen und die Vögel singen. Die Schöpfung erwacht.«) und Gott um seinen Segen für diesen Weg gebeten wird.

3. *Etappe: »Wie es Dir geht«*
Nach einer ersten Wegstrecke, an einer ungestörten Stelle, z. B. einer Parkbank im Wald, kann eine Wahrnehmungsübung erfolgen (»Stelle dich aufrecht hin ... Spüre den Boden unter deinen Füßen: Du stehst auf festem Grund ... Nimm die Natur um dich herum wahr. Was siehst Du? ... Was hörst Du? ...«).
Dann wird der erste Teil des Osterevangeliums gelesen (Lk 24,13–24), in dem von der Enttäuschung und Trauer der Jünger die Rede ist.

---

[7] Vf.: Dr. Oliver GUSSMANN, Gottesdienst-Institut der Ev.-Luth. Kirche in Bayern.

Die Handreichung empfiehlt, nun einen Stein als Zeichen für eigene Sorgen aufzuheben, ihn zu betrachten und dann im Weitergehen persönliche Sorgen und Schmerzen, Verletzungen oder Trauer schweigend zu bedenken. Wo dieser Andachtsweg in Kleinstgruppen gegangen wird, ist es möglich, nach einer Phase des schweigenden Gehens über das zu sprechen, was einem auf der Seele liegt.

Die Etappe wird mit einem Klagegebet abgeschlossen (»Barmherziger Gott, mir ist das Herz schwer ...«)

4. *Etappe: »Da wurden ihnen die Augen geöffnet«*

Der Weg wird fortgesetzt und führt nach Möglichkeit zu einem Brunnen oder zu einer Quelle mit frischem Wasser. Hier wird der zweite Teil der Emmaus-Geschichte gelesen (Lk 24,25–31).

Unter Hinweis auf einen Osterbrauch im Piemont (Italien) erfolgt eine Aufforderung, die Augenlider mit dem frischen Wasser zu benetzen. »Du kannst dabei ein Kreuzzeichen auf die Augenlider machen und dazu im Stillen oder leise sagen: ›Öffne meine Augen‹!«

5. *Etappe: »Das Auferstehungsbild«*

Der Weg wird fortgesetzt. Nach 20 oder 30 Minuten ist Gelegenheit für eine Bildbetrachtung. Dafür wird ein Auferstehungsbild aus einem Altarrelief von Tilman Riemenschneider aus der St. Peter- und Paulskirche in Detwang vorgeschlagen. Die Handreichung macht auf Details des Bildes aufmerksam, die für uns heute relevant werden können: Die Wundmale am Auferstandenen, die für bleibende Wunden auch in unserem Leben stehen; die österliche Siegesfahne und die Segensgeste Christi, die die Osterbotschaft als Segensbotschaft für uns erscheinen lässt; die gleichgültigen oder noch schlafenden Wächter, die darstellen, dass es nicht selbstverständlich ist, an die Auferstehung Jesu zu glauben.

Der Bildbetrachtung schließt sich das Singen (oder Sprechen) eines Osterliedes an, das Essen des Osterbrotes – nach einem Dankgebet und nach einem Hinweis: »Stelle Dir vor, dass es Jesus auseinanderbricht und es mit Dir teilt.«

Auf dem weiteren Weg wird nach einem Zeichen gesucht, »wo Gott mit seiner Schöpferkraft etwas aufbrechen lässt:

eine Knospe, einen Zweig mit Trieben ...« Dieses Zeichen kann, wenn möglich, als Erinnerung mit nach Hause genommen werden.

6. *Etappe: »Heimkehr«*
Hierfür wird noch einmal ein Gebet angeboten: »Ich danke dir, dass Du mich sicher wieder nach Hause begleitet hast auf meinem kleinen Pilgerweg. Du hast mich und mein Leben hineingenommen in die Auferstehung Jesu ...«

Wie man an dieser Handreichung sieht, ist Andacht weder an einen festen Raum gebunden noch setzt sie eine Gruppe dauerhaft konzentriert zuhörender Menschen voraus. Sie kann sich auch im Gehen ereignen, freilich auf einem Weg, der Stationen der Ruhe und Konzentration enthält. Wie viele Menschen diese Form am Osterfest 2021 aufgegriffen haben, ist nicht bekannt. Und es bleibt offen, ob sich künftig viele zu Ostern oder anderen Festzeiten zu solchen Andachtswegen – allein oder in Gruppen – entschließen werden. Es ist ein Vorschlag für Notzeiten.

Was aber für solche Formen spricht, ist die Tatsache, dass sich gegenwärtig auch unter dem Dach evangelischer Gemeinden zunehmend Gruppen finden, die zum »Pilgern« zusammenkommen. Dabei denken sie nicht an den berühmten St. Jakobsweg, sondern an kürzere Wege im Umfeld ihres Wohnortes und ihrer Gemeinde, die sie miteinander gehen. Sie wollen damit ihrem Körper durch die Bewegung an der Luft etwas Gutes tun. Sie sehnen sich nach dem direkten Kontakt mit der Natur anstelle der virtuellen Distanz im Alltag. Und sie suchen zugleich die Gemeinschaft ähnlich denkender Menschen und den Austausch mit ihnen. Viele hoffen bewusst oder unbewusst auf Erfahrungen anderer Art jenseits ihrer sonstigen beruflichen und familiären Alltagserlebnisse, auch auf religiöse Erfahrungen. Und in solchen Gruppen scheint das oft zu gelingen: »Pilgern vermittelt Glaubenserfahrungen über Begegnungen: mit sich selbst, mit anderen Menschen, mit der Natur, mit Gott. Es hat teil an den Chancen wie an den Grenzen einer Theologie der Erfahrung«.[8]

---

[8] NAGORNI, »Kommt, Kinder, lasst uns gehen«, 738.

Der in der Handreichung empfohlene österliche Andachtsweg nimmt solche Impulse aus der modernen kirchlichen Pilgerbewegung auf und entwickelt dafür eine rituell-liturgische Gestalt, in der Anregungen aus der Natur aufgegriffen und mit persönlich-meditativen und biblischen Impulsen verbunden werden. Auch wenn solche Andachtswege eher in Gruppen gegangen werden sollten, bietet diese Handreichung dennoch für eine einzelne Person einen strukturierten spirituellen Weg an, auf dem mit Kopf und Herz, mit Leib und Seele etwas von dem schöpferisch-österlichen Geheimnis erfahren werden kann, von dem die Emmaus-Geschichte erzählt.

Schlussbemerkung

Karl Barth, einer der berühmtesten Theologen des 20. Jahrhunderts, hat in einem frühen Aufsatz von 1922 die »Not der Theologie« einmal in drei Sätzen zusammengefasst: »Wir sollen als Theologen von Gott reden. Wir sind aber Menschen und können als solche nicht von Gott reden. Wir sollen beides, unser Sollen und unser Nicht-Können wissen und eben damit Gott die Ehre geben.«[1]

Was können wir wirklich? Können wir Andacht »machen«? Ein Buch wie das vorliegende, in dem man Andacht verstehen und gestalten lernen soll, könnte schon im Ansatz theologisch fragwürdig und übergriffig wirken. Wir haben es tatsächlich nicht in der Hand, ob es bei den von uns geplanten und durchgeführten kleinen oder großen Gottesdiensten zu einer Erneuerung des Lebensvertrauens von Menschen kommt. Wir können es nicht machen, dass Gott in dem, was wir gestalten, was wir inszenieren, sprechen oder singen, selbst zu uns kommt und in Menschenherzen gegenwärtig wird. Wir können und wollen keine Begegnungen mit Gott manipulativ erzwingen. Gott bleibt frei. Wo und wie er Menschen begegnet, ist Akt seiner Freiheit und für uns stets ein Wunder.

Und dennoch hat Karl Barth sein Leben lang Theologinnen und Theologen ausgebildet und deren Aufgabe vor allem als Verkündigungsdienst verstanden. Jesus hat Menschen ausgesandt, das Reich Gottes zu verkündigen in Wort und Zeichen. Und er ist ihnen als der Auferstandene dort begegnet, wo sie in seinem Namen versammelt waren. Gott nimmt unseren menschlichen Dienst auch heute in Anspruch, um sein Wort zu verkündigen und Zeichen seines Reiches zu setzen. Deshalb können wir weder Predigten verfassen noch Andachten gestalten, ohne die Bitte um den Beistand Gottes, um sein vorlaufendes Machen vor unserem Machen, um sein grundlegendes Mitwirken bei unserem Wirken. Es geht nicht um ein Entweder – Oder. Die Bitte um Gottes Beistand setzt vielmehr voraus, dass wir uns sachkundig

---

[1] BARTH, Das Wort Gottes als Aufgabe der Theologie, 85.

machen und mit theologischer und gestalterischer Kompetenz ans Werk gehen, um das zu tun, was wir können.

Dazu will dieses Buch helfen – das zu machen, was wir letztlich nicht machen können. Und dennoch dazu beizutragen, Rastplätze in der Zeit zu schaffen, an denen sich Menschen in ihrem Lebensvertrauen stärken lassen.

Abkürzungen

BSLK	Die Bekenntnisschriften der evangelisch-lutherischen Kirche
EG	Evangelisches Gesangbuch
EKL	Evangelisches Kirchenlexikon, Göttingen 1986–1997
EKD	Evangelische Kirche in Deutschland
FS	Festschrift
PTh	Pastoraltheologie: Monatsschrift für Wissenschaft und Praxis in Kirche und Gesellschaft
RGG³	Die Religion in Geschichte und Gegenwart, Tübingen, 3. Aufl. 1957-1962
RGG⁴	Die Religion in Geschichte und Gegenwart, Tübingen, 4. Aufl. 1987–1998
TRE	Theologische Realenzyklopädie, Berlin/New York 1976ff.
ZdZ	Die Zeichen der Zeit
VELKD	Vereinigte Evangelisch-Lutherische Kirche in Deutschland

Literaturverzeichnis

1. Andachtsbücher und andere Quellen

Allgemeines Evangelisches Gebetbuch. Anleitung und Ordnung für das Beten des Einzelnen, der Familie und der Gemeinde, hrsg. v. Hermann Greifenstein, Hans Hartog und Frieder Schulz, Hamburg 1965 u. ö.

Arndt, Johann, Wahres Christentum und Paradiesgärtlein, Sondershausen 1712.

Bibel für heute 2021, hrsg. v. Matthias Büchle u. a., Gießen 2020.

Bonhoeffer, Dietrich, Widerstand und Ergebung, München 1970 u. ö.

Brandhorst, Reinhard (Hrsg.), Lesung der Heiligen Schrift im Kirchenjahr. Lektionar für alle Tage, Hannover 1997.

Brinkel, Wolfgang (Hrsg.), Dem Leben auf der Spur. Gedanken für jeden Tag des Jahres, Gütersloh 1996.

Bünker, Otto, Bei Sonnenaufgang. Morgenbetrachtungen, Klagenfurt 1979.

Die Bekenntnisschriften der Ev.-Luth. Kirche, Berlin 1960 (BSLK).

Die Regel des geistlichen Lebens. Im Auftrag der Ev. Michaelsbruderschaft hrsg. v. W. Stählin, Kassel 1950.

Dieffenbach, Georg Christian, Evangelische Hausagende, das ist: Vollständige Ordnung des Hausgottesdienstes in Gebeten, Liedern und Bibellektionen für alle Tage des Kirchenjahres, gegründet auf die altkirchlichen Sonn- und Festtagsevangelien, nebst einer Reihe von liturgischen Andachten und einer Sammlung von Gebeten, Mainz 1853.

Diehl, Klaus Jürgen, Missio Spots, Gießen/Basel 1994.

Dresdner Gesangbuch, Ausgabe Dresden und Leipzig 1792.

Du hast mich angesehen, Kunstdienst-Bildkammer, Radebeul o. J., masch., Begleitheft.

du Moulin, Pierre, Buß-ermunternde und Glaub-ergetzende Andachtswoche; oder Andächtige Betrachtungen auff alle Tage in der Wochen …, übersetzt von Wolffgang Christoph Deßler, Nürnberg 1696.

Evangelischer Lebensbegleiter. Im Auftr. d. Kirchenleitung der VELKD, hrsg. v. Norbert Dennerlein u. Martin Rothgangel, Sonderausgabe Gütersloh 2019.

Evangelisches Gesangbuch, Ausgabe für die Landeskirche Sachsens, Leipzig 1994.

Freitöne. Liederbuch zum Reformationssommer 2017, Kassel und Berlin 2017.

Friedrich Adolph Strauß (Hg.), Liturgische Andachten der königlichen Hof- und Dom-Kirche für die Feste des Kirchenjahres, Berlin, 2. Aufl. 1853.

Friedrich Strauß, Friedrich, Glockentöne. Erinnerungen aus dem Leben eines jungen Geistlichen, Bd. II, Elberfeld 1820.

Friederich, Armin, Geborgenheit. Zeitnahe Andachten für jede Woche des Jahres, Frankfurt a. M. 1991.

Für jeden neuen Tag. Gedanken, Geschichten, Gebete, hrsg. v. Gemeindedienst der Nordkirche, Heft 48, Kiel 2020.

Gerber, Christian, Historie der Kirchen-Ceremonien in Sachsen; Nach ihrer Beschaffenheit in möglichster Kürtze mit Anführung vieler Moralien und specialen Nachrichten, Dresden und Leipzig 1732.

Gesenius, Justus, Kleine Catechismus Schule. Das ist: Kurtzer Unterricht, wie die Catechismus Lehre bey der Jugend und den Einfältigen zu treiben, Lüneburg 1637.

Gottesdienst-Institut der Ev.-Luth. Kirche in Bayern (Hrsg.), Gott schauen. Passionsandachten zu Kreuzweg-Bildern, Nürnberg 2020, Best.-Nr. 2017.

Grüninger, Willy/Brandes, Erwin (Hrsg.), Atempausen. Gedanken für jeden Tag des Jahres, Stuttgart 1977.

Hoffmann, Christel/Tripp, Wolfgang (Hrsg.), Marktplatz des Lebens, Ostfildern 1994.

Hüsch, Hanns Dieter/Seidel, Uwe, Ich stehe unter Gottes Schutz. Psalmen für Alletage, Düsseldorf 2014.

Koeppen, Wolfhart/Spennhoff, Renate (Hrsg.), Einblicke – Ausblicke. Biblische Texte, Gebete und Betrachtungen, Neukirchen-Vluyn und Stuttgart 1985.

Köpf, Ulrich/Zimmerling, Peter (Hrsg.), Martin Luther. Wie man beten soll. Für Meister Peter den Barbier, Göttingen 2011.

Kuhn, Johannes, aufmerksam leben, Stuttgart 1976.

Licht und Kraft. Losungskalender, hrsg. v. Thomas Gauger in Verb. mit d. Herrnhuter Brüdergemeine, Möckmühl und Lahr 2000.

Löhe, Wilhelm, Gesammelte Werke, Neuendettelsau 1951ff.

Luther, Martin, Von der Beicht, ob der Papst Macht habe die zu gebieten, WA 8, 164ff.

Ders., Eine einfältige Weise zu beten, für einen guten Freund. in: Martin Luther, Ausgewählte Schriften, Bd. II, S, 268–292, hrsg. v. K. Bornkamm und G. Ebeling, Frankfurt a. M. 1983.

Ders., Formula missae et communionis, WA 12, 215ff.

Mattmüller, Hans-Dieter, Die Wahrheit knechtet nicht, Bielefeld/Frankfurt a. M. 1975.

Mit der Bibel durch das Jahr 2021. Ökumenische Bibelauslegung 2021, hrsg. v. Franz-Josef Bode u. a., Stuttgart 2020.

Morgner, Christoph (Hrsg.), Ein gutes Wort für jeden Tag. Andachten zu 70 Themen der Bibel, Gießen/Basel 1991.

Neukirchener Kalender, hrsg. v. Hans-Wilhelm Fricke-Hein, Neukirchen-Vluyn 2020.

Oehlenschläger, Doris (Hrsg.), Andachten zum Selberstricken, Giessen/Basel 1991.

Ratzmann, Wolfgang (Hrsg.), Evangelische Gottesdienstkultur im Barockzeitalter. Christian Gerbers »Historie der Kirchen-Ceremonien in Sachsen« in Auszügen dokumentiert und kommentiert, Beucha/Markkleeberg 2014.

Schorlemmer, Friedrich (Hrsg.), Das soll dir bleiben. Texte für morgens und abends, Stuttgart 2012.

Schumann, Hans-Christoph, Gottes Gabe ist es. Andachten zu den Wochensprüchen, Berlin 1989.

Scriver, Christian, Gottholds zufällige Andachten, Helmstedt 1704.

Starck, Johann Friedrich, Johann Friedrich Starcks Tägliches Handbuch in guten und bösen Tagen, Konstanz, 9. Aufl. 1960.

Stattaus, Silke, Guten Morgen! 52 Minuten-Andachten, Gießen 2016.

Steinkühler, Martina, Wochenandachten: https://www.martina-steinkuehler.de/wochenandachten (08.12.2021).

Strauß, Friedrich Adolph (Hrsg.), Liturgische Andachten der königlichen Hof- und Domkirche für die Feste des Kirchenjahres, Berlin, 2. Aufl. 1883.

Thiele, Friedrich, VorZeichen. Entdeckungen im Alltag, Neukirchen-Vluyn 1995.

Voigt, Marco (Hrsg.), Die Morgenandacht, Göttingen 2021.

Wagner, Heinz, Auf dem Weg des Friedens. Tägliche Andachten zur Kirchenjahreslese, Berlin 1988.

Weber, Carl Gottlieb, Systematische Darstellung des im Königreich Sachsen geltenden Kirchenrechts, 2. Teil: Privatkirchenrecht im engeren Sinne, Leipzig 1825.

Wegner, Bettina, Kinder, in: Wolfgang Erk (Hrsg.), Literarische Auslese, Stuttgart 1989, 273.

Zeller, Winfried (Hrsg.), Der Protestantismus des 17. Jahrhunderts, Bremen 1962.

Zink, Jörg, Wie wir beten können, Stuttgart 1970, letzte Auflage 2018.

Ders., Die Mitte der Nacht ist der Anfang des Tages, Stuttgart 2000.

Ders., Lichter und Geheimnisse. Weihnachtswege nach innen, Stuttgart 2000.

Zschokke, Heinrich, Stunden der Andacht, Bde. 1 u. 2, Aarau 1823/24.

2. Historische Darstellungen

Bärsch, Jürgen, Liturgie in der Zeit des Barock und katholischer Konfessionalisierung, in: J. Bärsch/B. Kranemann (Hrsg.), Geschichte der Liturgie in den Kirchen des Westens, Bd. I, Münster 2018, 515–559.

Ders., Kleine Geschichte des christlichen Gottesdienstes, Regensburg 2015.

Beck, Hermann, Erbauungsliteratur der evangelischen Kirche Deutschlands, 1. Teil: Von Dr. Martin Luther bis Martin Moller, Erlangen 1883.

Bethge, Eberhard, Dietrich Bonhoeffer, München 1967.

Bieritz, Karl-Heinrich/Kähler, Christoph, Art. Haus, TRE Bd. 14, 1985, 476–492.

Bintz, Helmut, Art. Losungen, EKL³ Bd. 3, Sp. 186f.

Bloth, Peter C., Art. Berneuchen, RGG⁴ Bd. 1, Sp. 1326–1328.

Brecht, Martin, Geschichte des Pietismus, Bd. I: Der Pietismus vom 17. bis zum frühen 18. Jahrhundert, Göttingen 1993.

Breuer, Dieter (Hrsg.), Frömmigkeit in der frühen Neuzeit, Amsterdam 1984.

Bronk, Kay-Ulrich, Der Flug der Taube und der Fall der Mauer. Die Wittenberger Gebete um Erneuerung im Herbst 1989, Leipzig 1999.

Bunners, Christian, Kirchenmusik und Seelenmusik. Studien zu Frömmigkeit und Musik im Luthertum des 17. Jahrhunderts, Berlin 1966.

Cornehl, Peter: Art. Gottesdienst VIII. Evangelischer Gottesdienst von der Reformation bis zur Gegenwart, TRE Bd. 14, 1985, 54–85.

de Boor, Friedrich: Von den privaten »Singestunden« im Glauchaer Pfarrhaus (1698) zu den öffentlichen »Ermahnungs-Stunden« im Waisenhaus, in: Pietismus und Liedkultur, hrsg. v. Wolfgang Miersemann und Gudrun Busch, Tübingen 2002, 1–46.

Dyck, Joachim u.a. (Hrsg.), Rhetorik. Ein internationales Handbuch, Bd. 5: Rhetorik und Theologie, Tübingen 1986.

Eicheldinger, Martina, Friedrich Spee – Seelsorger und poeta doctus, Tübingen 1991.

Engelschalk, Andreas, Art. Taizé, TRE Bd. 32, 623–626.

Fischer, Karl Martin, Das Ostergeschehen, Berlin 1978.

Freitag, Werner, Tridentinische Pfarrer und die Kirche im Dorf. In: N. Haag u.a. (Hg.), Ländliche Frömmigkeit. Konfessionskulturen und Lebenswelten 1500–1850, Stuttgart 2002, 83–114.

Geschichte der christlichen Spiritualität, Bd. 1: Von den Anfängen bis zum 12. Jahrhundert, hrsg. v. B. McGinn, J. Meyendorff und Jean Leclercq, Würzburg 1993, Bd. 2: Hochmittelalter und Reformation, hrsg. v. J. Raitt in Verb. mit B. McGinn u. J. Meyendorff, Würzburg 1995, Bd. 3: Die Zeit nach der Reformation bis zur Gegenwart, hrsg. v. L. Dupré u. Don E. Salier, Würzburg 1997.

Geyer, Hermann, Verborgene Weisheit. Johann Arndts »Vier Bücher vom wahren Christentum« als Programm einer spiritualistisch-hermetischen Theologie, Arbeiten zur Kirchengeschichte Bd. 80/I–II, Berlin/New York 2001.

Glaue, P.: Das kirchliche Leben der evangelischen Kirchen in Thüringen, Tübingen 1910.

Goltzen, Herbert, Der tägliche Gottesdienst. Die Geschichte des Tagzeitengebets, seine Ordnung und seine Erneuerung in der Gegenwart. In: Leiturgia Bd. III, Kassel 1956, 99–294.

Grimm, Jacob und Wilhelm, Deutsches Wörterbuch, 1. Bd., Leipzig 1854.

Graff, Paul, Geschichte der Auflösung der alten gottesdienstlichen Formen in der evangelischen Kirche Deutschlands, Bd. 1, Göttingen 1921, Bd. 2, Göttingen 1939.

Große, Constantin, Die Alten Tröster. Ein Wegweiser in die Erbauungsliteratur der evangelisch-Lutherischen Kirche des 16.–18. Jahrhunderts, Stuttgart 1900.

Hartmann, Wilhelm, Heinrich Zschokkes Stunden der Andacht zur Beförderung wahren Christentums und häuslicher Gottesverehrung, Gütersloh 1932.

Heidland, Hans-Wolfgang, Die Losungen im Ringen des Glaubens heute. Überlegungen zu ihrem Selbstverständnis, Hamburg 1980.

Henkys, Jürgen, Bibelarbeit, Hamburg 1966.

Hölscher, Lucian, Geschichte der protestantischen Frömmigkeit in Deutschland, München 2005.

Hoffmann, Paul (Hrsg.), Zur neutestamentlichen Überlieferung von der Auferstehung Jesu, Wege der Forschung 522, Darmstadt 1988.

Hoyer, Arend, Was Musik andächtig macht. Drei Leipziger Kirchenkantaten Johann Sebastian Bachs, liturgiewissenschaftlich unter die Lupe genommen, Zürich 2018.

Huber, Wolfgang, »Kirche in der Zeitenwende«. Vorschläge zur Reform der Kirche. In: https://www.ueberseeclub.de/resources/Server/pdf-Dateien/2000-2004/vortrag-2000-03-29

Ders., Kirche in der Zeitenwende. Gesellschaftlicher Wandel und Erneuerung der Kirche, Gütersloh 1998.

Jaspert, Bernd, Frömmigkeit und Kirchengeschichte, St. Ottilien 1986.

Knospe, Gottfried, Emil Sulze und sein Gemeindeideal in zeitgenössischer und reformatorischer Sicht. In: Verantwortung. FS für Gottfried Noth, Berlin 1964, 105–121.

Kohnle, Armin, Vom Spätmittelalter zur Reformationszeit. Entwicklungslinien und Tendenzen in Spiritualität und Frömmigkeit, in: P. Zimmerling (Hrsg.), Handbuch Evangelische Spiritualität, Bd. 1, 38–62.

Kranemann, Benedikt, Katholische Liturgie der Aufklärungszeit, in: J. Bärsch/B. Kranemann (Hrsg.), Geschichte der Liturgie in den Kirchen des Westens, Bd. 2, Münster 2018, 51–82.

Ders., Katholische Liturgie v. d. Aufklärung bis zur Jahrhundertwende, in: J. Bärsch/B. Kranemann (Hrsg.), Geschichte der Liturgie in den Kirchen des Westens, Bd. 2, 83–123.

Krummacher, Hans Henrik, Überlegungen zur literarischen Eigenart und Bedeutung der protestantischen Erbauungsliteratur im frühen 17. Jahrhundert, in: Rhetorik, hrsg. v. J. Dyck u. a., Bd. 5: Rhetorik und Theologie, Tübingen 1986, 97–113.

Lebrun, F., Reformation und Gegenreformation. Gemeinschaftsandacht und private Frömmigkeit, in: P. Ariès/G.Duby (Hrsg.), Geschichte des privaten Lebens, Bd. III, Frankfurt a. M. 1986, 75–113.

Leppin, Volker, Martin Luthers (1483–1546) Spiritualität, in: P. Zimmerling (Hrsg.), Handbuch Evangelische Spiritualität, Bd. 1, Göttingen 2017, 81–97.

Messner, Reinhard, Feiern der Umkehr und Versöhnung. In: Hans Bernhard Meyer u. a. (Hrsg.), Gottesdienst der Kirche. Handbuch der Liturgiewissenschaft, Teil 4, Regensburg 1989.

Meyer, Dietrich, Zinzendorfs Anregungen und Bedeutung für den Gemeindegesang, in: Peter Zimmerling, Ein Leben für die Kirche. Zinzendorf als Praktischer Theologe, Göttingen 2010, 61–86.

Meyer, Hans Bernhard, Andachten und Wortgottesdienste, in: Liturgisches Jahrbuch, 24. Jg., 1974, 157–175.

Mohr, Rudolf, Art. Erbauungsliteratur III. Reformations- und Neuzeit, TRE Bd. 10, 1983, 57f.

Nicol, Martin, Meditation bei Luther, Göttingen 1984.

Nipkow, Karl-Ernst/Schweitzer, Friedrich (Hrsg.), Religionspädagogik. Texte zur evangelischen Erziehungs- und Bildungsverantwortung seit der Reformation, Bd. 1: Von Luther bis Schleiermacher, München 1991.

Ohler, Norbert, Pilgerleben im Mittelalter. Zwischen Andacht und Abenteuer, Freiburg i. Br. 1994.

Pelikan, Herbert Rainer, Die Frömmigkeit Dietrich Bonhoeffers, Wien 1982.

Petzoldt, Martin, »Bey einer andächtigen Musique ist allezeit Gott mit seiner Gnaden Gegenwart«, in: Konrad Küster (Hrsg.), Bach-Handbuch, Kassel u. a. 1999, 81–91.

Poschmann, Bernd, Die abendländische Kirchenbuße im frühen Mittelalter, Breslau 1930.

Procopé, J./Mohr, R./Wulf, H., Art. Erbauungsliteratur, TRE Bd. 10, 1983, 28–83.

Rapp, F., Das religiöse Leben, in: Von der Reform zur Reformation (1450–1530). Die Geschichte des Christentums, Bd. 7, hrsg. v. Marc Venard, dt. Ausgabe bearb. u. hrsg. v. Heribert Smolinsky, Freiberg i. B. 1995.

Rublack, Hans-Christoph (Hrsg.), Die Lutherische Konfessionalisierung in Deutschland, Gütersloh 1992.

Scharfe, Martin, Evangelische Andachtsbilder. Studien zu Intention und Funktion des Bildes in der Frömmigkeitsgeschichte vornehmlich des schwäbischen Raumes, Stuttgart 1968.

Ders., Bildzeugnisse evangelischer Frömmigkeit, in: M. Scharfe u. a. (Hrsg.), Volksfrömmigkeit, Stuttgart 1967, 43–49.

Scheitler, Johanna, Geistliches Lied und persönliche Erbauung im 17. Jahrhundert, in: D. Breuer (Hrsg.), Frömmigkeit in der frühen Neuzeit, Amsterdam 1984, 130–155.

Schenda, Rudolf, Vorlesen. Zwischen Analphabetentum und Bücherwissen. Soziale und kulturelle Aspekte einer semiliterarischen Kommunikationsform. In: Bertelsmann-Briefe 119, Gütersloh 1986.

Schian, Martin, Das kirchliche Leben der evangelischen Kirche der Provinz Schlesien, Tübingen/Leipzig 1903.

Schmidt, Martin, Art. Pietismus, RGG³, Bd. V, Sp. 370.

Schulz, Frieder, Art. Gebetbücher: Reformations- und Neuzeit, TRE, Bd. 12, 1984, 109–119.

Schulz, Günther/Ziemer, Jürgen, Mit Wüstenvätern und Wüstenmüttern im Gespräch. Zugänge zur Welt des frühen Mönchtums, Göttingen 2010.

Steitz, Heinrich, Das antipietistische Programm der Landgrafschaft Hessen-Darmstadt von 1678, in: Der Pietismus in Gestalten und Wirkungen, FS Martin Schmidt, Bielefeld 1975, 444–465.

Stolz, Fritz/Dörfler-Dierken, Angelika/Oswalt, Julia/Daiber, Karl-Fritz, Art. Bruderschaften, RGG[4], Sp. 1783–1789.

Veit, Patrice, Das Gesangbuch in der Praxis Pietatis der Lutheraner, in: Hans-Christoph Rublack (Hrsg.), Die lutherische Konfessionalisierung in Deutschland, Gütersloh 1992, 435–454.

Venard, Marc u.a. (Hrsg.), Die Geschichte des Christentums, Bd. 8: Die Zeit der Konfessionen, Freiburg u.a. 1992.

Volp, Rainer, Art. Andachtsbild: Reformations- und Neuzeit, TRE, Bd. 1, 1977, 668–672.

Wallmann, Johannes, Philipp Jakob Spener und die Anfänge des Pietismus, Tübingen 1970.

Weber, Max, Die protestantische Ethik und der Geist des Kapitalismus, in: Archiv für Sozialwissenschaft und Sozialpolitik, XX. und XXI. Bd., 1905; neu abgedruckt in: M. Weber, Die protestantische Ethik, hrsg. v. Johannes Winckelmann, München und Hamburg 1965.

Wilckens, Ulrich, Auferstehung, Stuttgart 1970.

Wurster, Paul, Das kirchliche Leben der evangelischen Landeskirche in Württemberg, Tübingen 1919.

Wurster, Paul, Die Bibelstunde. Ihre Geschichte, Aufgabe und praktische Gestaltung, Stuttgart 1921.

Zeller, Winfried (Hrsg.), Der Protestantismus des 17. Jahrhunderts, Bremen 1962.

Ders., Theologie und Frömmigkeit, hrsg. v. B. Jaspert, Marburg 1971.

Zimmerling, Peter (Hrsg.), Handbuch Evangelische Spiritualität, Bd. 1: Geschichte, Göttingen 2017.

Ders., Bonhoeffer als Praktischer Theologe, Göttingen 2006.

Ders., Die Losungen. Eine Erfolgsgeschichte durch die Jahrhunderte, Göttingen 2014.

3. Systematische und praktische Fragen

Albrecht, Horst (Hrsg.), Christus hinter Sprachbarrieren. Versuche mit Rundfunkandachten, Stuttgart 1974.

Arens, Heribert u.a., Kreativität und Predigtarbeit, München, 4. Aufl. 1982.

Barth, Hans-Martin, Spiritualität. Ökumenische Studienhefte 2, Göttingen 1993.

Barth, Karl, Das Wort Gottes als Aufgabe der Theologie, u.a. in: Karl Barth, Gottes Freiheit für den Menschen, (Ost-)Berlin 1970, 84–102.

Bartz, Heiner, Postmoderne Religion. = Jugend und Religion Bd. 2, Opladen 1992; Postsozialistische Religion. = Jugend und Religion Bd. 3, Opladen 1993.

Beck, Ulrich, Risikogesellschaft. Auf dem Weg in eine andere Moderne. Frankfurt a.M. 1986.

Behrendt, Joachim Ernst, Ich höre, also bin ich. Hör-Übungen – Hör-Gedanken, Freiburg i. Br. 1989.

Bents, Richard/Blank, Rainer, Persönlichkeit und Spiritualität, Hamburg 1994.

Berg, Horst Klaus, Ein Wort wie Feuer. Wege lebendiger Bibelauslegung, München und Stuttgart 1991.

Bieritz, Karl-Heinrich, Das Kirchenjahr, 1. Aufl. Berlin 1986, 9., bearb. u. erweiterte Auflage von Christian Albrecht, München 2014.

Bubmann, Peter, Von Mystik bis Ekstase, München 1997.

Ders., Religion in der Erlebnisgesellschaft, ZdZ 50, 1996, H. 4, 144–148.

Bürger, Klaus, Die Andacht, in: Die Christenlehre 40, 1987, 353–260.

Campbell, Peter/McMahon, Edwin, BioSpiritualität. Glaube beginnt im Körper, München 1994.

Cornehl, Peter, Die Andacht – zur Homiletik der kleinen Form, in: Theologisches geschenkt, FS M. Josuttis, hrsg. v. C. Bizer u.a., Bovenden 1996, 34–-349.

Dahlgrün, Corinna, Christliche Spiritualität. Formen und Traditionen der Suche nach Gott, Berlin/New York 2008.

Denecke, Axel, Persönlich predigen. Gütersloh 1979, 2. Aufl. Münster 2001.

Evangelische Spiritualität, hrsg. v. einer Arbeitsgruppe der EKD, Gütersloh 1979.

Faulstich, Werner (Hrsg.), Bildanalysen. Gemälde, Fotos, Werbebilder, Bardowick 2010.

Fechtner, Kristian/Klie, Thomas (Hrsg.), Riskante Liturgien. Gottesdienste in der gesellschaftlichen Öffentlichkeit, Stuttgart 2011.

Fowler, James W., Glaubensentwicklung. Perspektiven für Seelsorge und kirchliche Bildungsarbeit, München 1989.

Fraund, Hans Martin u.a. (Hrsg.), »Wie sag ich's...?«. Ein Handbuch für die kirchliche Rede in Hörfunk und Gemeinde, Hamburg/Stuttgart 1996.

Freunde und Feinde. Dokumente zu den Friedensgebeten in Leipzig zwischen 1981 und dem 9. Oktober 1989, hrsg. von C. Dietrich und U. Schwabe, Leipzig 1994.

Frohnhofen, Herbert, Art. New Age, in: Praktisches Lexikon der Spiritualität, hrsg. v. Chr. Schütz, Freiburg i. Br. 1992, 929.

Geißler, Karlheinz A., Zeit leben, Weinheim, 5. Aufl. 1993.

Geyer, Hermann, Nikolaikirche, montags um fünf. Die politischen Gottesdienste der Wendezeit in Leipzig, Darmstadt 2007.

Goltzen, Herbert, Der tägliche Gottesdienst. In: Leiturgia, Bd. III, Kassel 1956, 99–294.

Görnitz, Thomas und Brigitte, Naturwissenschaft und evangelische Spiritualität, in: P. Zimmerling, Handbuch Evangelische Spiritualität Bd. 2, Göttingen 2018, 89–110.

Heimbrock, Hans-Günter, Frömmigkeit als Problem der Praktischen Theologie, PTh 71, 1982, 18–32.

Held, Martin/Geißler, Karlheinz A., Von Rhythmen und Eigenzeiten. Perspektiven einer Ökologie der Zeit, Stuttgart 1995.

Henkys, Jürgen, Andacht. In: Der evangelische Erzieher 32, 1980, 426–429.

Hirschler, Horst, Konkret predigen, Gütersloh 1977.

Jetter, Werner, Symbol und Ritual. Anthropologische Elemente im Gottesdienst, Göttingen 1978.

Jüngel, Eberhard, Der Gottesdienst als Fest der Freiheit. ZdZ 38, 1984, 264–272.

Kehnscherper, Günter, Situationen und Medien der Verkündigung, in: K.-H. Bieritz u. a. (Hrsg.), Handbuch der Predigt, Berlin 1990, 409–458.

Lange, Günter, Umgang mit Kunst, in: Gottfried Adam und Rainer Lachmann, Methodisches Kompendium für den Religionsunterricht 1, Basisband, Göttingen 2010, 247–261.

Lehmann, Karl/Pannenberg, Wolfhart (Hrsg.), Lehrverurteilungen – kirchentrennend? Bd. I: Rechtfertigung, Sakramente und Amt im Zeitalter der Reformation und heute. Freiburg und Göttingen 1986.

Leuenberger, Robert, Frömmigkeit als theologisches Problem, ThPr 2, 1967, 110–118.

Luibl, Hans Jürgen, Spiritualität – auf der Suche nach der etwas anderen Frömmigkeit, PTh 86, 1997, 42–65.

Meier-Reutti, Gerhard (Hrsg.), Von Gott und Welt reden. Kirche und Theologie im Radio, Erlangen 1993.

Menzel, Kerstin, »Nur wer klagt, hofft« – Die »Lügen der Tröster« in Zeiten der Pandemie, feinschwarz.net, Theologisches Feuilleton, vom 14. Januar 2021.

Dies., Der Krise Ausdruck geben – ein Format öffentlicher Seelsorge in Leipzig, feinschwarz.net, vom 19. März 2021.

Merkel, Friedemann, Andacht, eine vernachlässigte »kleine Form«, in: Ders., Sagen, Hören, Loben, Göttingen 1992, 69–86.

Ders., Die Andacht und verwandte »kleine Formen« des Gottesdienstes, in: H.-C. Schmidt-Lauber/M. Meyer-Blanck/K.-H. Bieritz (Hrsg.), Handbuch der Liturgik, Göttingen 2003, 923–928.

Meyer, Hans Bernhard, Andachten und Wortgottesdienste. Zwei Grundtypen nicht-sakramentalischer Liturgie? Liturgisches Jahrbuch 24, 1974, 173ff.

Meyer-Blanck, Michael, Das Gebet, Tübingen 2019.

Mildenberger, Friedrich, Evangelische Spiritualität. Bemerkungen zu einer Studie einer Arbeitsgruppe der EKD, in: Zeitschrift für Evangelische Ethik 25, 1981, 309–316.

Minderheit mit Zukunft. Zu Auftrag und Gestalt der ostdeutschen Kirchen in der pluralistischen Gesellschaft, epd-Dokumentation Nr. 3a/95, Frankfurt a. M. 1995.

Mohaupt, Lutz (Hrsg.), Modelle gelebten Glaubens, Hamburg 1976.

Nagorni, Klaus, »Kommt, Kinder, lasst uns gehen…«. Pilgern als Ausdruck protestantischer Spiritualität, in: P. Zimmerling (Hrsg.), Handbuch Evangelische Spiritualität, Bd. 3, Göttingen 2020, 725–740.

Neidhart, Walter, Formen persönlicher Frömmigkeit, in: Handbuch der Praktischen Theologie, Bd. II, Praxisfeld: Der Einzelne/Die Gruppe, Gütersloh 1981.

Nicol, Martin/Deeg, Alexander, Im Wechselschritt zur Kanzel. Praxisbuch Dramaturgische Homiletik, Göttingen 2005.

Niebergall, Friedrich, Praktische Theologie, 2 Bde., Tübingen 1918/19.

Nipkow, Karl-Ernst, Grundfragen der Religionspädagogik, Bd. 3: Gemeinsam leben und glauben Lernen, Gütersloh 1982.

Oppen, Dietrich von, Der sachliche Mensch. Frömmigkeit am Ende des 20. Jahrhunderts, Stuttgart 1968.

Otto, Benedikt, Verkündigungssendungen im Hörfunk. Analyse und Bewertung der Sprache in katholischen Morgenandachten, Saarbrücken 1987.

Pannenberg, Wolfhart, Christliche Spiritualität, Göttingen 1968.

Pickel, Gerd, Zwischen Säkularisierung und Pluralisierung. Neuere religionssoziologische Erkenntnisse über Ostdeutschland, in: Tobias Kläden (Hrsg.), Kirche in der Diaspora, Magdeburg 2019.

Ders., Religion in Deutschland und Europa – Religiöse Pluralisierung und Säkularisierung auf soziokulturell variierenden Pfaden, Zeitschrift für Religion, Gesellschaft und Politik, 2017, 37–74.

Ratzmann, Wolfgang, Jugendkultur und kirchliche Kultur. in: U. Kühn (Hrsg.), Kirche als Kulturfaktor, FS J. Hempel, Hannover 1994, 201–214.

Ders., Zwischen Nostalgie und wissenschaftlich-historischer Entsorgung, in: PTh 109, 2020, 155–168.

Ratzmann, Wolfgang/Zimmerling, Peter, Predigen mit Liedern. Beispiele und Reflexionen, Göttingen 2021.

Riedel, Ingrid, Bilder in Therapie, Kunst und Religion, Stuttgart 1988.

Riemann, Fritz, Die Persönlichkeit des Predigers aus tiefenpsychologischer Sicht, in: R. Riess (Hrsg.), Perspektiven der Pastoralpsychologie, Göttingen 1974.

Rohr, Richard/Ebert, Andreas, Das Enneagramm, München 1989.

Rosa, Hartmut, Beschleunigung. Die Veränderung der Zeitstrukturen in der Moderne, Frankfurt a. M. 2005.

Ders., Beschleunigung und Entfremdung, Frankfurt a. M. ^{7}2019.

Ders., Resonanz. Eine Soziologie der Weltbeziehung, Berlin 2016.

Roscher, Thomas, Liturgie – ein offenes Haus? Die Plauener Friedengebete von 1989 und 1990, Leipzig 2019.

Rössler, Dietrich, Grundriß der Praktischen Theologie, Berlin/New York 1986.

Ruppert, Hans-Jürgen, New Age, Endzeit oder Wendezeit? Wiesbaden 1988.

Schmidt-Lauber, Hans-Christoph/Meyer-Blanck, Michael/Karl-Heinrich Bieritz (Hrsg.), Handbuch der Liturgik, Göttingen 2003.

Schönfuß, Thomas, Fromm und frei. Geistlich leben. = Theologie für die Gemeinde Bd. III/3, Leipzig 2015.

Schultz, Hans-Jürgen (Hrsg.), Frömmigkeit in einer weltlichen Welt, Stuttgart 1959.

Schulze, Gerhard, Die Erlebnisgesellschaft. Kultursoziologie der Gegenwart, Frankfurt a. M./New York 1993.

Schütz, Christian, Art. Spiritualität, Praktisches Lexikon der Spiritualität, hrsg. v. J. Ritter, Bd. 1, Stuttgart 1971, Sp. 295f.

Seitz, Manfred, Art. Frömmigkeit II: Systematisch-theologisch, TRE Bd. 11, 1983, 674–683.

Steffensky, Fulbert, Feier des Lebens. Spiritualität im Alltag, Stuttgart 1984.

Ders., Morgenandachten – Berufung auf die Geschichten vom gelungenen Leben? Stuttgart 1974.

Thilo, Hans-Joachim, Frömmigkeit. München o. J. (1991).

Track, Joachim, Versöhnte und versöhnende Frömmigkeit. Überlegungen zu Eigenart und Gestalt Evangelischer Frömmigkeit in unserer Zeit, in: Spiritualität, hrsg. v. Herwig Wagner, Stuttgart 1987.

Watzlawick, Paul/Beavin, Janet H./Jackson, Don D., Menschliche Kommunikation, Bern 1980.

Weizsäcker, Carl Friedrich von, Wege in der Gefahr, München 1976.

Welker, Michael, Gottes Geist. Theologie des Heiligen Geistes. Neukirchen-Vluyn 1992.

Wichelhaus, Manfred/Stock, Alex, Bildtheologie und Bilddidaktik, Düsseldorf 1981.

Winter, Friedrich, Die Predigt, in: Handbuch der Praktischen Theologie Bd. II, hrsg. v. H. Ammer u.a., (Ost-)Berlin 1974, 197–312.

Wintzer, Friedrich, Praktische Theologie, Neukirchen 1985.

Wölber, Hans-Otto, Spiritualität – Das Gebet des Gerechtfertigten, in: Lutz Mohaupt (Hrsg.), Modelle gelebten Glaubens, Hamburg 1976, 55–77.

Wohlrab-Sahr, Monika/Karstein, Uta/Schmidt-Lux, Thomas, Forcierte Säkularität. Religiöser Wandel und Generationendynamik im Osten Deutschlands, Frankfurt a.M. 2009.

Zerfaß, Rolf, Grundkurs Predigt 1: Spruchpredigt, Düsseldorf ³1991.

Zimmerling, Peter, Evangelische Spiritualität. Wurzeln und Zugänge, Göttingen, 2. Aufl. 2010.

Ders., Beichte. Gottes vergessenes Angebot, Gießen, 3. Aufl. 2018.

Ders., Charismatische Bewegungen. Göttingen, 2. Aufl. 2018.

Ders. (Hrsg.), Handbuch Evangelische Spiritualität, Bd. 2: Theologie, Gütersloh 2018; Bd. 3: Praxis, Gütersloh 2020.